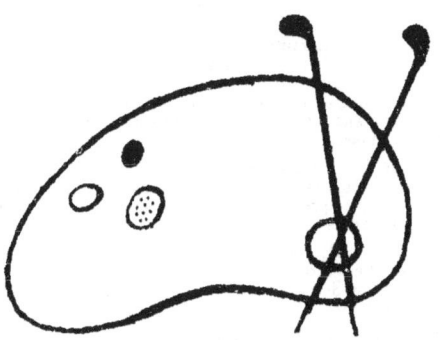

Début d'une série de documents
en couleur

COUVERTURES SUPERIEURE ET INFERIEURE D'IMPRIMEUR.

A LA MÊME LIBRAIRIE

Précis de Droit civil, contenant : dans une première partie, l'exposé des principes, et, dans une deuxième, les questions de détail et les controverses, suivi d'une table des textes expliqués et d'une table analytique développée, par G. BAUDRY-LACANTINERIE, professeur à la Faculté de droit de Bordeaux, officier de l'Instruction publique, 1882-1884. 3 vol. grand in-8°........ 37 fr. 50
Chaque volume séparément.................................. 12 fr. 50

Cours de Procédure, organisation judiciaire, compétence et procédure en matière civile et commerciale, par E. GARSONNET, professeur à la Faculté de droit de Paris, 1882-1884. 2 vol. in-8°........................ 20 fr. »

Précis du Cours d'économie politique professé à la Faculté de droit de Paris, contenant, avec l'exposé des principes, l'analyse des questions de législation économique, par Paul CAUWES, professeur à la Faculté de droit de Paris, 2° édition, revue et augmentée, 1881-1882. 2 vol. grand in-8°.... 20 fr. »

Cours élémentaire de Droit romain, contenant l'explication méthodique des Institutes de JUSTINIEN et des principaux textes classiques, pour la préparation aux examens de baccalauréat, de licence et de doctorat en droit, par E. DIDIER-PAILHÉ, professeur à la Faculté de droit de Grenoble, 2° édition, revue et corrigée par Ch. TARTARI, professeur de droit romain à la Faculté de Grenoble, 1881. 1 vol. in-8°............................... 12 fr. »

Cours élémentaire de Droit commercial, contenant toutes les matières du Code de commerce et des lois postérieures, exposées dans un ordre méthodique, par Auguste LAURIN, professeur de droit commercial à la Faculté de droit d'Aix et à la Faculté des sciences de Marseille, 1884, 1 v. in-8. 10 fr. »

Précis de Droit criminel, comprenant l'explication élémentaire de la partie générale du Code pénal, du Code d'instruction criminelle en entier, et des lois qui ont modifié ces deux Codes, par R. GARRAUD, professeur de droit criminel à la Faculté de droit de Lyon, 1881. 1 vol. in-8°...... 10 fr. »

Précis de l'histoire du Droit français. Cours d'introduction à l'étude du droit, par Alfred GAUTIER, professeur à la Faculté de droit d'Aix, 2° édition, 1884. 1 vol. in 8°................................. 10 fr. »

Précis de l'histoire du Droit français, accompagné de notions de droit canonique et d'indications bibliographiques par PAUL VIOLLET, bibliothécaire de la Faculté de droit de Paris, 1884, 1er fascicule, in 8°. 5 fr. »
(L'ouvrage sera complet en deux fascicules.)

Introduction à l'étude historique du Droit coutumier français jusqu'à la rédaction officielle des coutumes, par Émile BEAUNE, ancien procureur général à la Cour de Lyon, 1880. 1 vol. in-8°............ 8 fr. »

La Condition des personnes. Droit coutumier français, par Henri BEAUNE, ancien procureur général à la Cour de Lyon, 1882. 1 vol. in-8°. 8 fr. »

Principes d'économie politique, par Ch. GIDE, professeur d'économie politique à la Faculté de droit de Montpellier, 1884, 1 vol. in-18. 5 fr. »

Manuel de droit international privé, par G. BOURDON-VIANE et H. MAGRON, répétiteurs de droit, 1883, 1 vol. in-18............. 6 fr. »

Institutes de Justinien, avec traduction française en regard, par G. BOURDON-VIANE, 1884, 2 vol. in-32, cartonnés................ 7 fr. »
Chaque volume séparément..................................... 3 f. 50

Résumé du cours de droit romain, professé à la Faculté de droit de Lyon, 1re année, par C. APPLETON, 1884, 1 volume grand in-8°... 4 fr. »

Manuel du droit romain, ou questionnaire nouveau et complet sur les Institutes de Justinien et de Gaius, les règles, les sentences, les textes classiques du Digeste et du Code, par J. RAMBAUD, professeur à la Faculté de droit de Grenoble, 1881, 2 forts volumes in-32..................... 8 fr. »
Chaque volume séparément.................................... 4 fr. »

Tours, imp. ROUILLÉ-LADEVÈZE, rue Chaude, 6

Fin d'une série de documents en couleur

SITTING-BULL

LE

HÉROS DU DÉSERT

SECONDE ÉDITION

TOURS, IMPRIMERIE ROUILLÉ-LADEVÈZE

SITTING-BULL.

SITTING-BULL

LE

HÉROS DU DÉSERT

SCÈNES DE LA GUERRE INDIENNE AUX ÉTATS-UNIS

PAR

JOSEPH BOURNICHON

SECONDE ÉDITION

TOURS

ALFRED CATTIER, LIBRAIRE-ÉDITEUR

M DCCC LXXXV

PRÉFACE DE LA SECONDE ÉDITION

Le bon accueil fait à la première édition de cet ouvrage dans les maisons d'éducation, et dans le public nombreux que les questions d'humanité et de patriotisme intéressent, nous impose l'obligation d'en entreprendre une seconde.

Comme c'est à la jeunesse des écoles que nous nous adressons principalement, nous avons dû tenir compte de quelques observations qui nous avaient été faites, et modifier certains passages qui avaient légèrement offusqué des consciences peut-être un peu trop timorées.

Mais notre devoir, comme notre désir, est de ne rien produire qui puisse causer le plus petit scrupule à la conscience la plus délicate.

Nous avons complété notre ouvrage par des additions et des notes que le lecteur ne verra pas sans intérêt.

Nous serions heureux de reproduire la plupart des appréciations bienveillantes que nous avons reçues ; mais ce serait trop long, et nous devons nous borner aux courts extraits suivants, où la juste critique se trouve amicalement unie à l'éloge et dont nous adressons de nouveau nos remerciements à l'auteur.

« L'auteur de *Sitting-Bull* est notre ami ; nous lui savons du talent, de la flamme et une ardeur au travail qui ne s'est point démentie depuis tantôt quinze ans que nous le connaissons. M. Cattier est un intelligent éditeur du Centre, qui ne craint pas d'entrer en lutte, selon sa puissance et selon le concours toujours avare que l'on trouve en province, avec les grands éditeurs de la capitale : comment ne serions-nous pas disposé à louer le premier, à favoriser le second ?

« Nous le ferons avec d'autant plus de bonheur que, véritablement, *Sitting-Bull* est, comme roman, une œuvre de premier mérite. Il rentre, à un degré de perfection moindre, dans l'ordre des romans épiques de Châteaubriand et des superbes compositions de Fenimore Cooper.

« L'imagination qui éclate dans *Sitting-Bull* n'est pas indigne de ces grands hommes ; mais l'auteur a moins touché, poli, rempli de choses et d'idées son léger canevas. Il n'a point élevé son sujet à la hauteur d'une conception générale.

« Il s'agit de la retraite feinte d'un sauvage devant une armée américaine, qu'il cherche et qu'il réussit à attirer dans un lieu choisi et préparé par lui pour l'anéantir.

« Cette simple donnée a suffi à M. Joseph Bournichon pour emplir de vie, de soleil et de poésie, beaucoup plus de deux cents pages. Sa riche imagination se promène à l'aise dans les forêts et les plaines du désert.

« Depuis le mystérieux conseil tenu par les chefs indiens autour du tombeau de *L'Oiseau-Noir*, jusqu'à la marche des troupes américaines à travers le désert, et jusqu'à l'heure épouvantable qui fait de *Sitting-Bull* un vrai héros de sauvages, les scènes gracieuses, terribles, étranges, les épisodes saisissants, les descriptions larges, nouvelles et magnifiques se succèdent avec une variété et un mouvement qui tiennent continuellement sous le charme. Le pinceau du descripteur est surtout remarquable, et, malgré la liberté de la prose, les sacrifices faits au goût du jour, le poète, dominant le romancier, lui communique partout l'éclair de son génie [1]. »

---

[1] V. II, *Revue du Centre*, n° du 15 août 1879.

PRÉFACE DE LA PREMIÈRE ÉDITION

Un jour... (c'était le 3 septembre 1876), en lisant le journal *le Monde*, mon intérêt fut vivement excité par le portrait d'un guerrier indien qui venait de remporter sur les troupes des États-Unis une éclatante victoire.

Ce guerrier se nommait *Sitting-Bull*, nom singulier et expressif, qui signifie *Le Taureau-Assis*.

« Voilà un homme !... me dis-je, quand j'eus terminé ma lecture... Voilà un vrai chef de guerre et un vrai patriote, grand caractère, grand esprit et grand cœur !... Quel dommage que *Fenimore Cooper* ne soit plus là pour encadrer le portrait de cet homme dans une œuvre immortelle, telle que le *Dernier des Mohicans*, *l'Ontario*, *la Prairie*.

Et je relus avec un intérêt nouveau les trois ou quatre colonnes de journal qui m'avaient si vivement impressionné.

Plusieurs jours, plusieurs mois s'écoulèrent.

Les correspondances américaines de diverses feuilles publiques que je dépouillai dès lors avec un soin extrême m'apportaient régulièrement les récits de quelque entreprise hardie, de quelque exploit nouveau, de quelque trait de grandeur d'âme de mon héros dans la lutte formidable soutenue par lui contre la puissante république des États-Unis, pour la revendication des droits de son peuple opprimé; et ces récits étaient accompagnés de détails pleins d'horreur sur les exactions et les perfidies commises par les agents de l'*Union* dans les réserves du Far-West, et de réflexions indignées sur la conduite barbare des Américains à l'égard des pauvres Indiens.

Peu à peu, en ramassant toutes ces correspondances et en les coordonnant entre elles, je me trouvai avoir sous la main les éléments solides d'un ouvrage, non seulement émouvant, mais utile, éminemment utile, disons plus, nécessaire.

Trois choses, en effet, devaient commander l'attention, et s'imposer dans cet ouvrage :

Une question...

Un problème...

Et un caractère ou un homme.

La question est celle de la lutte sans cesse renaissante entre les tribus du désert et l'*Yankee* envahisseur. — Pourquoi cette lutte presque sans trêve, et toujours sans merci, qui dure depuis que les Européens ont mis le pied sur cette partie du Nouveau Monde?—Serait-ce que les Peaux-Rouges, trop resserrés dans les limites que les traités leur imposent, et obéissant à leur naturel insoumis et sauvage, feraient périodiquement et obstinément effort pour s'affranchir de la tutelle qu'ils ont librement acceptée, et forceraient ainsi les blancs à porter chez eux la dévastation et la mort?... Ou bien, ne seraient-ce pas plutôt les Américains qui, au mépris de toute justice, étendant de plus en plus leur ambition et leurs convoitises, refouleraient les Peaux-Rouges dans leurs cantonnements réservés, s'empareraient de leurs terres, et par leur manque de foi, leur cruauté et leur rapacité, les réduiraient aux sanglantes extrémités de la révolte et du désespoir ?...

Le problème qui est une autre manière de poser la même question, est celui de la destruction ou de la civilisation des Indiens ; car c'est bien ainsi désormais que le problème se pose; ou plutôt, non, ce n'est déjà plus ainsi. — La question indienne n'est malheureusement plus resserrée entre les deux termes de ce dilemme fatal : *Civilisation ou destruction!...* A la honte de l'humanité, le gouvernement des États-Unis l'en a fait sortir, et semble l'avoir tranchée dans le sens le plus barbare. Pour lui, la question indienne ne peut être résolue tant qu'il existera une seule tribu Peau-Rouge. — Considérant les Indiens comme réfractaires à toute civilisation, il ne voit qu'un moyen d'en finir avec eux : *la destruction totale.*

Le gouvernement des États-Unis ne se trompe-t-il pas ?

Est-il donc vrai qu'il soit nécessaire de condamner irrévocablement ce peuple?

Est-il donc vrai qu'aucune civilisation ne puisse avoir de prise sur lui?

Est-il donc vrai qu'il doive fatalement disparaître et périr?...

Non, il n'est pas possible de répondre affirmativement à ces questions ; et l'humanité de nos lecteurs les tranchera, nous n'en doutons pas, autrement que les politiciens de la libre Amérique.

On dit que les Indiens se sont montrés jusqu'ici rebelles à toute influence civilisatrice ; mais en réalité, aucun effort sérieux de civilisation a-t-il été tenté chez eux ?...

On leur a envoyé des protestants et des méthodistes, qui n'ont songé qu'à profiter de leur séjour parmi eux pour les piller, les abrutir, les corrompre, et s'enrichir à leurs dépens.

Qu'on leur envoie des missionnaires catholiques, ou du moins, si c'est trop demander à une nation protestante, qu'on laisse la liberté aux missionnaires, qu'on n'entrave pas leur action, et cette œuvre de civilisation s'accomplira, et il ne sera plus besoin de recourir à l'extermination d'un peuple qui a de grandes qualités natives, et dont presque tous les défauts viennent de ceux qui lui en font un crime aujourd'hui.

*
* *

Mais si, dans le présent ouvrage, la question de la guerre indienne, et le problème de la destruction ou de la civilisation des Peaux-Rouges se posent, pour mieux les faire ressortir, nous avons dû grouper les faits qui les concernent autour du nom de l'homme qui a incarné dans sa personne le génie de son peuple opprimé, et s'est posé en face des États-Unis comme le soutien et le vengeur de ses droits méconnus.

C'est la grande figure de cet homme que nous avons tenu surtout à mettre en lumière; et pour en faire un type digne de l'admiration de tous, nous n'avons eu qu'à la peindre d'après nature, sans demander à l'art de la farder et de l'embellir.

Pour nous et pour nos lecteurs, le guerrier du Dacotah, le sauvage *Sitting-Bull* est et doit être un homme illustre entre les illustres, un grand chef de peuple, un héros!

Cet homme, ce sauvage, ce barbare, pour la revendication des droits de sa nation opprimée, a déployé toutes les ressources de l'habileté, du courage, du génie. — Avec des forces ridiculement faibles en apparence et sans cohésion jusqu'à lui, il a osé confier aux armes la justice de sa cause, et entrer en lutte contre la formidable république des États-Unis. Puissant par la pensée, puissant par la parole, puissant par le courage, tantôt soldat, tantôt prophète, toujours le premier au combat, toujours le plus éloquent au conseil, il a fanatisé les siens, et comme un autre *Abd-El-Kader*, il a réussi pour un temps à faire passer dans leurs âmes une partie de la terrible énergie de la sienne. — Incapable de tenir tête en rase campagne aux oppresseurs de sa patrie, il les a combattus par l'adresse et la ruse. — Vainqueur plusieurs fois, mais s'épuisant par ses victoires, tandis que ses ennemis renaissaient plus nombreux, il a vu enfin l'heure de la défection et de l'abandon venir. Mais à cette heure cruelle, gardant toujours son invincible fierté, plutôt que de se rendre, il a préféré se condamner à l'exil ; et de la terre canadienne, où il s'est réfugié pour sauver de la vengeance des Blancs sa liberté et sa tête mises à prix, il guette l'instant propice pour soulever les siens et faire entendre de nouveau à travers les tribus du désert le cri de guerre et de revanche contre l'Yanguis.

Tel est Sitting-Bull !

Et ne mérite-t-il pas d'être connu de tous?...

Ce mâle caractère, incapable de fléchir, qui n'aime que la patrie, qui sacrifie tout à la patrie, n'est-il pas un digne modèle à proposer en nos temps où les caractères sont si rares, en nos temps qui ne brillent que par l'affaiblissement, l'affaissement, l'anéantissement des caractères ?... Nous l'avons cru pour notre part, et c'est pourquoi nous avons entrepris ce récit, et groupé dans son action les principaux efforts de résistance tentés par les Indiens contre les exactions odieuses et la farouche oppression des États-Unis.

Ainsi notre héros n'est pas un héros imaginaire. Il existe en vérité. Ce livre est un livre vécu.

Et non seulement notre héros principal existe, mais les guerriers que nous faisons mouvoir à ses côtés, Red-Cloud, Spotted-Thall, Trazi-Horse, Pretty-Bear, etc. etc., existent aussi, avec le nom sous lequel nous les mettons en scène, avec le caractère que nous leur donnons, d'après les notes que depuis plusieurs années nous avons recueillies.

Sitting-Bull n'est donc pas un roman inventé à plaisir, mais une histoire véridique, une histoire d'hier, écrite au cours des événements, et à peine dramatisée.

Quand les faits parlent assez haut pour intéresser par eux-mêmes, quand ils portent en eux leur leçon et que cette leçon est facilement accessible pour toutes les intelligences, à quoi bon les entourer des peintures de l'imagination, ou les amoindrir en les mêlant aux jeux des passions vulgaires ?

Rien n'eût été plus facile que de mêler le romanesque ou l'étrange aux simples mais nobles scènes dont nous nous faisons l'historien, mais l'enseignement que nous en voulons tirer eût été diminué d'autant, et nous n'avons pas voulu à l'intérêt possible, sacrifier cet enseignement et les droits de la vérité.

Or quel est cet enseignement qui, selon nous, doit se dégager de notre œuvre avec toutes les lumières de la claire évidence ?...

Le voici :

Nous voulons rappeler aux sentiments d'humanité et de justice un peuple qui écrase un autre

PRÉFACE DE LA PREMIÈRE ÉDITION

peuple, auquel, de par les traités passés avec lui, il doit aide et protection.

Nous voulons montrer, sous la compression et les exactions dont elles sont les victimes, les tribus du désert se soulevant à l'appel d'un chef vaillant, et défendant leur droit, avec la barbarie d'une race sauvage sans doute, mais aussi avec le courage et le patriotisme d'un peuple digne d'un meilleur sort, et que nous n'hésitons pas à proposer comme exemple à notre jeune génération.

Puissent les scènes d'exaction, de perfidie et de violence que nous allons raconter apprendre à mieux connaître la cruelle politique des États !

Puissent-elles surtout toucher en faveur des pauvres Indiens du Far-West, proscrits chez eux, traqués comme des bêtes fauves, et condamnés à disparaître comme nation et par conséquent à mourir, car il n'a plus qu'à mourir un peuple dont la patrie n'est plus !

PREMIÈRE PARTIE

UN PEUPLE QUI NE VEUT PAS MOURIR

CHAPITRE PREMIER

Le Tombeau de L'Oiseau-Noir

C'était un soir d'avril 1876. — Le soleil, toute la journée, n'avait cessé de lutter contre les nuages. Enfin après des alternatives de succès et de défaites, tantôt voilé et tantôt radieux, il venait de disparaître à l'extrême horizon. — Le vent soufflait du nord, ses rafales glacées promenaient dans les airs les herbes mortes arrachées à la prairie indienne, et produisaient dans les branches des arbres encore privées de feuillage, un sifflement étrange qui troublait seul le silence et la solitude du désert.

La nuit n'avait pas encore pris possession de la nature. — La lune, qui entrait dans son plein le soir même, commençait à montrer dans les brumes de l'est son large disque enflammé. Ses reflets doux et mystérieux, que rien n'interceptait alors, s'étendaient amoureusement sur les flots du Missouri, qui, bruyants et impétueux dans presque tout leur parcours, ici se roulaient calmes et paisibles dans leur lit immense, sans doute pour ne pas effrayer les ondes amies d'une petite rivière qui accourait du fond de la plaine pour se marier avec eux.

C'est au coude formé par l'embouchure de cette rivière, l'un des mille affluents inconnus que le gigantesque Missouri reçoit dans son cours de plus de sept mille kilomètres à travers les territoires indiens, que se passe la première scène de notre récit.

A quelques centaines de pas du point de jonction du modeste cours d'eau avec le fleuve puissant, quatre hommes étaient assis sur des troncs d'arbres arrachés à une des forêts de la rive, et roulés par une crue, de plus de cent lieues peut-être, sur ce bord. Un feu de branches et d'herbes sèches éclairait leur visage cuivré. Leurs vêtements, qui ne différaient que par quelques détails insignifiants et la manière de les porter, étaient des blouses de coutil rayé, serrées autour de leur corps par une courroie de cuir ornée de coquillages, à laquelle pendait une poire à poudre, un sac à plomb et à balles et un long coutelas. Leur pantalon, d'étoffe vulgaire, s'enfonçait dans des guêtres de buffle fixées à leurs jambes par des lanières entrelacées. Une casquette de peau de loutre ou de castor les couvrait. — Derrière eux, mais à portée de la main, étaient des fusils, des casse-têtes et des haches. — Sur le feu une branche dépouillée de son écorce, et soutenue à chaque extrémité par deux autres branches en croix, servait de broche à une moitié de daim qui rôtissait avec un doux parfum.

Nos quatre hommes dont le costume n'eût guère servi à faire connaître la nationalité à tous ceux qui n'auraient pas été initiés par avance aux usages de la Prairie, étaient des types remarquables de la race indigène, vulgairement dite Peau-Rouge, — maîtresse autrefois de toutes les contrées qui s'étendent des montagnes Rocheuses à la région des Lacs et au Grand-Océan ; et maintenant traquée et pourchassée par les Blancs, comme un vil troupeau, dans ses propres domaines. — Ils fumaient avec délices une large pipe de terre. De loin en loin ils échangeaient quelques mots laconiques. Leurs genoux touchaient presque à la flamme ; mais ils n'avaient point l'air de se soucier de la fumée épaisse que le vent changeant leur envoyait au visage. Tout absorbés dans leurs pensées, ils n'en sortaient par instants que pour donner les soins voulus à la pièce de gibier qui cuisait devant eux et en présenter alternativement chacun des côtés à la braise. Parfois une exclamation gutturale, un geste, un signe d'impatience, échappaient à l'un ou à l'autre. Il se levait alors, regardait dans le ciel le mouvement ascensionnel de la lune, sur la terre la progression de l'ombre, puis interrogeait l'horizon ou le fleuve comme si les eaux ou le désert devaient leur envoyer quelqu'un.

Cependant, à mesure que la nuit descendait, on remarquait un autre signe que l'impatience sur les visages des chefs. Car c'étaient bien des chefs qui étaient assis au bord de la grande rivière, et non des chefs quelconques, commandant à un simple village, ou à une modeste tribu ; mais des chefs dont le renom s'étendait sur tout le territoire indien, dans les districts des Sioux, des Mandanes, des Pawnies, des Osages, et jusque par delà les monts du couchant chez leurs frères de l'Orégon et de la Colombie.

L'un d'eux, vieillard à cheveux blancs, se nommait Washaki. il était le Sachem respecté des *Indiens-Serpents*. Le second se nommait Arono. Une balafre qui lui coupait le côté gauche du visage dans toute sa longueur, lui avait fait donner le surnom de *La Large-Blessure*. — Le troisième se nommait Timakow, ou *Le Feu-du-Tonnerre*. — Son courage impétueux lui avait mérité ce nom. Cinq cents guerriers Pawnies se levaient à sa voix. — Le quatrième était Pretty-Bear, ou *L'Ours-Aimable*. Son extérieur justifiait pleinement le surnom qu'il avait choisi lui-même, et dont il était fier. Ses qualités lui avaient valu l'épithète. Les traits de son visage étaient durs et repoussants, mais dès que sa bouche s'ouvrait, on oubliait de le regarder pour l'entendre. Il séduisait par le charme de sa voix, l'entraînement et l'énergie de ses paroles, et son bras était aussi fort que son éloquence était irrésistible et agréable.

Or c'était comme de l'effroi ; oui, de l'effroi, bien qu'on dût croire ce sentiment étranger aux hommes que nous venons de faire connaître, qui se mêlait à l'impatience sur la figure expressive des chefs. Ils semblaient indignés du trouble qu'ils éprouvaient, et néanmoins ils ne parvenaient pas à s'en rendre maîtres. On voyait qu'ils cherchaient à se cacher mutuellement leurs émotions intérieures ; mais leurs regards indécis, et leur silence même trahissaient leurs préoccupations et leurs inquiétudes.

Un monticule qui se dressait à un mille environ sur les bords du Missouri était la cause de cet effroi. — Et pourtant à première vue, ce monticule élevé de trois cents pieds au-dessus de la plaine déserte, n'avait rien d'extraordinaire. Jeté là, sans cause apparente, par la main puissante de la nature, dans un de ces jeux dont elle a le secret, il commandait le fleuve. Son ombre se couchait sur les eaux, et les partageait par une longue et large ligne de ténèbres. Des arbres rares et tombant de vétusté, végétaient tristement sur son flanc crevassé. Son sommet était aride et nu. On n'y voyait qu'un tronc d'arbre dépouillé de branches, auquel flottait, chose assez inexplicable dans cette solitude où les hommes ne passaient qu'à de rares intervalles, des lambeaux d'étoffe éclatante et des drapeaux de diverses couleurs.

Les chefs regardaient ce tertre solitaire. Ils semblaient attirés vers lui par un motif puissant; mais quelque chose de plus fort que l'attrait les en tenait éloignés. Et plus le sombre de la nuit s'allongeait sur la plaine, plus aussi les signes de leur inquiétude augmentaient. — Bref, ils étaient bien réellement, et sans vouloir se le dire, sous le coup d'une invincible et superstitieuse terreur.

Pauvre nature que la nôtre! Les êtres les plus fortement trempés, qui ne reculeraient pas devant l'attaque d'une bête féroce ou le feu d'une armée, ne peuvent se défendre des faiblesses qu'engendre la superstition, ou que causent la solitude et la nuit.

Et qu'était donc ce tertre si redouté de toutes les tribus indiennes?

Nous le dirons, quoique cela ne tienne que d'une manière indirecte à notre récit.

C'était un tombeau.

Le tombeau d'un chef célèbre dans la tribu des Omahavs, et qui se nommait *L'Oiseau-Noir*.

Ce chef avait conquis un ascendant prodigieux sur

toute sa nation. Il était pour son peuple un objet de terreur et de respect, car les sauvages croyaient qu'il avait sur eux, d'une manière surnaturelle, les pouvoirs de vie et de mort. Voici comment lui-même avait accrédité cette croyance.

Il s'était procuré une grande quantité d'arsenic par l'entremise d'un marchand des États, et celui-ci l'avait instruit en même temps de la manière de s'en servir. Il ne tarda pas à en recevoir la récompense. *L'Oiseau-Noir* l'invita le même jour à un festin particulier, et lui administra une bonne dose de sa terrible médecine. Le marchand, au grand plaisir de son hôte, mourut quelques heures après dans d'affreux tourments.

Fier de son essai, *L'Oiseau-Noir* médita bientôt l'exécution d'un autre coup perfide, et fit de grands préparatifs pour le faire réussir. Il expédia une partie de ses gens pour la chasse, afin de tuer quelques buffles et quelques biches pour un festin. Les principaux guerriers et les petits chefs étaient devenus jaloux de son pouvoir. *L'Oiseau-Noir*, informé de leur mécontentement et de leurs plaintes, invita à sa fête jusqu'au dernier de ceux qui avaient murmuré. Il leur prodigua toutes sortes d'égards, et montra la plus grande cordialité à ses convives, voulant en apparence se réconcilier avec eux et effacer les mauvaises impressions que sa dureté et sa hauteur avaient causées. — Dès que chacun eut vidé son plat, et que le poison eut commencé à agir, il jeta le masque, et déclama avec emphase une harangue sur la puissance du Manitou qui le guidait, et élevant sa massue en signe de triomphe, il cria sous forme de péroraison, d'un ton sarcastique et amer :

« Allons, guerriers ! si quelque sang d'homme se remue

dans vos veines, entonnez votre chanson de mort !...
Car, je vous le déclare, avant le lever du soleil, les corbeaux voltigeront au-dessus de vos loges, et vos femmes et vos enfants pleureront sur vos cadavres inanimés ! »

Ce fut une nuit de confusion, de larmes, de crainte et de tumulte.

Aucun n'échappa au poison.

Toute la vie de ce chef sauvage fut une chaîne de crimes et de cruauté. Las enfin de verser le sang, ou plutôt poursuivi par les remords et le désespoir, et voyant partout les ombres de ses victimes, il se laissa mourir de faim. — Avant d'expirer, il fit venir près de sa natte quelques-uns de ses guerriers fidèles, et leur donna ordre de l'enterrer sur la plus haute des côtes du Missouri, assis sur son plus beau coursier, ayant en face le fleuve impétueux, « afin, disait-il, de pouvoir saluer de loin tous les voyageurs ! »

Les guerriers obéirent ; son tombeau fut placé sur le monticule que nous avons décrit. Dans l'immense plaine qu'il domine, on peut facilement le distinguer à la distance de cinq à six lieues [1].

Si l'on veut maintenant rapprocher de ce qu'on vient de lire les idées que les Indiens qui n'ont pas encore été éclairés des lumières de la foi se font de l'autre vie, et leur respect mêlé de religieuse terreur à l'égard des morts, on comprendra sans peine l'effroi que le voisinage du tombeau de *L'Oiseau-Noir*, devait inspirer aux braves, mais simples et naïfs enfants du désert.

— Mais aussi, pourquoi..., s'écria *Feu-du-Tonnerre*,

---

[1] Ce récit est emprunté dans presque tous ses détails aux *Lettres choisies* du R. P. de Smet, édition de Bruxelles.

le plus jeune des Sachems, et par conséquent celui qui savait le moins commander à ses passions et à sa langue, pourquoi nous avoir convoqués dans ce lieu et à cette heure tardive ? — le soleil ne pouvait-il pas, aussi bien que la lune, prêter sa lumière aux confidences des guerriers?

— Et encore n'est-ce pas au lieu où nous sommes, mais là-bas,... dit *La Large-Blessure* en étendant le bras vers le tertre redouté... Oui, me pardonne *L'Oiseau-Noir*, c'est sur sa tombe même, sur la terre qui recouvre ses restes, que nous devions nous rencontrer!

— *L'Oiseau-Noir* descendra me chercher s'il veut, ricana *L'Ours-Aimable*, mais moi, je n'irai certes pas là-haut me jeter dans ses griffes !

Personne ne rit de cette plaisanterie audacieuse. — Son auteur tout étonné de l'avoir faite ne put s'empêcher d'en frémir. Il reprit incontinent en s'adressant au vieillard immobile et transi près du feu :

— Et vous dites, vénérable Washaki, que vous ne savez pas qui a lancé la flèche qui est venue frapper à la porte de nos cases?

— Patience! dit le respectable Sachem ; un sagamore doit savoir garder ses paroles, et maîtriser sa curiosité. Le signe que nous avons reçu nous vient certainement d'un chef puissant. La flèche qui a volé vers nos wigwams est l'indice d'un grand péril pour les enfants du Dacotah. Nous avons répondu à l'appel qui nous a été fait... Attendons!

Alors, l'oreille subtile des guerriers fut frappée d'un bruit imperceptible pour tout autre que pour eux, qui venait d'assez loin sur l'autre rive du fleuve; et leur œil perçant se fixa sur une ligne noire qui longeait le bord et qui s'en détacha bientôt pour couper en travers le courant.

— Hugh!... s'écria Timakow, en montrant ce point à ses compagnons.

Sauter sur leurs armes, se jeter à plat ventre, et attendre, l'œil au guet, comme des tigres prêts à bondir, fut pour eux l'affaire d'un instant.

C'était une barque. Elle nageait droit au monticule en amont des guerriers. — Guidée par quatre bras vigoureux, malgré la force du flot, elle le fendait assez rapidement et presque sans dévier. — Quand elle fut au milieu du fleuve, elle sembla hésiter, puis tournant sur elle-même, elle se laissa dériver vers le foyer, dont la flamme l'attirait. Tout à coup un des rameurs qui la montaient se dressa debout dans la barque, et imita trois fois de suite le cri du hibou.

A ce cri, qui sans doute était un signal, les quatre guerriers étendus se levèrent.

Les arrivants brandirent leurs pagaies au-dessus des eaux, et le canot, accroché au rivage, laissa sortir deux Indiens grands, robustes, l'un dans la pleine force et la maturité de l'âge, l'autre déjà sur le retour. Quatre mains se tendirent vers eux, et quatre voix les saluèrent de ces deux noms connus :

Red-Cloud!...

Spotted-Thall [1]!...

Ces deux chefs illustres, dont le pouvoir s'étendait dans les réserves le plus directement soumises à la surveillance et à la protection des Blancs, s'assirent auprès

---

[1] Red-Cloud et Spotted-Thall sont les deux chefs des plus puissantes réserves soumises à l'autorité des États-Unis.

du foyer sans mot dire, et séchèrent l'humidité qui s'était attachée à leurs vêtements. Rien d'ailleurs ne les distinguait des autres sauvages qui les examinaient curieusement, si ce n'est, autour de leur cou un collier brillant qui soutenait sur leur poitrine la médaille d'or de Washington.

Lorsqu'ils eurent pris les meilleures places, que personne ne songea à leur contester, qu'ils eurent allumé leurs pipes, instruments qui ne quittent jamais le Peau-Rouge, posé leurs armes auprès d'eux et présenté leurs genoux à la flamme, en prenant bien garde de déranger la pièce de venaison, dont le degré de cuisson n'était pas encore suffisant, *Feu-du-Tonnerre*, surpris de ce qu'ils n'ouvraient pas la bouche et semblaient vouloir se renfermer dans leurs réflexions :

— C'est vous, sans doute, grands chefs, leur demanda-t-il, qui nous avez convoqués pour ce soir, et vous allez nous apprendre...

Red-Cloud et Spotted l'interrompirent :

— Nous sommes aussi peu avancés que vous, dirent-ils. Nous ne savons pas pourquoi nous sommes venus, ni qui nous a fait venir. — Nous avons reçu la flèche, et nous voici !...

L'étonnement de tous était au comble. Qui pouvait s'être permis de convoquer ces grands chefs sans leur dire par avance le but de la convocation ? — Un seul homme avait assez de réputation dans toutes les tribus pour risquer une telle hardiesse sans avoir à en craindre les suites. Mais cet homme avait disparu depuis plus de trois lunes, et l'on ne savait ce qu'il était devenu. On le disait victime de la vengeance des Blancs, qu'il avait combattus et vaincus en de nombreuses rencontres. Sa tête du moins avait été mise à prix par eux ; et, s'il n'était déjà tombé sous leurs coups, il était obligé de se cacher pour protéger sa vie. — Ce ne pouvait donc être lui. Mais si ce n'était lui, qui donc pouvait-ce être ?

Comme réponse à cette muette interrogation que chacun se posait, le cri du hibou de nouveau se fit entendre trois fois dans un bouquet de sapins situé au bord de la petite rivière.

Les guerriers portèrent leurs regards sur l'endroit d'où venait le cri de l'oiseau nocturne. Mais rien ne bougeant, Red-Cloud fit signe à Timakow, et celui-ci glissa comme une couleuvre parmi les roseaux desséchés qui bordaient la rivière, et si légèrement que son passage les faisait à peine onduler.

Quelques instants après, ses compagnons le virent debout, à deux cents pas environ et sondant de l'œil la profondeur des sapins.

Trois hommes sortirent alors de la ligne des ténèbres, et s'approchèrent de Timakow, la paume de la main étendue. — Celui-ci marcha à leur rencontre la main ouverte pareillement.

— Qui êtes-vous ? demanda-t-il.

— Des chefs !

— Quels peuples obéissent à vos commandements ?

— Les Indiens des collines où le soleil se couche.

— Les guerriers ont un nom. Votre nom quel est-il ?

— *La Plume-Rouge !... Alexandre-le-Kalispell !... Trazi-Horse !...*

— C'est bien !... Moi, je suis *Le Feu-du-Tonnerre.*

— Washaki, le sagamore des Serpents, et quatre autres grands chefs sont là-bas... Il y a place pour vous au feu du conseil... Venez !...

Timakow les présenta à ses compagnons. Leurs noms provoquèrent un murmure flatteur. On roula un nouveau tronc d'arbre près du feu pour les faire asseoir. Mais nulle question ne leur fut adressée. Red-Cloud et Spotted-Thall ignorant le but de la réunion, les arrivants, malgré la célébrité dont il jouissaient dans le Far-West, ne devaient rien savoir.

En ce moment un spectacle grandiose, et qui avait quelque chose d'étrange et de fantastique, attira les regards des guerriers sur la voûte du ciel.

Le vent du nord qui soufflait toujours violemment, avait accumulé les nuages au midi en un rideau large et épais ; mais il avait fini par balayer tout à fait et laisser à découvert une large plaine d'azur, dans laquelle la lune brillait et se mouvait sans obstacle. — Tout à coup un double courant contraire s'établit dans l'espace ; des nuages blancs, légers, floconneux, sortirent de l'horizon chargé et s'avancèrent, poussés lentement par une brise du sud. Ces nuages s'étendaient dans une région supérieure, et, en s'étendant, ils effacèrent le bleu du ciel, sans arrêter toutefois les rayons de la lune, qui se tamisaient, pour ainsi dire, à travers leur voile transparent, et n'en paraissaient que plus doux et plus mystérieux. — Alors le vent du nord redoubla de furie. Et voilà que, sous son impulsion, un nuage noir, opaque, immense, sortit de l'horizon septentrional, et malgré son étendue et sa profondeur insondable, s'avança dans une région inférieure avec une vitesse vertigineuse. — Ce nuage avait l'aspect d'un monstre épouvantable lancé à la poursuite de l'astre qui essayait de se cacher pour échapper à son atteinte. — Mais le nuage devait être le plus fort. Il marchait, courait, et grandissait toujours. Une teinte jaune et blafarde dorait ses bords et les faisait sinistres. Bientôt la lune disparut sous sa masse, et la nature fut plongée dans une horrible et effrayante nuit.

Les guerriers avaient considéré avec une sorte de fascination ce spectacle. — Dans le rapide instant de sombres ténèbres qui l'accompagna, un hennissement sonore et prolongé vint frapper leurs oreilles. — Ils frémirent; ce hennissement était parti du tombeau. — Il fut suivi du cri du hibou, trois fois répété. Mais aucun d'eux, glacé par la terreur, n'eut l'air d'avoir entendu ce signal.

Et le nuage avait continué sa course. Son extrémité se frangeait d'une vague lueur. Bientôt les objets éclipsés reparurent; et quand la lune eut repris son éclat, nos guerriers, réellement épouvantés cette fois, et non sans raison, aperçurent sur le sommet du monticule, entourant de l'un de ses bras le poteau aux banderolles flottantes, et maîtrisant de l'autre un superbe coursier noir dont les naseaux lançaient des flammes, un guerrier vêtu du costume national abandonné, mais toujours cher à toutes les tribus indiennes.

Ils se regardèrent interdits et murmurèrent :

— C'est l'ombre de *L'Oiseau-Noir !*

Mais une voix forte et vibrante s'éleva :

— Eh bien ! Red-Cloud, Spotted, et vous, vieux Washaki !... Attendez-vous que *Le Taureau-Assis* aille vous percer de ses cornes !...

— Sitting-Bull ! Sitting-Bull[1] !... s'écrièrent les guer-

---

[1] Sitting-Bull, veut dire *Le Taureau-Assis*. Nous appellerons indistinctement de ces deux noms notre héros principal dans le cours de notre récit.

riers, oubliant leurs terreurs et le tombeau sinistre pour se précipiter vers le monticule où le héros du désert attendait monté sur un cheval écumant et fougueux.

CHAPITRE II

Le Conseil des Chefs

Sitting-Bull reçut les marques de respect qu'on lui prodiguait, en homme accoutumé aux hommages d'un peuple, et qui s'en croit digne.

Les principaux sachems de toutes les tribus sauvages étaient réunis autour de lui, sur cette esplanade d'une quarantaine de pas de diamètre à peine; et il était considéré par eux comme le plus capable, le plus entreprenant et le plus brave; presque comme un être supérieur, et sur la tête duquel reposaient les destinées des sept nations [1].

Se trouver par droit de naissance ou de fortune au-dessus du reste des hommes est honorable et fait plaisir toujours; mais ne devoir son élévation qu'à son propre mérite; se voir placé au rang d'honneur par ceux-là mêmes qui pourraient disputer ce rang, et ne les rendre

[1] Dans la langue du désert, on appelle les sept nations, les sept tribus qui vivaient autour des grands lacs quand les Européens vinrent s'y établir.

ni envieux ni jaloux, est-il rien de plus beau, de plus digne?... Est-il plus noble et plus légitime sujet d'orgueil?

C'était le cas de Sitting-Bull.

Sorti des rangs du peuple, en 1868, il fut élevé à la dignité de chef de son modeste village. Cette nomination première, qui fut l'origine de sa renommée et de ses exploits, n'eut pas lieu sans soulever une vive opposition. Néanmoins Sitting l'emporta sur tous ses concurrents par son éloquence et le courage extraordinaire dont il avait fait preuve en maintes occasions, soit à la chasse, soit à la guerre. — Il réveilla les instincts belliqueux des sauvages qui s'étaient rangés sous son autorité; et ses succès plusieurs fois renouvelés contre les Blancs calmèrent les ressentiments que son élévation avait suscités : — « Hormis le prodigieux Pontéac, qui fut sur le point de jeter les Anglais dans l'Atlantique et de nous rendre le Canada, jamais il n'y eut de Sachem comparable à ce Sachem[2]. »

Dans la circonstance où pour la première fois nous le rencontrons, Sitting-Bull, bien loin de se prévaloir de ses titres et de son pouvoir, cherchait sans affectation à se montrer affable, bienveillant et cordial. Son visage n'exprimait que le contentement de se voir avec de véritables guerriers, et l'admiration et la sympathie qu'il éprouvait pour les chefs renommés qui l'entouraient.

Il avait mis pied à terre; et, après avoir caressé son superbe coursier, et l'avoir débarrassé de son mors d'acier, il l'avait laissé descendre en liberté dans la prairie.
— Alors il félicita les chefs de leur exactitude; puis ce

[2] Correspondance du *Monde*, n° du 3 septembre 1876.

devoir rempli, comme s'il n'eût plus été préoccupé que des besoins corporels et vulgaires :

— J'ai faim ! j'ai froid !... dit-il. — Frères, allumez ici le feu du conseil, et apportez sur ce tertre le repas préparé. Empêché de partir aussitôt que j'aurais voulu, j'ai fait trente milles d'une traite pour ne pas manquer l'heure du rendez-vous.

Ce disant, il avait jeté sur ses épaules robustes une peau de buffalo couverte de tout son poil. Jamais il ne s'était servi d'un autre manteau ; jamais non plus il n'avait eu d'autre couche. C'était à cette habitude rustique et à son courage intrépide qu'il devait son surnom : *Le Taureau-Assis*.

— Mais, si nous descendions plutôt vers le feu qui brûle là-bas dans la plaine, dit *La Large-Blessure*, dont les préoccupations revenaient, moins vives pourtant, il faut le reconnaître, depuis que, sans s'y brûler, son pied avait foulé le tertre redouté ; — c'est mal, Sitting, de vouloir troubler le repos de *L'Oiseau-Noir !*

— Ne pensons pas aux morts qui dorment en paix dans la tombe, dit gravement Sitting-Bull ; mais aux vivants qui peuvent les y rejoindre bientôt ! — L'ombre du guerrier fameux qui repose sous cette terre nous protège. A cinq milles à la ronde, en voyant le feu flambant sur la colline, nul n'osera approcher, vous le savez bien ; et ce que j'ai à vous apprendre a besoin d'être caché aux regards avides, et aux oreilles indiscrètes des gens dont la langue ne sait pas garder un secret.

La parole d'un homme fort et sûr de soi s'impose toujours. — Dès que le guerrier eut parlé, les frayeurs superstitieuses de ses compagnons s'envolèrent. Et pourtant un dernier frisson dont ils ne furent pas maîtres, parcourut encore tous leurs membres quand Sitting ajouta :

— Loin de la redouter, moi, j'adjure l'ombre de *L'Oiseau-Noir* de sortir du tombeau, et de venir prendre place aux délibérations que nous allons avoir !

Tous les yeux se portèrent sur les mottes de gazon où gisait le terrible mort. Tous les regards interrogèrent l'espace pour voir si le fantôme évoqué n'accourrait pas dans les airs au galop de son effrayant coursier. Ce fut le dernier tribut payé à la faiblesse humaine. — Ils rirent de leurs vaines terreurs et se reconnurent enfin quand le héros reprit :

— Frères et Sachems ! avant de nous entretenir des grandes choses qu'attend de nous la patrie, réparons nos forces et recueillons nos esprits. Et comme faisaient nos pères, dans ces jours d'autrefois que nous avons trop oubliés, vidons la coupe du festin, et fumons le calumet autour du feu du conseil.

Un tas de branches mortes fut promptement amassé, et promptement allumé au moyen d'un tison emprunté au feu de la plaine. Des grosses pierres disséminées sur le sommet du monticule furent roulées près du bûcher et transformées en sièges ; et ces hommes stoïques, profondément émus pourtant par l'annonce des importantes communications qu'on avait à leur faire, mais gardant pour eux leurs émotions intérieures, et ne se permettant pas le moindre signe qui eût pu faire croire à une curiosité hâtive, s'assirent en cercle, déposèrent devant eux les maigres provisions que chacun avait apportées pour son usage personnel, et avec leurs longs couteaux coupant à même le quartier de venaison que les premiers arrivés avaient préparé pour tous, ils mangèrent avec l'appétit d'hommes qui n'auraient eu d'autres soucis que la faim.

Leur repas silencieux ne dura pas longtemps. — Alors le plus vieux, Washaki, prit la pipe qui pendait à sa ceinture, la remplit de tabac, et l'alluma avec une braise du bûcher. Il en aspira trois fois de suite une longue bouffée, qu'il relança en spirales dans l'air, puis il la présenta à Sitting-Bull, qui se trouvait le plus rapproché de lui.

Celui-ci reçut le calumet des mains du vieux chef. Mais bien que son rang parmi les Peaux-Rouges lui permît de passer avant tous les autres, il parcourut de l'œil le cercle des Sachems, et offrit le calumet à Pretty-Bear, le plus âgé d'entre eux après le vénérable Washaki.

Un sourire de satisfaction sur tous les visages accueillit ce trait de modestie de l'illustre guerrier. Tous furent charmés de cette fidélité aux traditions des ancêtres, et de cette déférence pour l'âge.

Si la politique en cela avait été le mobile de Sitting-Bull, rarement, il faut le reconnaître, il n'avait obéi à une inspiration meilleure. Prettey-Bear était celui dont il avait le plus à craindre l'éloquence pour ses desseins présents et futurs. A dater de cet instant, au lieu d'un contradicteur redouté, il ne trouva plus en lui qu'un approbateur et un ami.

C'est ainsi qu'une prévenance, même légère, qu'un

acte de déférence [qui vient de haut, peuvent avoir des avantages immenses pour qui daigne les accorder.

Red-Cloud, Spotted-Thall, et les autres guerriers suivirent *L'Ours-Aimable ;* Sitting ne voulut prendre le calumet qu'à son rang, c'est-à-dire le neuvième, *Feu-du-Tonnerre*, plus jeune, devant seul rester après lui.

Lorsque la gourde d'eau-de-feu et le calumet eurent fait trois fois le tour, Washaki se leva. Chacun prêta l'oreille, et le vieillard parla ainsi :

— Enfants du Dacotah, du Kansas et des districts de l'Ouest, écoutez !

Le soleil a neuf fois commencé son cours depuis que le héraut des Peaux-Rouges est venu frapper à la porte de ma hutte. Il tenait une flèche dans sa main ; il était chargé d'un message, et ce message disait : « *A la deuxième heure de la pleine lune prochaine, la Patrie vous attend au tombeau de L'Oiseau-Noir !* »

Il partit laissant la flèche au seuil de mon wigwam, et ajoutant que le cri du hibou serait le signal de reconnaissance des guerriers. — Voici la flèche qu'il m'a laissée en partant. Suis-je le seul qui l'ait reçue de lui ?

Il tira une courte flèche de dessous sa blouse, et la jeta près du foyer. Huit flèches semblables tombèrent à côté de la sienne, et huit voix répondirent :

— Nous avons reçu la flèche comme vous !

— C'est bien ! dit Washaki.

Et se tournant vers Sitting-Bull :

— La bouche de mon frère *Le Taureau-Assis* ne s'est pas ouverte, et sa flèche ne repose pas près des nôtres. — S'il n'a rien reçu du héraut des sept nations, serait-ce lui qui nous l'aurait envoyée ?

Sitting-Bull répondit :

— C'était moi !

On était préparé à cette réponse, aussi ne provoqua-t-elle aucune surprise. — Le vieillard qui présidait le conseil par le droit que ses cheveux blancs lui donnaient, reprit :

— C'est bien ! Un grand chef sait toujours ce qu'il fait !... — Mais que Le Taureau baisse les yeux et regarde... Voici La Plume-Rouge !... Elle a volé par-dessus les montagnes pour venir jusqu'ici. — Voici Red-Cloud et Spotted-Thall ! Ils ont quitté leurs réserves, et leurs canots ont mis plusieurs jours à remonter le cours de la grande rivière. — Voici Pretty-Bear, L'Ours Aimable ! Il a franchi sans se reposer la prairie, et a bondi jusqu'à cette colline. — Voici Feu-du-Tonnerre et La Large-Blessure !... Deux coursiers abandonnés aux vautours et aux corbeaux du désert disent le zèle qu'ils ont mis à répondre à l'appel de la patrie. — Et moi j'ai quitté ma cabane, malgré mes soixante-quinze hivers, j'ai fatigué mes pauvres jambes sans force et promené mes cheveux blancs à travers les savanes sans limites. — Nos oreilles sont ouvertes. Le Grand Sioux, le chef du Dacotah, veut-il dire à ses frères pourquoi il les a fait venir ?

Sitting-Bull se leva. — Il s'inclina respectueusement devant le vieillard qui avait parlé. Il sourit avec une grâce majestueuse à chacun des autres guerriers, et dit :

— Puissants Sachems des Mandanes, des Pawnies, des Osages et de toutes les tribus de la prairie, des montagnes et des lacs, écoutez les paroles d'un chef !...

Il y aura cinq lunes aux premières feuilles des arbres, j'avais quitté mon village, et j'avais traversé les fleuves, les plaines et les forêts profondes qui nous séparent des villes qui appartiennent à notre *Grand-Père Blanc* [1].

Je n'y étais pas allé seul. *Le Daim-Bondissant* des Sioux, *L'Œil-d'Acier* et huit autres guerriers de ma nation m'accompagnaient. S'ils étaient présents aujourd'hui, ils rendraient témoignage des choses que je vais vous dire. Mais leur Esprit parle par ma langue, et atteste que ma bouche ne proférera pas de mensonges.

Un signe approbatif fit voir à l'orateur que personne ne doutait de la vérité de ses paroles. — Il continua ainsi :

— Pourquoi allais-je dans ces villes détestées dont j'avais juré de ne jamais franchir l'enceinte ? Loin de ces plaines où paissent nos buffles et nos daims légers ? loin des forêts où le tigre et le cougouar habitent pour apprendre au Peau-Rouge à braver le danger ? — Frères, depuis longtemps j'entendais la voix de ceux qui m'ont choisi pour chef, se plaindre de l'oppression et du manque de foi des Blancs. Chaque jour nos territoires diminuaient devant leur invasion croissante. Ils avaient déchiré ces écrits où nos concessions sont marquées ; et malgré les traités, et malgré les promesses, j'avais vu de mes yeux, j'avais entendu de mes oreilles, le pic et la pioche des Blancs frapper dans les flancs des Black-Hills.

A ce nom de Black-Hills, tous les regards se firent anxieux pour interroger l'orateur :

— Oui, frères, reprit-il, les Blancs ont voulu s'installer aux Black-Hills !... Ils savent maintenant ce que nos

[1] Nom donné par les sauvages au président des États-Unis.

montagnes recèlent, et cette fatale connaissance nous présage bien des mauvais jours, si le Grand-Esprit ne vient pas au secours de ses enfants rouges, et ne leur donne pas le courage et la force de soutenir leur droit.

L'or que nous méprisons, l'or que le Blanc recherche, l'or abonde dans les collines de nos réserves. — Je le savais ; — vous le saviez. — Mais vous saviez aussi que le secret avait été juré sur les mânes de nos ancêtres et à la face du ciel où demeure le Grand-Esprit ; et que la loi des Prairies portait peine de mort contre l'Indien qui découvrirait ce secret aux Blancs, certain que ce serait le moyen de les voir fondre sur nous comme des nuées de corbeaux sur une proie.

Eh bien ! à la honte des sept nations, un traître s'est trouvé ; et les Blancs n'ont plus rien à apprendre désormais !

Les premiers qui ont osé venir faire saigner nos montagnes, sont morts sur leurs instruments de travail, et leurs chevelures pendent aux ceintures de mes guerriers. D'autres les ont remplacés, car, en face du gain à obtenir, la crainte de mourir n'arrête pas le Blanc. — Ils sont morts à leur tour. — Tous ceux qui viendront mourront ! J'en jure par mon amour pour notre patrie indienne !

Mais le meurtre appelle le meurtre. Le sang répandu crie vengeance !... — Pour arrêter les empiétements des Blancs, et par pitié pour eux qui en ont si peu pour nous, j'ai ordonné à mes guerriers de garder en armes les Black-Hills ; et, croyant à la justice de notre *Grand-Père*, je suis parti pour le faire juge de nos droits, et le prier de rappeler les siens à la foi des traités.

Avais-je raison, frères? Et croyez-vous qu'il eût été préférable de ne rien tenter pour défendre nos montagnes ?...

Pretty-Bear répondit pour tous :

— Les Black-Hills sont les forteresses de nos territoires. — Il ne faut pas livrer les Black-Hills !

— Quand j'arrivai à Washington, poursuivit Sitting Bull, je crus que la cause de la justice était gagnée par avance. Le bruit des déprédations commises chez nous par les agents du gouvernement des États m'avait précédé. On avait arrêté des gens accusés d'avoir pillé les Peaux-Rouges. Le *Grand-Chef de guerre* [1] allait passer devant le tribunal de sa nation pour n'avoir pas empêché les crimes de ses envoyés, et pour en avoir profité. — Je le répète, je crus à la justice des Blancs ; et je me félicitais d'être venu, me préparant à remercier notre Grand-Père, et à lui offrir les hommages et la fidélité de ses enfants rouges.

Combien je me trompais !

Nous demandâmes à le voir. — Il nous reçut au milieu de ses généraux et de ses ministres, sans doute pour nous en imposer par l'éclat de son entourage. — Mais notre cœur battait dans des poitrines d'hommes, et nos yeux ne voyaient que la droiture de la cause que nous avions à défendre. Ils ne se baissèrent pas devant ces esclaves couverts d'or qui regardaient avec dédain les pauvres

---

[1] Le ministre de la guerre. — Allusion au procès BELKNAPP, dont les débats scandaleux se déroulaient alors, et sur lequel nous aurons à revenir plus loin avec quelques détails.

guerriers du désert venus pour crier leur droit, et revendiquer leur place au soleil.

J'allais ouvrir la bouche, et parler comme doit parler un chef, quand notre Grand-Père prit lui-même la parole : écoutez, illustres Sachems ; écoutez ce qu'il dit ; et jugez si c'était bien ce que devait dire celui qui se fait appeler le Père de notre peuple ?...

« *Je suis las des plaintes continuelles qui me viennent
« des prairies, et des révoltes des Indiens. Votre pays
« nous convient. Les Black-Hills ne vous sont d'aucune uti-
« lité. Il est juste que vous nous les cédiez* [1] *!* »

Nous l'écoutâmes en silence, et nous le quittâmes sans répondre. — Devant un parti pris ainsi formulé, et quand les paroles ne doivent pas servir, il est inutile de prodiguer les paroles.

En sortant, nous apprîmes que les Conseils des Blancs sur lesquels nous comptions, s'étaient vengés sur nous-mêmes des vols commis par les leurs à notre détriment. Ils avaient supprimé les rations de vivres, les convois de munitions et de vêtements auxquels les obligeaient les traités. — Et nous partîmes pleins de colère, maudissant l'injustice de nos oppresseurs, et criant vengeance au dedans de nos cœurs.

En approchant du village des Sioux, lorsque je me réjouissais de voir ma cabane et *Le Lis-du-Désert*, l'âme chérie de mon cœur, j'appris que des guerriers inconnus

---

[1] Ces paroles textuelles du général GRANT aux envoyés des Indiens à WASHINGTON sont citées par le *Monde* du 11 juillet 1876, dans sa correspondance des États-Unis.

m'attendaient pour me prendre, et que ma tête venait d'être mise à prix. — Je gagnai les forêts. — De ma retraite des bois j'ai fait partir le messager qui vous a convoqués ici,... ici,... sur le tombeau d'une homme qui savait se faire craindre et se venger, afin que son exemple nous apprît ce que faisaient autrefois nos pères, et ce que nous pouvons et devons faire comme eux !

Voilà ce que j'ai vu !... voilà ce que j'ai dit !... voilà ce que j'ai fait !... ai-je agi en enfant ?... ai-je agi en guerrier ?... Chefs des Pawnies, des Osages, des Mandanes, héros des sept nations, *Le Taureau-Assis* vous livre ses paroles et ses actes, et attend votre jugement. — J'ai dit !

Sur ces mots, il prit le calumet que Washaki lui présentait, plein de tabac nouveau, et se rassit sur la pierre qu'il avait quittée. — Mais nul orateur ne se levait pour lui répondre. Chacun semblait désirer qu'il continuât et conclût ; car il n'avait pas donné de conclusion à son discours, et cette conclusion que l'on prévoyait, on voulait qu'elle fût formulée par lui. — Sitting demeura impassible. — Enfin *L'Ours-Aimable* se leva et d'un ton violent :

— Ah ! les Blancs déchirent les traités !... s'écria-t-il. — Ah ! le Grand-Père accueille ainsi ceux qui lui parlent au nom des sept nations !... La terre que nous foulons n'est donc plus à nous ?... N'en avons-nous donc pas assez livré aux Blancs ?... Nos enfants ne pourront-ils donc plus chasser sur ces territoires où nos pères chassaient ?... Ne sommes-nous donc plus libres sous ces chênes où nos aïeux reposent, et sous la lumière de ces astres dont la pâle clarté brille sur nos discours ?...

Quel est le droit des Blancs?.... D'où vient-il?... Ce sont les chefs indiens qui leur ont vendu les collines, les rivières et les plaines sur lesquelles ils ont bâti leurs maisons et leurs villes de pierres. Les chefs indiens ont mal fait, et n'ont pas pensé à l'avenir de leurs fils. — Mais ils ont agi dans leur droit, et eux du moins furent fidèles à leurs engagements. On a écrit sur un papier en leur présence : « Les Blancs seront ici, et les « Peaux-Rouges seront là! » On a planté des poteaux pour séparer les habitations des Peaux-Rouges des habitations des Blancs : et ceux-ci ont fait la promesse de donner chaque année en échange des terres qu'on leur livrait, tant de poudre, tant de plomb, tant d'habits, et tant d'eau-de-feu. — Qui a manqué à son serment ?

Si les Blancs ont oublié la justice, les Peaux-Rouges reprendront ce qu'ils ont cédé aux Blancs ! — Quand mon fusil n'aura plus de balles mon carquois trouvera ses flèches ; quand mon carquois sera vide, ma hache et mon casse-tête sauront donner la mort. — Les guerriers qui m'entendent ont compris mes paroles. J'ai dit!

Tous les chefs brandirent leur tomahawk, et montrèrent ainsi qu'ils partageaient les sentiments de l'orateur.

La Plume-Rouge avait obéi à la même impulsion que les autres. Pourtant il se leva et fit signe qu'il voulait parler :

— Je suis *La Plume-Rouge!* dit-il ; regardez ma couleur. — Qui me l'a donnée?... — C'est du sang!...

Je suis le Petit-Chef[1]. Mais si ma taille n'est pas celle

---

[1] *La Plume-Rouge* était aussi appelé le Petit-Chef à cause de la brièveté de sa taille. — C'était un converti du Père de Smet. — Il était d'une bravoure à toute épreuve.

du sapin des montagnes, mon cœur est grand, ma tête est solide, mon bras est fort. Je n'ai jamais tremblé... Vienne le danger, je ne tremblerai pas !...

Qui peut douter du courage de *La Plume-Rouge !...*

Son œil lançait des flammes, fixé sur ses neuf auditeurs, et semblait attendre que l'un d'eux relevât son défi.

Après un silence :

— Eh bien ! écoutez mes paroles, reprit-il ; ce que je vais vous dire vous étonnera sans doute, comme mon esprit et ma langue s'en étonnent.

Moi qui aime la guerre, moi qui toujours, dans ma tribu, en fais entendre le premier cri, je viens vous dire :

Soyons prudents !

Quand j'ai reçu la flèche, la Robe-Noire était dans ma cabane. — J'aime la Robe-Noire, vous ne l'ignorez pas ; car la Robe-Noire a toujours donné de bons conseils et cherché à faire du bien aux pauvres Indiens.

« — Qu'est-cela ?... » me demanda-t-il. — Je détournai la tête pour ne pas le tromper. — Mais la Robe-Noire n'ignore pas nos usages.

« — C'est une prise d'armes, une nouvelle guerre
« contre les Blancs, peut-être, reprit-il. — Oh ! ne vous
« lancez pas dans les hasards des combats avant d'être
« bien sûrs qu'ils ne peuvent s'éviter !.. Que pouvez-vous
« contre les Blancs ?... Ils ont des armes qui tuent avant
« qu'on les approche. Ils refont à mesure qu'ils les
« épuisent la poudre et les munitions qui vous manquent.

« — Pensez à vos vieillards, à vos femmes, à vos fils
« encore jeunes !... Ce que ne peut la force, tâchez de
« l'obtenir par la persuasion ! »

Voilà ce que dit la Robe-Noire. J'écoutai sans répondre, et je suis venu !... J'ai parlé !...

Alors ce fut une série d'interpellations, qui se croisaient, et où chacun jetait la sienne, sans chercher à comprendre ce qu'un autre pouvait dire.

— Mais que faire, si les Blancs ne nous envoient plus les provisions et les vêtements sur lesquels comptent les Peaux-Rouges ? La misère est dans mon village ! Nos vieillards et nos femmes ont faim !

— Les Blancs sont venus loger sous les toits de mon peuple. On leur a donné l'hospitalité et ils en ont abusé pour outrager nos squaws et pour maltraiter nos enfants !

— Ils ont coupé nos territoires par des lignes de fer qui portent des maisons roulantes et qui lancent du feu !

— Ils ont chassé les buffles et les élans des prairies, et les ont fait fuir aux montagnes !

— Traiter avec eux n'est pas possible : comment un nouveau traité obligerait-il celui qui n'a pas honte de violer sa parole !

— Le moment de livrer les provisions est passé.

— Il y a dix cases dans ma tribu dont les habitants pleurent et souffrent, à cause de la méchanceté des Blancs !

— Ils viennent jusque dans nos districts réservés poursuivre la biche et l'original !

— Les Black-Hills les arrêtaient encore. S'ils prennent les Black-Hills, ils lanceront leurs grands canots sur nos fleuves ; et nous n'aurons plus pour nous mettre à l'abri de leurs coups que les forêts inaccessibles.

— C'est vrai !... dit en se levant Washaki ; tout

cela est malheureusement trop vrai !... Mais avec la *Plume-Rouge* et la Robe-Noire, que je ne connais pas, mais que je sais bienveillante pour nous, je vous dirai :

« Que faire? — A quoi aboutira une nouvelle guerre ?
« — Si les munitions et les armes viennent à nous man-
« quer, qui sauvera nos villages de la fureur des vi-
« sages pâles? »

— Eh bien ! s'écria Sitting-Bull, qui s'était tu dans cette longue série de récriminations et de plaintes, mais qui bondit soudain à la voix du vieillard pour ne pas laisser à l'hésitation le temps de se glisser dans les âmes : Eh bien ! si les munitions nous manquent, nous aurons le désert, nous aurons notre droit, nous aurons notre cœur !

Parce que nous sommes faibles, faut-il ne pas nous défendre ?... — Parce qu'on nous a pris beaucoup, faut-il nous laisser prendre ce qui nous reste ?... — Dans nos territoires nous sommes libres encore. — Si nous avons accepté la protection des Blancs, nous ne nous sommes pas faits leurs sujets. Jusqu'à ce jour aucune nation rouge n'a courbé le front sous leurs lois. — Mais demain, si nous n'arrêtons pas leurs empiétements, demain, nos territoires cesseront de nous appartenir ; demain, nous courberons nos fronts et il faudra servir !

Frères, quand nous chassons le buffle, il fuit long-temps devant notre poursuite. Il faut bien des ruses pour le surprendre, et souvent il nous échappe au moment où nous croyons le tenir. Pourtant, nous avons la raison plus forte que son instinct ; nous avons nos balles et nos flèches plus promptes que ses jambes agiles. — Pourquoi trompe-t-il le chasseur? Pourquoi nos pères et nous n'en avons-nous pas détruit la race ? — Parce qu'il a la prairie sans fin ! Parce qu'il a la montagne et les bois ! Parce qu'il a l'immensité !...

Et nous aussi, nous avons tout cela... Que les Blancs viennent, et si vous le voulez, le désert sera le tombeau des Blancs !... — Compter sur eux après tant de faussetés, de tromperies et de mensonges, c'est vouloir se trahir soi-même !... Leur demander quelque chose, c'est engager sa liberté !...

Plutôt mille fois la mort que la servitude et que le déshonneur !...

Sitting-Bull était superbe d'audace en proférant ces dernières paroles. Sa voix vibrante faisait tressaillir les échos. Les guerriers l'admiraient comme si le génie des sept nations s'était incarné en sa personne.

— Vous m'avez compris, conclut-il, frères, demain, je pousse le cri de guerre dans le pays des Sioux, et j'appelle mes guerriers sous les armes !

Vous-mêmes, que ferez-vous ?...

Il n'y eut qu'un cri :

— Nous imiterons Sitting-Bull ! Nous appellerons nos frères aux armes !

— Tous ?

— Tous !

— C'est bien ! Le Grand-Esprit vous entend !... La hache est déterrée dès ce soir ! Qu'elle soit teinte du sang des Visages-Pâles, et qu'elle voie la victoire des Peaux-Rouges !...

Il dit, prend le calumet, et le brise sous ses pieds.

Il prend la hache pendue à son côté et la lance ; et elle vole en sifflant s'enfoncer dans le poteau, qui tremble sous le choc. — Et tous les guerriers, le bras étendu sous la hache frémissante, s'écrient :

— Guerre ! Guerre !

— La hache est déterrée, qu'elle soit teinte du sang de nos ennemis !

— Guerre ! Guerre !

— Et mort à nos ennemis !...

La lune avait atteint son zénith. Le feu jetait une éclatante clarté. Le vent emportait au loin les clameurs des chefs. Qeulques sauvages errants les entendirent, et aperçurent les reflets de la flamme brillant sur le monticule. — Le lendemain le bruit courait dans les tribus que *L'Oiseau-Noir* était sorti de son tombeau, et que quelque chose de grand se préparait pour les Peaux-Rouges. — Ce bruit habilement propagé servit les desseins des guerriers.

CHAPITRE III

Ce que l'on fait de la conscience dans un pays de liberté

Un mois environ après la scène majestueuse à laquelle nous avons fait assister le lecteur dans notre précédent chapitre, la ville de Washington s'était réveillée dans le trouble et l'angoisse, et s'agitait sous le poids d'une inquiétude extraordinaire. — Des bruits sinistres couraient depuis plusieurs jours ; mais la veille ils avaient pris une telle consistance qu'ils ne permettaient presque plus l'incertitude ni le doute. On disait que le gouvernement avait reçu du territoire indien des nouvelles effroyables, si effroyables qu'il n'osait pas les communiquer.

Bon nombre des résidences des frontières avaient été saccagées ou détruites. Les colons qui les habitaient, et qui n'avaient pu fuir avaient été massacrés par les sauvages.

Aux Black-Hills, des mineurs qui s'étaient obstinés à s'y établir, malgré les conseils du gouvernement de l'État du Minesota, disant qu'avec leurs bons fusils ils auraient toujours raison des guerriers mal armés du pays, avaient été trouvés scalpés et défigurés, et leurs instruments de travail avaient été enlevés par leurs meurtriers.

Un convoi de munitions et de vivres, envoyé du fort Ellis par le général Gibbon, afin de retenir sous la discipline les Indiens des réserves soumises, avait été surpris et détourné de sa destination par une bande de Sioux rebelles. Ceux qui le conduisaient n'avaient dû qu'à la vitesse de leurs chevaux d'échapper au nombre et à la fureur des assaillants.

Et ce n'était pas dans le Dacotah et chez les Sioux seulement que la révolte et la guerre semblaient devoir s'étendre. De partout arrivaient des nouvelles de troubles, de meurtres et de terribles massacres. Les districts et les réserves les plus paisibles étaient sur le point de prendre feu. L'incendie menaçait de gagner le territoire indien tout entier.

Plus de sûreté pour les chasseurs des États, errant dans le désert à la poursuite des fauves et des castors.

Plus de sûreté pour les pionniers aventureux qui, au prix de mille fatigues, ouvraient, la hache ou la flamme à la main, à travers les forêts et les plaines, la route au drapeau étoilé de l'Union.

Les ministres protestants envoyés par le gouvernement chez les Peaux-Rouges qui ne voulaient pas d'eux, mais réclamaient des missionnaires catholiques, avaient été chassés. Les chefs, en les renvoyant, leur avaient interdit sous peine de mort l'accès de leurs territoires. Heureux de n'avoir pas été victimes, ils racontaient des scènes d'effervescence et de fureur dont leurs imaginations épouvantées augmentaient encore l'horreur. — La haine des Indiens si longtemps comprimée faisait explosion. Un pouvoir occulte était organisé, disaient-ils ; et ce qui rendait le mouvement plus effrayant que tous ceux qui l'avaient précédé, c'est que toutes les tribus du désert, si divisées jusqu'à ce jour, semblaient obéir à une même impulsion et sur le point de concentrer leurs forces et de les soumettre à un commandement unique. — Un nom de chef dominait tous les autres. C'était le proscrit de Washington, c'était Sitting-Bull !

En même temps que les prédicants propageaient ces bruits recueillis par la peur, des hommes qui n'ont pas l'habitude de se laisser prendre aux émotions vulgaires, les commandants militaires des forts disséminés sur toutes les frontières et ans l'intérieur des districts, demandaient des secours, et se proclamaient impuissants à réprimer le mouvement qui venait de se produire.

De l'Arizona, de la Nevada, de Montana, du Wioming, messages sur messages arrivaient, disant qu'on y était réduit à l'extrémité, et qu'il fallait absolument livrer, et sans retard, les vivres, les munitions, les vêtements garantis aux sauvages par les traités, afin de les calmer, s'il était temps encore, ou bien envoyer des renforts et des troupes pour les ramener au devoir par la force s'ils persistaient dans la rébellion.

L'agent des réserves de Red-Cloud, l'un des chefs que nous connaissons et qui passait pour être très attaché à la Fédération, écrivait au Congrès qu'il ne lui était plus possible de contenir les Indiens sous ses ordres ; que les marchés étaient déserts et que d'un jour à l'autre le soulèvement pouvait devenir général.

Enfin, un fait récent et terrible, que les journaux de la ville avaient raconté avec tous ses détails et auquel on osait à peine croire, montrait à quelles extrémités les Peaux-Rouges étaient décidés à recourir.

Une dépêche de Sioux-City mentionnait avec preuves à l'appui qu'un convoi de cinquante voitures et de plus de cent voyageurs avait été arrêté à soixante milles à l'ouest du Missouri par une bande d'Indiens sous les ordres de Trazi-Horse. Ce convoi, appartenant à la compagnie Valin et Popineau de Yancton, et qui venait de traverser les montagnes Noires (Blak-Hills), avait été pillé. Les Blancs qui le conduisaient avaient tous été mutilés et scalpés.

On conçoit l'émoi que de telles nouvelles avaient répandu dans la population de la ville fédérale. Le plus grand nombre ne les voulaient croire qu'en partie, et faisant la part de la renommée, qui va toujours grossissant les événement fâcheux, disaient : que ces bruits étaient probablement répandus à dessein par la politique du

Congrès, afin d'avoir une occasion de sévir contre les Indiens et de s'en débarrasser. Ceux qui parlaient ainsi, pour appuyer leur dire, commentaient en les approuvant, ces paroles barbares d'un des plus fameux généraux de la République : « En fait d'Indiens, leurs cadavres seuls peuvent être nos amis! »

D'autres, plein de confiance dans les forces de l'Union, et méprisant ces chétifs ennemis qui ne voulaient pas se laisser absorber ni détruire par elle, disaient : que cette révolte ressemblerait à ses devancières, et qu'on la réprimerait comme on avait réprimé toutes les révoltes précédentes, que ces prises d'armes périodiques étaient une maladie chronique des Indiens qui avait ses moments de calme et ses crises, mais qui les affaiblissait graduellement, et finirait par les tuer tout à fait. — Tous s'accordaient à jeter tous les torts sur les seuls Indiens, personne ne songeait à en accuser les agents du gouvernement ; et il y avait une parfaite unanimité pour réclamer une prompte et énergique répression.

Un homme pourtant, quand la masse de ses concitoyens se levait contre les Peaux-Rouges, et au milieu du débordement de colères qui se manifestait à leur endroit, avait trouvé dans son âme assez de loyauté et d'indépendance pour entreprendre de les disculper.

C'était le sénateur Wendett-Philipps.

Dans le journal dont il était le principal inspirateur, il avait osé prendre leur défense, et indiquer la politique d'humanité qu'il fallait suivre avec eux. — Rappelant, pour les faire siennes, les paroles que le président Adams avait prononcées au Congrès, en l'année 1836, il terminait ainsi un éloquent et courageux article : « La cause première de la guerre que nous allons avoir à soutenir contre les Indiens n'est donc pas autre chose que notre propre injustice. L'administration actuelle a pris le contre-pied de celles qui l'ont précédée. Celles-ci, dans une certaine mesure, s'appliquaient à civiliser les Indiens, à éclairer leur esprit, à adoucir leurs passions, à régler leurs appétits, à les fixer sur le sol par l'agriculture, à les initier aux joies et au confort du foyer domestique et de la vie de famille. Tel était le système de Washington et de Jefferson, infatigablement poursuivi par leurs premiers successeurs. Aujourd'hui, notre politique à l'égard des Indiens est de les arracher tous par la violence, ou par des simulacres de traités, à la terre qu'ils foulent, pour les exiler au delà du Mississipi, au delà du Missouri ou de l'Arkansas; et nous les berçons de l'espérance mensongère qu'ils auront là un asile permanent et inviolable, un abri assuré enfin contre notre rapacité et nos persécutions. Nous y traînons de gré ou de force, par traité ou à la pointe de l'épée, les débris des Séminoles, des Creks, des Sioux, et je ne sais combien d'autres tribus. Dans l'exécution de ces impitoyables rigueurs, nous rencontrons la résistance que des hommes ainsi poussés à bout peuvent nous opposer... De là, la guerre actuelle; elle n'a pas d'autre cause. C'est l'agonie d'un peuple arraché à la terre où sont ensevelis ses pères; c'est la dernière convulsion de son désespoir [1] ! »

Mais cet article de l'honnête et courageux sénateur faillit tourner contre lui-même. Il provoqua l'indignation de la foule aveuglée. On se porta vers les bureaux

---

[1] Adams prononçait ces paroles qui s'appliquent si bien à la condition actuelle des Indiens devant le congrès en mai 1836. On les retrouverait intégralement dans les lettres sur l'Amérique du Nord de Michel Chevallier. (Tome II, notes.)

de son journal pour en briser les presses et pour l'injurier. On ne voulait pas croire que la grande République eût des torts ; on ne voyait que les méfaits des Indiens Les cris : Vengeance ! Vengeance ! se faisaient entendre partout.

Et pourtant il faut bien le dire, à la honte de la prétendue infaillibilité populaire, Wendett-Philipps seul voyait droit dans cette circonstance, et un procès scandaleux qui se déroulait alors, et dont ce jour même devait contenir un des plus émouvants épisodes, aurait du dessiller les yeux de ce peuple en courroux, et le ramener aux sentiments de la justice et de l'humanité méconnus dans le système d'oppression pratiqué à l'égard des malheureux Indiens, qui, eux du moins, en se vengeant d'une manière barbare de leurs iniques persécuteurs, avaient pour excuse d'obéir à leur coutume et à leurs usages, et n'étaient pas retenus et guidés par les lumières de la civilisation et du christianisme.

Avec le mois de mai 1876, avait commencé devant la haute-cour de Washington, le procès du ministre de la guerre Belknapp, poursuivi pour crime de concussion dans les affaires de son département, et accusé en outre d'avoir favorisé les détournements et les exactions dans le Far-West.

On se rappelle les incidents de ce procès fameux, qui venant après le procès du sénateur William Tweed, convaincu du vol de six millions de dollars (30 *millions de francs*) au préjudice de la ville de New-York, de connivence avec les administrateurs républicains de cette immense cité, a fait mettre le doigt sur la plaie hideuse qui ronge l'Union américaine, et dévoilé à tous les yeux l'affreux système de corruption pratiqué par delà l'Océan pour s'emparer des charges et des honneurs, et extorquer les votes et l'argent du pauvre peuple. — Les proconsuls que Rome envoyait autrefois comme des pieuvres pour sucer le sang des provinces conquises étaient à peine dignes d'être comparés au Verrès de la République modèle.

Or, ce jour-là même, le général Custer mandé par la haute cour de justice, siégeant à Washington, sous les regards et les inspirations de la Maison-Blanche, était arrivé des territoires indiens, où il exerçait son commandement, et devait déposer devant les juges du Congrès.

On avait compté sur cette déposition en haut lieu, car on voulait à tout prix sauver le ministre de la guerre d'une condamnation infamante. Des personnages en renom se trouvaient compromis avec lui dans ce débat. On craignait un scandale énorme, qui devait aller bien plus loin que les limites atteintes déjà et frapper, disait-on, plus haut que la tête du principal accusé. — Aussi s'était-on efforcé de suborner des témoins, et de ne faire citer que ceux qu'on avait quelques raisons de supposer favorables.

Custer avait été appelé dans ce but.

Mais en comptant sur lui, on avait mal compté. On avait mis la main sur un soldat incapable de trahir sa conscience, et sur un homme incapable de laisser acheter son honneur.

Sa déposition fut tout à la charge des exacteurs, des concussionnaires, et du ministre qui avait trempé dans leurs agissements honteux. Il excusa les Indiens qui, à la suite des manquements aux traités, et de l'indigne oppression qu'ils subissaient, se croyaient obligés de défendre leur droit par les armes.

Ce fut un coup de tonnerre que cette déposition du vaillant général. Elle remua fortement l'assistance ; mais ses éclats devaient malheureusement remonter, comme le font quelquefois les éclats de la foudre, et frapper au front son auteur.

Nous ne citerons que la fin de l'interrogatoire de Custer, parce que seule elle tient directement aux événements que nous racontons, et doit servir à les montrer sous leur véritable jour.

Après avoir vainement cherché par des sous-questions adroites à affaiblir la portée des réponses de l'intègre témoin, le président de la haute-cour, ne sachant plus comment s'y prendre pour atteindre son but, se taisait.

— Custer, ayant attendu un instant de nouvelles questions, et ne recevant pas l'ordre de se retirer, interpella le président du tribunal à son tour.

— J'ai dit tout ce que j'avais à vous dire. — Si vous avez quelques nouvelles explications à me demander, je suis prêt à vous les fournir ; mais je vous supplie de vous hâter, car j'ai hâte moi-même d'aller où le devoir m'appelle. Mes soldats vont marcher contre les Indiens, et je crains pour eux si je ne suis pas là.

— Ah ! vous craignez, général ! dit le président d'un ton ironique, et dont le but évident était de discréditer son interlocuteur devant l'assemblée qui l'avait écouté haletante : — Vous craignez !... Vraiment je ne m'attendais pas à vous entendre parler de craintes à propos de si misérables ennemis que les Indiens, et si peu capables de porter atteinte à notre puissante République !

— Vous vous méprenez au sens de mes paroles, répondit gravement et avec dignité le brave général. — Non, je ne crains pas de dangers de ce côté pour la République.

Les Indiens sont en effet peu de chose pour que la puissance des États soit ébranlée par tous leurs efforts réunis. Les dangers de la patrie sont ailleurs. Ils sont plus rapprochés et plus terribles, car ils sont cachés au fond de ses entrailles et la rongent. Ils sont dans les agissements que je viens de vous signaler, dans l'ambition forcenée des incapables, dans la corruption, les dilapidations et les vols qui se pratiquent ici-près, et sur une plus grande échelle que dans le Far-West. — Là est pour nous le danger formidable, qui, dans un avenir plus ou moins rapproché, peut perdre et perdra la patrie. — Mais si je ne crois pas à un danger pour la République dans la révolte que nous avons à réprimer, je crois à un danger pour mes soldats ; pour les hommes des frontières, et pour les colons établis à proximité des districts. — Le courage ne suffit pas contre les Indiens. Il faut être rompu à leur manière de faire la guerre, et user contre eux de leurs propres armes, qui sont : une vigilance continuelle, qui ne se laisse jamais surprendre, et la ruse. — J'ai étudié les Peaux-Rouges ; j'ai vécu avec eux, je les ai maintes fois combattus. Mais dans la prise d'armes actuelle je trouve quelque chose qui m'échappe et que j'ai besoin de suivre attentivement et de près. — Il faut du reste que je sois à la tête de mes troupes pour empêcher une répression trop barbare contre un peuple qui a de grandes vertus natives ; dont les défauts et les vices viennent de nous ; et qui, d'après moi, comme je viens de le dire, dans sa rébellion même, est loin d'avoir tous les torts.

— Vous pouvez vous retirer ; dit alors le président : La haute cour appréciera votre déposition.

Custer avait répondu en conscience. Chez un peuple

qui met la liberté de la conscience au premier rang des libertés à conquérir, sa déposition aurait dû être prise en considération sérieuse, et l'indépendance loyale dont il avait fait preuve aurait dû être respectée. Ce fut le contraire qui arriva. — Liberté pour soi, oppression pour les autres, telle est la somme des libertés rêvées par tous les prôneurs des libertés sans limites. Ils veulent être libres personnellement, avoir tous les droits pour eux, en user et en abuser à leur guise, et n'être en rien gênés par les droits des autres, qu'ils ne reconnaissent pas. — Cela ne se voit pas seulement aux États-Unis. Pour le voir, pas n'est besoin de franchir les mers; et nous avons entendu, dans notre Chambre française, ce mot si profondément spirituel qu'un monarchiste jetait naguère à la face des républicains sans pudeur, dans une question de liberté : « Moi je veux la liberté pour tous, et même pour les autres !... »

Quant à Custer, sûr d'avoir rempli son devoir, et fort de son honnêteté, il se présente à la Maison-Blanche, pour offrir ses hommages au premier magistrat de la République, prendre ses instructions et ses ordres relativement à la guerre indienne, et en même temps pour accomplir une mission qu'il s'était imposée en venant à Washington, celle de dire au général Grant en personne ce qu'il croyait le meilleur pour apaiser les Indiens, et les faire rentrer sinon dans l'obéissance qu'ils ne doivent en aucune façon aux représentants de l'Union (car les Indiens sont libres sous la protection des États), du moins dans la ligne de conduite qu'ils avaient pendant longtemps suivie, et qu'ils ne demandaient qu'à reprendre.

Quel fut son étonnement de se voir accueilli avec une

froideur extrême par les hommes de l'entourage du Président !

Le bruit de sa déposition dans le procès Belknapp l'avait précédé. On lui savait mauvais gré d'avoir eu le courage de dire la vérité devant le tribunal.

Quelques-uns de ses compagnons d'armes étaient là, ils s'avancèrent à peine pour lui serrer la main.

Sur sa demande d'être introduit, l'aide de camp qui l'avait annoncé, revint dire que le Président ne pouvait le recevoir ; qu'il eût à repartir sur-le-champ pour le fort Lincoln ; qu'en route il trouverait les instructions qui le concernaient.

Cet aide de camp était un des vieux camarades de Custer. Ils avaient autrefois partagé la même tente, et vécu côte à côte pendant toute la durée de la guerre de la Sécession. Devant tous néanmoins il transmit sèchement la réponse officielle qu'il avait à faire ; puis il reconduisit le général à la porte. Au moment de le quitter, il se pencha vers lui, et lui glissa ces paroles à l'oreille :

— Pars promptement, Custer. La terre de Washington n'est pas bonne pour toi !

Impressionné, mais non intimidé par les paroles qu'il venait d'entendre, Custer, éconduit par le Président, veut voir, avant de s'éloigner, le général Shermann, pour le mettre dans ses confidences, et le charger en son lieu d'intervenir près de Grant, afin qu'il lui laissât liberté pleine et entière d'imprimer à la guerre indienne la direction qu'il jugerait la plus utile à la République.

Shermann était alors à Washington ; Custer le savait, et il considérait sa présence comme une bonne fortune pour la cause des Indiens. Mais Shermann, prévenu lui aussi, prétexta une absence. Quand Custer se présenta, il trouva porte close. Indigné dans le fond de son âme de ces outrages immérités, il se demanda s'il ne briserait pas son épée pour ne pas servir les desseins d'un gouvernement qui lui faisait un crime de n'avoir pas été parjure à sa conscience et à son honneur.

Mais ses soldats allaient marcher à l'ennemi !

Dans tout cœur de général, il y a le cœur d'un père. — Qu'ils sont coupables ceux qui cherchent à enlever aux chefs l'obéissance, l'estime et l'affection de leurs inférieurs ! Ils ne savent pas combien ils font de peine à ces braves cœurs qui n'ont de brusque et de sévère que les dehors, et que mille liens attachent à ceux qui marchent sous eux. Ils ne savent pas non plus, ou plutôt ils savent trop, car c'est peut-être ce qu'ils cherchent, combien ils font de mal à la discipline, au bon esprit et à la saine organisation de l'armée.

Custer, en ce moment, sentit combien il aimait ses soldats, et cet amour fut plus fort que son indignation.

Ce n'est pas à l'heure du péril qu'il peut songer à abandonner les siens. Il a déjà fait la guerre aux Indiens ; i croit, il espère qu'il réussira mieux qu'un autre à conduire ses troupes contre eux ; il partira donc malgré tout.

Il part !

Le chemin de fer l'emporte jusqu'à Chicago. Ses réflexions furent pénibles pendant ce long parcours. Là, dans un arrêt du train, un aide de camp du gouverneur qui était Shéridan, se présenta à lui, et lui enjoignit de se rendre au domicile du général.

Shéridan lui montra une dépêche de Washington qui lui prescrivait d'avoir à retenir Custer près de lui. Du reste point d'explications dans cette dépêche. Shéridan seulement ajouta :

— Qu'ai-je donc appris, que vous avez quitté Washington sans aller présenter vos devoirs à la Présidence?

Custer au comble de la stupéfaction, explique à Shéridan l'accueil qu'il a reçu.

— Je vois ce que c'est, répond celui-ci. Vous aurez trop chargé Belknapp, qui le mérite bien. Mais il ne faut pas que cela empêche un brave soldat de marcher à la tête des siens. Reposez-vous sur moi, je me charge de tout!

Quelques jours après, par l'intermédiaire de Shéridan, Custer reçoit enfin l'ordre de regagner le fort Lincoln, où les troupes l'attendaient prêtes à partir. Mais le même ordre le mettait à la disposition du général Crook, son égal en grade, et qui avait moins de titres que lui au commandement. C'était une humiliation à laquelle il était loin d'être préparé. Il baissa le front sous ce coup.

— Voilà donc, dit-il à Shéridan, voilà donc comment on récompense les services que j'ai rendus à mon pays! La flatterie est la clef pour ouvrir les portes de l'avancement. Je n'ai pas voulu flatter ni tromper... On me frappe... Eh bien! je serai plus grand que l'humiliation que l'on n'a pas honte de me faire subir... J'irai au fort Lincoln!...

Il y devait trouver la plus cruelle de ses déceptions.

Pendant son absence, on avait disposé sans le prévenir de ses soldats les plus expérimentés. On les avait remplacés par des recrues ; et on ne lui laissait que douze cents hommes à peine pour s'aventurer dans les immenses territoires du Dacotah et du Minesota. — De plus les ordres écrits qu'on lui remit étaient ainsi conçus :

« Sévir avec une extrême rigueur contre les tribus
« soulevées. — Chasser les Indiens des Black-Hills et en
« prendre possession définitive. Point de quartier, surtout

« pour les chefs. — S'efforcer de prendre vivant Sitting-
« Bull, qui passe pour être l'âme de la révolte, et sur
« lequel on voudrait faire un exemple qui inspirât la ter-
« reur à toutes les tribus. »

Le calice était comble.

L'honneur, l'humanité, la justice, tout avait été indignement méconnu, outragé en sa personne, et voilà qu'on lui imposait des ordres contre lesquels sa conscience protestait.

Devait-il obéir ?

Soldat, et n'ayant jamais discuté un ordre jusqu'alors, il crut qu'il était trop tard pour le faire.

Heureux s'il eût écouté sa conscience, et brisé son épée !...

Mais n'anticipons pas.

Abreuvé d'amertumes, Custer se dirige enfin vers un asile où il était impatiemment attendu, et où il était sûr de trouver le calme et la tranquillité pour son esprit, et l'amour pour son cœur.

Dans un bouquet d'arbres verts, au fond d'un jardin entouré d'une haie vive était une maison d'assez modeste apparence. Ses portes sans sculptures, ses croisées de briques, ses toits de tuiles ne la distinguaient pas des habitations aisées qui avoisinent le fort ; mais la clématite qui grimpait à ses murs lui donnait un certain air élégant et coquet qu'on eût en vain cherché dans toutes les villas autour d'elle.

C'est là qu'habitait Custer.

Sa femme et ses deux filles, deux anges de beauté et de candeur, étaient les doux oiseaux de ce doux nid charmant dans sa simplicité.

Rien de gracieux et de propret comme l'intérieur de

cette demeure ! Rien d'intéressant et d'aimable dans leurs habitudes privées, comme ces quatre êtres qui la remplissaient de leur intime union !

On n'y voyait point le luxe. Le général n'avait que son traitement pour fortune. Mais son traitement suffisait au bien-être des siens. L'ordre et l'économie de sa compagne, et le bon goût de ses filles se faisaient sentir partout.

En voyant arriver l'époux et le père, les trois femmes se précipitent pour le recevoir dans leurs bras. Mais leur joie est déjà troublée, car elles savent qu'elles ne le posséderont que pendant quelques heures ; qu'à peine arrivé, il devra repartir, et pour aller se battre contre des ennemis qui ne pardonnent pas. — Mais comme elles s'aperçoivent bien vite qu'il est soucieux lui-même, elles prennent sur elles de ne rien faire paraître de leurs inquiétudes, afin de lui adoucir la tristesse de la séparation.

— Êtes-vous satisfait de votre voyage ? lui demande la mère.

— Que nous rapportez-vous ? demandent à la fois les deux sœurs, en se penchant au cou du soldat.

— Le Président vous a-t-il bien reçu ?

— Obtiendrez-vous l'avancement sur lequel vous comptiez ?

Cruelles innocentes !... ces demandes se succédaient au milieu des baisers, et elles ne voyaient pas qu'à chaque demande nouvelle, elles enfonçaient un poignard dans le cœur de leur père bien-aimé.

Le général surmontant son chagrin se laisse aller au débordement de cette joie. Il caresse ses filles. Il babille avec elles. Il leur raconte ce qu'il croit capable de ses intéresser dans son voyage, et les interroge à son tour sur l'emploi de leur temps pendant son absence. Enfin il les embrasse une dernière fois, et les envoie toutes deux à leur paisible sommeil.

Dès qu'il est seul avec leur mère, son cœur éclate. Son courage l'abandonne. De ses yeux coule un torrent de larmes amères. Il s'échappe en plaintes et en récriminations indignées.

Sa femme était une femme forte, de la race de ces femmes de la Bible dont elle aimait à méditer les exemples.

Elle le console, le soutient, et fait entendre à son âme la grande voix du Devoir.

— C'est pour la Patrie qu'il faut aimer la Patrie, lui dit-elle ; et non pour ce que nous en pouvons espérer. Elle a droit à tout exiger de nous, même notre position, même notre vie, même nos enfants, même notre honneur !...

— Oh ! tu as raison !... dit Custer. Mais jamais, non, jamais je n'ai eu peine pareille en te quittant !... Cette campagne commence sous de tristes auspices... J'augure mal de ses résultats !...

La noble femme tourna la tête et essuya une larme, car, hélas ! elle aussi avait conçu de noirs pressentiments !

CHAPITRE IV

Le Taureau et le Lis-du-Désert

A trois cents milles de distance du fort Lincoln, une scène d'un autre genre, et qui cependant se rapprochait par plus d'un point de la scène d'intérieur que nous venons de voir, se passait dans un wigwam indien.

Ce wigwam était la demeure du grand-chef de la tribu des Sioux.

Sitting-Bull voulait que son mérite le distinguât des autres guerriers de sa nation ; mais, ni dans sa manière d'être, ni dans son costume, ni dans son habitation, ni dans les égards qu'il eût pu exiger, il ne cherchait à se faire remarquer. Il avait proscrit de sa demeure et de sa personne tous les ornements, tout le luxe et toutes les superfluités que les sauvages aiment tant. — Ce système d'égalité et de familiarité toujours digne plaisait aux fiers habitants qui l'avaient mis à leur tête ; et parce qu'il n'exigeait pas d'honneurs en dehors de ceux qu'on lui devait dans les circonstances solennelles, ses ordres étaient toujours obéis sans discussion, et chacun se montrait empressé de courir au-devant de ses désirs.

Ce soir-là, car c'était le soir du même jour où nous avons vu Custer revenir au fort Lincoln, Sitting, se promenait à pas précipités dans sa case. Deux nattes de jonc tressées étaient roulées dans un des coins. Près de l'âtre où un maigre feu de tourbe achevait de s'éteindre, était un escabeau grossier soutenu par trois branches de chêne qui lui servaient de pieds. On voyait sur cet escabeau un livre ouvert et retourné.

Quiconque eût regardé ce livre eût été bien surpris de son titre et de sa présence dans cette hutte au fond des solitudes américaines.

Alexandre lisait Homère ; César lisait la vie d'Alexandre, Napoléon lisait la vie de César ; et Sitting-Bull, l'Alexandre et le Napoléon du désert, lisait et méditait la vie du grand César moderne [1]. Ce livre lui avait été donné par le Père de Smet, qui lui avait appris les rudiments de notre langue, et avait été, dit-on, sur le point de le convertir à la foi.

Ces prêtres missionnaires n'en font jamais d'autres. Ils vont jusque dans la case du sauvage faire connaître nos gloires, et apprendre à aimer et à respecter le nom sacré de la patrie. Aussi ne faut-il plus d'eux ; et nos radicaux patriotes sauront nous en débarrasser bientôt !...

Sitting rêvait et parlait tout haut en se promenant de long en large dans son wigwam. De graves et austères préoccupations se lisaient sur son mâle visage.

— C'est donc demain, disait-il, qui va décider de la gloire ou de la destruction de mon peuple !... Demain, les Mandanes, les Osages, les Pawnies, les restes des Delawares, les Corbeaux, les Serpents, réunis pour un jour, fraterniseront à ma voix et éliront un chef pour les conduire tous ensemble à la guerre contre les Blancs. Ce chef, quel sera-t-il ?...

Il ne répondit pas à cette question, mais le sourire

[1] Historique

qui fit plisser sa lèvre et l'éclair qui jaillit de son regard voulaient dire : Ce chef ne peut être que celui qui a eu l'idée de cette réunion générale des sept nations, que celui qui de rien est devenu le premier de sa tribu, et la terreur des Blancs.

Il s'assit un instant sur l'escabeau, prit le livre et en parcourut des yeux quelques pages, puis son front s'appuya sur sa main, et on l'entendit soupirer.

Bientôt il se releva, et recommença sa promenade et sa rêverie solitaire.

« O toi, grand chef de guerre, dont les commencements furent modestes comme les miens et qui as dépassé dans ton essor l'oiseau-roi dont tu avais fait ton emblème, que ne puis-je comme toi réaliser les pensées sublimes qui se battent depuis longtemps sous mon front !... Mais de toi à moi, quelle distance !... Quelle différence dans nos moyens d'agir !... Tu avais des éléments sous ta main ; tu les pétris de ton étreinte puissante ; tu sus les utiliser, les organiser, les rendre dociles à tes conceptions, et aptes à servir tes desseins. — Moi, il me faut tout créer !... Et pourtant quel rêve est le mien !...

« Ne faire de toutes les nations du désert qu'un seul et même peuple. Les réunir par l'amour de la patrie commune ; les enchaîner par le lien sacré de la religion que prêchent les Robes-Noires ; car je l'ai vu, ce sont les seuls Yankees qui aiment les Indiens, et qui leur enseignent la vérité ; les grouper en villages autour de la maison de la prière, leur apprendre à se passer des Blancs en les accoutumant au travail ; les amener petit à petit à cultiver ces terres immenses qui ne demandent qu'à les nourrir, et à abandonner la vie de chasses et de hasards que la destruction du buffle rendra du reste bientôt à tout jamais impossible... Quelle gloire si je pouvais réaliser cela ! quel avenir pour mon peuple !...

« Des bords de l'Arkansas au Canada, du Missouri aux Montagnes-Rocheuses, le daim lancé à toute course mettrait bien des jours à franchir en droite ligne la distance. — Dans ces espaces incommensurables, cent tribus d'Indiens errent à la recherche des fauves du désert. Elles ont gardé toute l'énergie de leurs antiques races, mais, hélas ! elles en ont aussi gardé toutes les haines ! Au lieu de s'aider, de s'unir pour arrêter l'envahisseur, elles se combattent les unes les autres et le servent en s'entretuant à chaque fois qu'elles se rencontrent. — En échange d'une protection qui n'est qu'une tyrannie, elles ont consenti à recevoir des vivres, des vêtements, du tabac, de la poudre, des armes, de l'eau-de-feu surtout, cette eau qui donne la mort plus sûrement que le tonnerre ennemi.

« Qui les réunirait, ces peuplades divisées, qui les ferait marcher ensemble, serait grand, et pourrait faire d'elles une grande et puissante nation. — Et pourquoi ne bâtirions-nous pas ces maisons de pierre où s'abritent les guerriers des États ?... Et pourquoi n'aurions-nous pas leurs armes foudroyantes, leurs fusils, leurs canons ? Les Black-Hills ont de l'or... Pourquoi cet or ne servirait-il pas à nous acheter du fer ?...

« O quel rêve ! quel rêve !... »

Son visage était radieux, son front s'illuminait des feux de l'enthousiasme. Bientôt il se rembrunit.

« Hélas ! peut-être n'est-ce qu'un rêve !...

« C'est moi qui ai provoqué cette nouvelle prise d'armes, comment finira-t-elle ? elle a commencé par des meurtres et des violences. — L'Indien obéit à sa nature, il tue et scalpe aujourd'hui comme jadis; moi-même dans le feu du combat, je ne suis plus maître de moi, le sang m'enivre, et je tue et je scalpe comme les autres guerriers. — Cela n'est pas bon ; cela provoque aux représailles... Qu'en résultera-t-il ? En tout cas, le but que je poursuis est honorable, il est juste, le Grand-Esprit le sait, le Grand-Esprit me soutiendra !...

« Ah ! si tous les Peaux-Rouges voulaient me comprendre et me suivre, de cette levée de boucliers pour eux il ne pourrait résulter que du bien. — Mais combien de temps suivront-ils ! — Si la bravoure est leur qualité, l'inconstance est leur défaut. Il leur faut des succès rapides, le moindre retard, la plus petite défaite les décourage et les abat ; et ce n'est que par le temps et la ruse que je puis lutter sans trop de désavantage contre ces canons qui nous manquent et qui fauchent comme des épis les guerriers.

« O peuple que j'aime tant ! peuple qui es condamné mais qui peux encore revivre et te faire une belle place sous le ciel, j'ai peur que tu ne t'arrêtes, et que tu ne saches pas jusqu'au bout marcher avec celui qui voudrait te sauver !... »

En ce moment la porte de la hutte s'ouvrit, un frais visage se montra et une jeune femme entra dans le wigwam portant une cruche d'eau sur la tête.

Sitting sourit à sa vue.

Il prit la cruche, la porta à sa bouche, et en aspira à longs traits l'eau limpide, puis déposa le vase à terre à proximité du foyer.

La jeune femme se tenait devant lui dans une attitude respectueuse et soumise, et semblant attendre quelque chose qui n'arrivait pas. Mais le guerrier s'était replongé dans ses réflexions, et avait repris sa promenade dans la cabane.

Alors d'une voix plus douce que la voix de la fauvette des bois, la brune fille du désert interpella le guerrier.

— *Le Taureau* est-il irrité ?... lui demanda-t-elle. *Le Taureau* ne regarde pas *Le Lis !*

Sitting s'approcha d'elle et la baisa au front. Alors la jeune épouse prit dans sa main la rude main de Sitting, et l'attirant à elle avec une force à laquelle il ne songea pas à résister, elle le fit asseoir sur l'escabeau, s'assit à son côté, puis de l'un de ses bras elle entoura son cou puissant et musculeux comme celui du sauvage animal dont il portait le nom, et de sa main restée libre elle essuya son front inondé de sueur.

— A quoi pense donc *Le Taureau?* reprit-elle..... Son front brûle sous ma main ; son cœur bat à briser sa poitrine. A quoi pense donc Sitting-Bull ? ne veut-il pas le dire au *Lis-du-Désert?*

— L'oreille des femmes doit rester fermée aux mâles pensées des guerriers !

— Et pourquoi *Le Lis* ignorerait-il les pensées du *Taureau ?... Le Taureau* croit-il que celle qu'il a jugée digne de porter son nom et d'être la compagne de sa vie, n'ait pas pris une part de son courage et de sa vertu ?...

— *Le Taureau* rêve à des choses qui l'épouvantent lui-même. Il ne veut pas épouvanter sa compagne bien-aimée !

— Eh bien ! puisque *Le Taureau* refuse de parler *Le Lis* parlera pour lui. — Il dira ce qu'il a vu, ce qu'il sait et ce qu'il devine. — Pourquoi tout le jour nos vieillards ont-ils été rassemblés dans la cabane du conseil, et nos jeunes hommes ont-ils aiguisé leurs lances et leurs tomahaws ? — J'ai quitté le village ce matin, et je suis allée à la fontaine qui abreuve mon peuple; pourquoi l'antique poteau qui est auprès de la fontaine a-t-il reçu ses ornements de guerre ? Des guerriers inconnus étaient assis autour du poteau, que faisaient-ils si près de notre tribu ?...

— Demain *Le Lis* saura ce que cela veut dire.

— Non pas demain !... Ce soir, je veux savoir ce soir !... Pourquoi remettre à demain ? dit-elle en s'animant. *Le Taureau* n'aime donc plus *Le Lis ?* ou bien *Le Lis* a-t-il changé, et n'est-il plus digne de recevoir les confidences de l'époux qui jusqu'à ce soir ne lui a rien caché ?...

— Femme, reprit gravement Sitting-Bull, depuis que le Grand-Esprit a reçu nos serments, tu ne m'as jamais fait regretter le choix que j'ai fait de toi. Je t'aime, oh! oui, je t'aime, plus que je ne t'aimais quand j'allai te demander dans le wigwam de ton père. — Mais ne m'interroge plus, je t'en prie !... J'ai besoin de tout mon courage et tu entres pour beaucoup dans les inquiétudes qui m'agitent. La pensée du *Taureau* n'a pas que les soucis d'un peuple... Demain, puisque tu veux le savoir, demain il faudra nous quitter !...

— Je m'en doutais ! je m'en doutais !... dit-elle en frappant ses deux mains l'une dans l'autre, et en riant d'un air malin et satisfait !... Et voilà ce qui trouble le front du *Taureau ?* C'est de me quitter qu'il a peur. Mais pourquoi cette peur, et pourquoi nous quitter ?...

— Parce que demain nous déterrons la hache pour commencer la grande guerre contre les Blancs !...

LE LYS-DU-DÉSERT

— Et ne suis-je pas la femme d'un chef, et de quel chef? *Le Daim-Bondissant* ne m'a-t-il pas donné le jour?... Parce qu'on me nomme *Le Lis*, Sitting croit-il que je sois la fleur sans force qui penche au moindre souffle du vent?... *Le Taureau* m'a conduite à la chasse ; le cri du tigre et le mugissement du buffle ne m'ont pas fait frémir. — Que *Le Taureau* me conduise à la guerre, le tonnerre des Blancs ne m'épouvantera pas !

— Non, tu ne peux pas me suivre, amie. — Nos femmes, nos vieillards, nos enfants, s'enfuiront aux montagnes ; il faut que tu partages leur sort ; il faut que tu ailles avec eux !

— Que les femmes qui sont mères prennent la fuite, et mettent leurs rejetons à l'abri de la fureur des Blancs, rien de mieux !... Mais *Le Lis* n'a encore que sa tige et n'a point de bouton. Il veut fleurir ou se flétrir près de toi !...

— Mais tu veux donc, dit Sitting, ébranlé par ces douces instances; tu veux donc m'enlever mon courage !... Tu veux donc que je tremble quand je donnerai le signal des combats !... Seul, n'ayant à craindre que pour moi, je n'aurai pas de craintes !... Mais si je te sais là, j'aurai peur que chaque balle vienne frapper à ton cœur; et *Le Taureau* ne sera plus lui-même, et mes braves peut-être ne reconnaîtront plus leur chef !...

— Va donc, dit-elle en l'embrassant, va sans moi !... Je suis trop fière de ton honneur pour risquer de le compromettre par mon amour. — Je souffrirai de notre séparation: mais souffrir pour toi, c'est l'aimer davantage ; et je dois t'obéir pour que tu ne cesses pas de m'aimer !...

Elle essuya une larme qui perlait à son œil. Un

long et douloureux silence suivit. Enfin, la noble épouse du chef sortit de la cabane, et Sitting, secouant son émotion, reprit sa marche solitaire et continua dans la nuit noire ses importantes rêveries.

CHAPITRE V

Résolutions suprêmes

Le soleil du lendemain se leva radieux, et ses premiers rayons éclairèrent le grand village des Sioux.

Pendant que tout sommeille, décrivons ce village tranquille ; c'est la dernière fois que nous le voyons dormir dans le calme et la paix.

Il était situé sur la pente d'une colline qui regardait l'orient. Cinq cents huttes environ, espacées entre elles et séparées par des lignes d'arbres ou des bosquets naturels de sassafras, le composaient. Rien de plus primitif et de plus uniforme dans leur architecture, mais aussi rien de plus varié dans leur disposition que ces huttes. L'art du charpentier et de l'entrepreneur n'avait pas eu à s'ingénier pour les édifier. Assez solides pour résister aux intempéries de l'air et aux tempêtes parfois violentes de ces climats, on voyait qu'elles avaient été faites en vue d'une durée relativement longue, et pourtant elles étaient assez légères et négligées dans leur construction pour montrer qu'elles appartenaient à un peuple nomade qui ne se fait nul souci d'abandonner sa loge du jour au lendemain, et de tout emporter avec lui quand la guerre ou la chasse l'entraînent au loin.

Tout autour du village, les arbres avaient été abattus sur un rayon de cinq cents pas environ, ce qui formait une large éclaircie entièrement nue entre les cabanes et la forêt qui les dominait au couchant, et la forêt elle-même était comme une immense couronne de verdure qui s'allongeait en pente de chaque côté de la colline. — Dans ce gai paysage qui commençait à se revêtir de lumière, les huttes s'étageaient à leur guise dans un désordre plein de charme et formaient un amphithéâtre pittoresque dont la base se baignait dans un étang alimenté par un petit ruisseau qui sortait de la forêt, et qui venait mourir en bruissant dans ce bassin sans issue.

Cet étang, où le soleil mirait ses premiers feux, s'étendait en face des cabanes sur un espace de deux mille pas environ. Ainsi que la forêt environnante, il servait de défense naturelle au village. — Pour atteindre celui-ci, il fallait tourner ses eaux profondes ou bien les franchir en canots. En face du village, de l'autre côté de l'étang, des collines, où plutôt de longues ondulations de terrain se succédaient jusqu'à l'extrême horizon. Comme ces collines étaient arides et désertes et ne dominaient pas de très haut la vallée, elles laissaient voir de fort loin tous ceux qui approchaient, et rendaient impossible toute surprise. Un homme expérimenté dans la guerre, et prudent autant qu'habile avait certainement dû présider au choix de cet emplacement, parfaitement défendu par la nature, et qui offrait, en cas d'attaque par des forces trop supérieures, un abri sûr et impénétrable dans la forêt.

Nous l'avons dit, dans le village tout était encore repos et silence. — Le courli vagabond faisait entendre sa voix plaintive au fond de la vallée, le rossignol dans les bois saluait le matin ; et l'écureuil gris sautait en se jouant sur les branches des arbres.

Mais voilà tout à coup qu'une voix formidable s'élève :

« Le Conseil des sept nations s'assemble ! Que les guer-
« riers se réunissent, le Génie des combats l'ordonne ! »

C'est un Indien horriblement tatoué, et monté sur un mustang indompté des prairies qui crie ces mots en courant au triple galop à travers le village. Il frappe de sa hache à la porte de chaque cabane et sa voix puissante se fait entendre au loin.

Le village endormi se réveille. De tous les wigwams à la fois, les guerriers, les vieillards, les femmes, les enfants sortent et se précipitent vers la case du chef. En quelques instants la tribu tout entière est sur pied, et l'agitation la plus grande succède au calme le plus paisible. — Les guerriers se sont groupés à part ; ils semblent se concerter et attendre, pour marcher, le mot d'ordre qui doit venir du wigwam que nous avons décrit au chapitre précédent. — Mais la case de Sitting-Bull seule reste ensevelie dans son tranquille sommeil. Enfin sa porte s'ouvre, et ce n'est pas *Sitting*, c'est *Le Lis-du-Désert* qui paraît :

— *Le Taureau* est parti, dit la compagne du chef ; il a devancé l'aurore au lieu du Grand Conseil.

Prompts et impétueux comme l'ouragan déchaîné, les guerriers alors descendent la colline jusqu'à l'embouchure du ruisseau qui alimente le lac, et qu'ils honorent du nom de Père de la tribu des Sioux : arrivés là, ils en remontent le cours. Les vieillards plus lentement, et les femmes tenant à la main leurs enfants, ou portant sur leurs épaules ceux qui ne peuvent marcher, suivent les pas des guerriers, et s'enfoncent comme eux dans l'épaisse forêt.

Au sein d'une futaie aux arbres centenaires, était une clairière sauvage, environnée de toutes parts par des roches escarpées. — Des cyprès gigantesques et des chênes vieux comme le monde dont les rameaux se recourbaient en voûte, formaient tout autour d'elle un vaste et mystérieux abri. Dans le milieu de cette clairière, deux rochers énormes, vêtus de lierre et de lichen, se dressaient côte à côte, à trois pas à peine l'un de l'autre. Une large pierre qu'une convulsion de la nature avait pu seule asseoir sur leurs arides sommets, les unissait, et faisait au-dessus d'eux et avec eux pour soutiens, comme un pont, ou un autel, ou un tombeau. Entre ces rocs, et à l'ombre de cette pierre, une source bouillonnait. — Chose étrange, l'eau de cette source sortait avec violence, s'élançait comme un jet, et retombait dans un bassin de terre poreuse où elle formait une claire fontaine. Mais la terre qui la recevait, ne lui permettait pas de s'échapper au loin ; elle la reprenait à mesure qu'elle la donnait. Le niveau de la fontaine était toujours le même ; et ni les pluies, ni la sécheresse n'avaient d'influence sur l'abondance ou sur la rareté de ses eaux.

Des récits étranges couraient sur cette source et sur les rocs qui l'ombrageaient. — Là, disaient les anciens souvenirs, là fut jadis l'autel du dieu de la guerre. Là le sang des captifs coula souvent en son honneur. Malheur à l'imprudent mortel qui s'approcherait de cette onde redoutée sans avoir armé son cœur d'un triple courage, ou sans être décidé à lever la hache des combats et à pousser ce cri terrible qu'aimait le génie redoutable honoré dans ce lieu.

C'est là que Sitting-Bull avait donné rendez-vous aux chefs du peuple, que nous avons vus avec lui sur le tombeau de *L'Oiseau-Noir ;* et ils étaient venus à la tête de leurs principaux guerriers. Fidèles à leur promesse, pas un n'avait manqué de répondre à la convocation de Sitting, et quantité d'autres chefs s'étaient joints à eux. — Mandanes, Tetons, Pawnies, Osages, Kalispels, Serpents, Pieds-Noirs, Corbeaux, Delawares, se montraient par groupe dont les tatouages et les peintures faisaient reconnaître les nationalités diverses. Jamais assemblée plus considérable de toutes les tribus du désert n'avait été tenue. C'était bien la représentation complète des sept nations, dans l'élite de leurs plus valeureux enfants.

Les Sioux étaient les plus nombreux, parce que la réunion se tenait à proximité de leur plus important village ; mais les guerriers venus de loin avaient tous un nom connu, et méritaient le titre de chefs. Le tableau qu'offrait le mélange des peintures, des costumes et des armes de toutes ces tribus confondues était étrange et sauvage. Les héros de chaque nation, étonnés de leur rapprochement imprévu, et avides de profiter de cette circonstance pour se connaître autrement qu'en ennemis et les armes à la main, se cherchaient pour se raconter leurs exploits, se dire les chevelures qu'ils avaient enlevées aux Yanguis, et se montrer mutuellement leurs blessures ; tandis que les grands chefs assis en cercle autour d'un poteau couleur de sang qui se dressait près de la source, fumaient le calumet, et écoutaient Sitting, ayant l'air de discuter avec assez d'animation ce qu'il leur disait, et d'avoir quelque peine à se rendre à ce qu'il demandait d'eux; puis, se taisant, et prêtant une oreille attentive, comme s'ils cédaient à la force de son éloquence et se rangeaient enfin à son avis.

Lorsqu'il n'y eut plus de contradicteurs parmi eux, et qu'ils parurent s'être mis d'accord, ils se levèrent en silence, en silence ils étendirent la main sur le poteau qui faisait le centre de leur cercle, puis ils se séparèrent' et allèrent se mettre chacun à la tête des hommes de sa tribu.

Sitting-Bull était resté seul près des rochers et de la fontaine. Il s'approcha d'elle, la contempla un instant en prononçant tout bas quelques paroles symboliques, puis prenant dans sa main un peu d'eau, il en mouilla ses lèvres, et la répandit ensuite sur sa tête, comme pour rendre hommage au génie qui était censé l'habiter. Alors d'un pas majestueux, il contourna le rocher le plus rapproché de lui, et bientôt on le vit debout sur la pierre énorme qui dominait la source et la clairière.

Il fit signe qu'il voulait parler. Chacun s'empressa d'accourir pour entendre les paroles du plus renommé non seulement des héros, mais aussi de tous les orateurs du désert. Les guerriers étaient en première ligne. Les vieillards, les femmes et les enfants des Sioux se groupaient derrière eux et formaient le fond du tableau.

Quand Sitting vit le silence établi, sa voix, qui s'étendait jusqu'aux extrémités de la clairière, s'éleva, lente et grave d'abord, mais solennelle et s'animant par degrés.

— Héros des sept nations, dit-il, c'est la voix de Sitting que vous allez entendre; mais sa voix n'est que l'écho des pensées et des paroles de vos chefs. — Écoutez-la!

Vous savez pourquoi vous êtes en ce moment réunis. — Les Blancs ont dit dans leurs conseils : Nous détruirons tous les Peaux-Rouges, et il n'en restera plus un seul sous la voûte du ciel !... — Ils sont en marche vers nos villages. Le fer est dans leurs mains ; l'éclair guide leurs pas ; la foudre marche avec eux, et se fait obéissante à leurs ordres pour nous donner la mort. — Ils nous apportent la souffrance, la famine et des chaînes si nous ne savons pas être braves ; ou la vengeance et la victoire peut-être si nous leur résistons sans crainte dans le noble jeu des combats.

Héros des sept nations, le moment des paroles n'est plus : c'est le moment d'agir !

Vos chefs ont fumé le calumet, et voici ce que vos chefs ont dit autour du feu du conseil.

Nous marcherons contre les Blancs. Nous défendrons contre eux nos prairies, nos lacs, nos bois, nos fleuves et nos montagnes. Nous ne laisserons pas profaner par leurs mains les tombeaux des aïeux !

Voilà ce qu'ont dit vos chefs. Les guerriers qui m'entendent approuvent-ils ces paroles ?

Il n'y eut qu'un cri dans l'auditoire entier :

— Oui, oui !... Les chefs ont raison ! Guerre aux Blancs ! Guerre aux Blancs ! Il faut arrêter les Yankees ! Nous n'avons pas de bras pour recevoir leurs fers !...

Sitting-Bull reprit :

— Guerriers, vous êtes dignes de vos pères qui vous entendent et vous applaudissent dans leurs tombes !... Vos chefs avaient compté sur vous, vous êtes dignes de vos chefs ! Vous venez de répondre à leur attente, ils ont raison d'être fiers de vous !... Mais écoutez encore.

Il ne faut pas que la guerre que nous allons entre

prendre ressemble à nos précédentes guerres. L'expérience de nos malheurs passés doit nous servir. Et quelles sont ses leçons ?

Vous avez déjà lutté contre les mêmes ennemis que vous vous apprêtez à regarder en face. Vous les avez battus bien des fois. Mais toujours le succès final fut pour eux, la dernière défaite pour vous.

Pourquoi cela, guerriers ?

Dans vos territoires, vous avez contre eux le double avantage et du nombre, et de la connaissance des lieux. — Obligés de traîner à leur suite des munitions, des vivres, des tentes, des bagages, les Yankees ne peuvent s'avancer contre vous dans toute la formidable puissance des États de l'Union. Le désert plus que vous leur fait peur. Ils n'osent pas y risquer des armées nombreuses qu'ils ne sauraient comment nourrir, comment guider non plus dans des pays qu'ils ne connaissent pas.

Étant le nombre contre eux, comme eux vous êtes le courage, car il faut leur rendre justice, ils sont braves ; comme eux et mieux qu'eux vous savez diriger vos intrépides coursiers ; comme eux aussi maintenant à vos flèches et à vos casse-têtes impuissants de loin, vous pouvez joindre le feu qui tue, et l'opposer aux coups de leurs tonnerres.

Pourquoi donc, malgré tout, ont-ils toujours triomphé de vous, de votre nombre et de votre courage ?

Parce qu'ils sont unis et que vous ne l'êtes pas. Parce que, moins nombreux, ils savent vous attaquer et vous écraser en détail.

Une tête pour réfléchir, une voix pour parler, mille bras pour agir et pour exécuter ce qu'a pensé la tête et commandé la voix, telle est la force des Blancs, et ce qui les rendra toujours invincibles contre vous.

Que leur exemple nous serve, guerriers ! — Que ce qui fait leur force, fasse la nôtre aussi ! Puisque de notre désunion et de notre manque d'unité provient notre faiblesse, vos chefs ont résolu de s'unir, et, pour le temps de la guerre, de se ranger sous une même loi. — De même que vous leur obéissez quand ils parlent, de même ils ont promis d'obéir à celui que vous allez choisir pour commander aux sept nations réunies. Moi-même, guerriers, moi, qui suis le grand chef du Dacotah, vous me verrez le premier marcher à la suite de votre élu et exécuter ses ordres, par amour et par dévouement pour notre chère patrie !...

Quoique le héros eut fait passer toute son âme et toute l'énergie de ses convictions dans ses dernières paroles, une froideur manifeste les accueillit. — Tous les guerriers se regardaient ne sachant que penser de cette proposition insolite. Beaucoup, tant la chose était en dehors des antiques usages, n'avaient pas bien saisi ce que voulait dire l'orateur.

Marcher ensemble contre les Blancs, tous les guerriers présents à la délibération pouvaient le comprendre ; mais à la condition que chaque tribu agirait d'après les conceptions de son chef particulier et n'obéirait qu'à ses ordres. Toute la tactique des Peaux-Rouges consistait à se cacher pour découvrir l'ennemi, à se ruer sur lui en criant quand ils l'avaient découvert, ou à l'éviter en se cachant de lui quand il était trop fort. — C'était simple et primitif, mais ils étaient formés à cette guerre du *chacun pour soi* et du *sauve-qui-peut*. — Quant à admettre que les troupes de Red-Cloud par exemple pussent accepter les ordres de Spotted-Thall, que les guerriers de Washaki pussent se soumettre aux commandements de *Feu-du-Tonnerre ;* quant à admettre surtout que n'importe quel chef eût l'audace de parler en maître au Grand-Sioux, et que celui-ci pût songer sérieusement à obéir ; cela paraissait au-dessus de la compréhension de toutes leurs intelligences réunies. « C'est une ruse de Sitting, disait-on, il doit y avoir quelque chose là-dessous ! » Discuter en conseil les mesures à prendre ; donner chacun son avis avec une égale part d'autorité, exécuter à sa guise le plan convenu, selon qu'on l'avait compris et sans se soumettre à qui que ce fût, tels étaient les anciens usages ; ils avaient semblé bons jusqu'alors, on n'en voulait point d'autres.

En ce moment d'hésitation, et au milieu des murmures qui commençaient à circuler dans la foule, Pretty-Bear (*L'Ours Aimable*) se montra sur le rocher à côté du héros, et on l'entendit lui dire :

— *Le Taureau* a-t-il fini de parler, et veut-il permettre à *L'Ours* de faire entendre son rugissement aux guerriers ?

Sitting-Bull, sans répondre, et quelque peu ému du froid accueil qu'avait reçu sa communication, s'accouda à une des anfractuosités du rocher.

— Enfants des sept nations, dit Pretty-Bear, d'où provient l'étonnement qui se manifeste parmi vous ?... Quels sont ces murmures que j'entends ?... Est-ce donc une chose si extraordinaire que Sitting vous propose, et pour la rejeter l'avez-vous bien comprise ?

Il s'agit de choisir vous-mêmes votre chef, et par conséquent de vous obéir à vous-mêmes ! — Préféreriez-vous à cette obéissance fière et noble, la honte de la défaite, et la servitude inexorable sous le couteau des Blancs ?

Marcher sous un chef unique, et grâce à lui, qui dirigera vers le même but tous nos efforts à tous, vaincre peut-être et faire vivre la Patrie ; ... ou nous condamner par avance aux défaites, aux tromperies, aux misères que nous avons déjà subies, telle est l'alternative que l'on vous propose, et dont la solution ne dépend que de vous.

« Et n'est-ce pas la nature qui a inspiré Sitting, et dicté les résolutions de vos chefs ? — N'est-ce pas elle qui vous crie : Regardez l'ennemi ! Comptez ses villes, ses armes, ses munitions, ses forteresses, et à côté de cela comparez vos ressources et vos forces si vous restez désunis !... De tous les points de l'Union, à l'ordre du chef qu'ils nomment leur *Président*, et que nous avions la folie d'appeler *notre Père*, chaque État envoie son contingent de guerriers ; et là où on leur dit d'aller ils vont ; et s'ils tombent, ils tombent pleins d'espérances, car ils savent que leur mort sera vengée, et que leurs places seront prises par d'autres guerriers, qui obéiront, qui marcheront, qui frapperont comme eux. — Nous, au contraire, nous errons par bandes dispersées à travers la prairie. Le Yankee est l'ennemi que nous voulons atteindre ; mais si en suivant sa piste nous trouvons le Peau-Rouge à sa place, oublieux de notre commune origine, nous l'attaquons, nous le tuons, nous le scalpons, et sa chevelure nous rend aussi fiers que la chevelure du Blanc. — Et nous sommes frères de race !... Et nous avons la même patrie !... Il faut que cela cesse, guerriers, et cela cessera si nous n'avons qu'un chef pour les dangers suprêmes. — Ah ! si vos ancêtres pouvaient descendre des heureuses collines où sont allées leurs âmes ! Ah ! si le génie redouté de ces lieux daignait faire entendre sa voix, ils vous diraient : « Enfants des sept nations, hâtez-vous ! l'heure presse ! Mieux vaut combattre qu'obéir !... Mais s'il faut obéir, mieux vaut obéir à l'Indien qu'à un chef étranger !... »

Il est des moments d'enthousiasme qui transportent une multitude ; il est des éclairs qui illuminent un peuple. — Quelque chose de semblable à un frisson électrique courut parmi l'auditoire, et le remua tout entier. Une acclamation immense, formidable, fit trembler les échos de la vaste forêt. Mille cris s'entrecroisèrent au milieu desquels on distinguait ces cris :

— Sitting-Bull ! Sitting-Bull !... Pourquoi choisir ? — Nous voulons que *Le Taureau* nous conduise ! — Nous suivrons Sitting-Bull !...

— Je le pensais ! dit Pretty-Bear. Et il s'empressa de descendre, après avoir serré la main du héros, qui tremblait d'émotion devant ces témoignages d'enthousiasme. Il jouissait de cette éclatante manifestation, et de la popularité dont elle était le gage. Il en était fier. Son œil d'aigle se promenait sur cette foule, dont tous les regards, toutes les mains, toutes les voix se dirigeaient vers lui.

Mais il remarqua que Red-Cloud, Spotted et quelques autres ne mêlaient pas leurs acclamations à celle des guerriers. Il comprit, et du haut de sa tribune de rochers :

— Guerriers, s'écria-t-il, j'ai entendu vos voix, et elles ont rempli mon âme de joie et d'orgueil. Mais ne vous trompez-vous pas ? Avez-vous bien regardé dans vos rangs ? Vos yeux n'avaient-ils pas un voile quand ils se sont tournés vers moi ? — Vous avez devant vous Red-Cloud ; vous avez Spotted-Thall ; vous avez Trazi-Horse ; vous avez vingt autres chefs illustres que je m'honorerais de suivre. Les guerriers qui leur obéissent sont nombreux. Voilà des hommes ! Moi je ne suis qu'un enfant !

La foule l'interrompit :

— Sitting-Bull ! Sitting-Bull ! Nous voulons Sitting-Bull !...

Les guerriers nommés par lui, flattés de cet hommage rendu à leur valeur et à leurs qualités devant les sept nations, lui crièrent à leur tour :

— Cède aux cris de nos peuples, Sitting, sois notre chef !...

— Soit donc !... s'écria le héros. Puisque mon peuple et les amis de mon peuple me demandent de me mettre au poste du danger et de l'honneur, j'obéirai à mon peuple et à ses amis. Je serai donc votre chef ; votre chef pour offrir le premier ma poitrine aux balles et aux longs couteaux des Blancs ; votre chef pour deviner leurs ruses et vous en préserver ! Mais en acceptant le commandement que vous m'offrez sur vous, j'ai une demande à vous faire.

Sur cette fontaine que le génie des combats habite ; sur ce poteau orné des peintures de la guerre ; sur cette hache qui le couronne ; à la face du ciel où est le Grand-Esprit, et sur les mânes de vos pères, jurez-vous que vous m'obéirez ?...

— Nous le jurons ! Nous le jurons !...

— Sans hésitations, sans faiblesse, sans chercher à expliquer les raisons de mes ordres !...

— Nous le jurons !...

— Jusqu'à l'abandon de vos villages et de vos territoires ; jusqu'à la destruction de vos cabanes !...

— Nous le jurons !...

— Jusqu'à l'exil, s'il le faut !...

— Nous le jurons !...

— Jusqu'à la mort !...

— Nous le jurons !

— J'accepte alors, et que maudits soient les Blancs qui nous forcent à cette guerre !

Sa voix alors prit un accent plaintif, et il continua ainsi :

— Frères, que nos pères étaient heureux avant d'avoir connu les Blancs !

Voyez-vous cet aigle qui plane là-haut dans l'espace ! Il aurait fatigué bien des fois son aile avant de trouver les limites des territoires et des montagnes où nos pères chassaient.

Mais un jour un grand canot venu de l'Occident débarqua des guerriers sur nos plages. Ils étaient misérables, ils étaient peu nombreux. Nos pères en eurent pitié, et leur cédèrent un coin de terre aux bords de la grande eau sans rivage. Et ils bâtirent une maison de pierre ; et à la faveur de cette maison impénétrable aux flèches, ils appelèrent des contrées où le soleil se lève d'autres guerriers armés comme eux du feu qui tue et de l'éclair et de la foudre qui portent dans les cœurs l'épouvante.

Ils agrandirent les possessions que leur avaient données nos pères ; et ils vinrent alors plus innombrables que les essaims qui sortent des ruches au printemps. La terre qu'on leur avait cédée, et celle qu'ils avaient prise, n'étaient plus assez vastes pour les contenir tous.

Alors nos pères ont dit :

« A vous les bords de la grande eau. Vos maisons flottantes viendront s'abriter dans les anses. Vous y construirez vos villes, vos forteresses et vos blokhaus ; mais à nous la prairie, la forêt, la montagne, à nous les fleuves et les lacs où gîtent les castors. »

Et cela fut réglé ainsi.

Dans leur bois, sur leurs lacs, dans leurs prairies sans fin, habitées par les buffles, les Peaux-Rouges pouvaient encore être heureux.

Mais qui peut arrêter les convoitises et la rapacité des Blancs ? Par delà cette mer qui les a vomis sur nos rives, on leur a dit que nos déserts avaient des fourrures en abondance ; que nos collines avaient de l'or ; et ils ne se sont plus contentés des fourrures que leur vendait l'Indien. Ils ont voulu les prendre eux-mêmes. Ils ont inventé des villes roulantes que la flamme conduit, qui courent plus vite que nos coursiers, et qui les transportent par bandes sur nos réserves. Ils ont résolu de s'emparer du désert, comme ils se sont emparés de tout le reste. Demain, les Blak-Hills verront flotter l'étendard étoilé ; demain le Missouri ne coulera plus si les Yankees lui défendent de couler, ou coulera esclave pour porter leurs canots.

Frères, plutôt que de nous soumettre à cette ignominie, je vous le demande, ne vaut-il pas mieux mourir ?

— Oui, oui ! cria la foule ; la mort plutôt !... Aux combats ! aux combats !....

— Vous dites : la mort ! Et vous demandez les combats ! dit Sitting en s'adressant aux braves qui répétaient ce cri. Ah ! sans doute, je le sais ! vous ne craignez pas de mourir ! Vous êtes des guerriers ; et un guerrier doit mépriser la mort, parce qu'il sait la donner, et qu'il est beau de mourir en emportant de nombreuses chevelures aux heureuses collines. — Mais vous, vieillards ; vous qui avez combattu, et qui avez la douleur de ne plus pouvoir combattre, parce que les ans se refusent à l'ardeur de vos âmes toujours jeunes et vaillantes ; si, décidés à mourir, je vous ordonne d'aller chercher la mort dans des lieux inconnus, loin des cabanes qui ont appris vos exploits, et de porter vos os, qui blanchiront sans sépulture peut-être, loin des champs de repos où gisent vos aïeux !... La mort n'est rien, vieillards ; la perte de la patrie est tout !...

Un vieillard se détacha du groupe des autres vieillards et répondit pour tous :

— La liberté !... Sitting. — Nous marcherons où tu nous diras d'aller. Nous emporterons avec nous la patrie !...

— Vieillards ! vous êtes braves, poursuivit le héros. Sous la neige de vos fronts, vous voulez être nos modèles toujours !... Mais vous, femmes, épouses et mères... Voici le wigwam où vos enfants sont nés... Faudra-t-il le quitter ? l'abandonner à la merci de l'envahisseur, et vous en aller au désert, vos nourrissons dans les bras, n'ayant qu'un sein tari à présenter à leurs plaintes ?

Cette fois, ce fut *Le Lis-du-Désert* qui répondit au nom des femmes interpellées.

— Nous pleurerons, dit-elle, mais nous serons dignes de nos époux et de nos frères qui combattront pour nous !...

— J'ai entendu *Le Lis-du-Désert*, dit Sitting en souriant à son amie, et sa voix a charmé mon oreille plus agréablement que le soir lorsqu'elle berçait mon sommeil. — Vieillards, j'ai entendu vos paroles et elles ont réjoui mon cœur. — Guerriers, j'ai reçu vos serments ! — C'en est donc fait et nous sommes prêts à tous les sacrifices. — Eh bien ! ne nous abandonnons pas nous-mêmes : nous pourrons résister, nous pourrons vaincre peut-être ; en tous cas, nous montrerons ce que sait faire un peuple qui défend sa patrie !...

Et maintenant, assez de paroles, des actes !...

Red-Cloud, avance, et que tout le monde écoute !

Provisoirement tu prendras la direction des guerriers. Ils se rassembleront autour de toi, et tu les conduiras au lieu que je t'indiquerai. — Chaque jour un messager te portera mes ordres. — Guerriers, vous l'entendez. — Red-Cloud a mon pouvoir, vous lui obéirez jusqu'à ce que j'aie préparé ce qu'il faut pour vous faire marcher à coup sûr contre l'ennemi.

Il fit un signe. Red-Cloud se perdit dans les rangs.

— Arono, reprit-il, approche ?

Tu prendras deux cents guerriers avec toi. Tu les choisiras à ta guise. Que chacun d'eux s'arme de pioches, de pelles et de tous les instruments que nous avons pour fouiller la terre. Je te dirai où tu devras aller et ce que tu auras à y faire.

Arono s'éloigna !...

— Timakow, approche !...

Tu es *Le Feu-du-Tonnerre.* C'est le nom que les tiens t'ont donné. Tu vas le justifier aux yeux des sept nations. — Tu marcheras devant les Blancs, comme la foudre marche devant la tempête. Tu feras le désert sous leurs pas !... Nos cabanes, nos plantations, nos villages, tu brûleras tout à mesure qu'ils approcheront. — Va, et mets de l'airain sur ton cœur. Ta mission sera cruelle..., mais c'est pour la patrie !

— A ton tour, Trazi-Horse !

Écoute. — Tu es intrépide et rusé. Le lynx n'a pas l'œil plus ardent et plus ouvert que le tien. — Le serpent n'est pas plus adroit à cacher sa piste ; le tigre est moins inexorable que toi. Tu prendras cent guerriers et tu seras l'œil de l'armée. Tu suivras la trace des Blancs en leur cachant la tienne. Que chaque jour un de tes coureurs vienne m'instruire de leur marche. — J'ai dit.

— A toi, vénérable Washaki !...

Père, ton front est blanc. La neige couvre ta tête. Ton bras est fort encore ; mais tes vieilles jambes se refuseraient aux courses des guerriers. Je vais te demander un pénible sacrifice. Tu ne viendras pas combattre avec nous !... — La patrie te confie ce qu'elle a de plus précieux ; son espoir, quand ses guerriers d'à-présent auront été moissonnés par la mort, nos vengeurs, dans l'avenir que le Grand-Esprit a marqué. — Tu seras le chef de l'exil. Nos enfants, nos femmes, nos vieillards se réuniront près de toi. Le matin, tu feras lever la tente pour les mener plus avant au désert ; le soir tu la feras dresser pour le repos de la nuit. — Ne te plains pas de ne pouvoir combattre ; — père, ta part est belle !... Tu auras à souffrir plus que nous !

Aux dernières paroles du héros, Washaki, qui était resté perdu dans la foule, sortit appuyé sur deux jeunes guerriers, d'une taille élevée, à l'œil fier, aux membres solides et forts. Quand Sitting eut parlé, son front courbé par les hivers se redressa, et d'une voix forte il dit :

— Oui, je serai le chef des femmes et des enfants. Vieillard, je ne puis autre chose. Mais j'ai trop aimé les combats pour ne pas souffrir quand les autres combattront loin de moi. Si le corps de Washaki est obligé de fuir le tonnerre des Blancs, son âme veut accompagner les guerriers, et l'âme de Washaki, la voilà !

Il dit, et de ses deux mains s'appuie sur les épaules des deux jeunes gens qui le soutenaient.

— Regardez ces enfants, dit-il ; — ils n'ont encore connu que les amusements de la chasse ; mais l'âge de la guerre a sonné pour eux. Ils me remplaceront. — Ce sont deux jeunes pins sortis du tronc du vieux Washaki. — C'est ce que j'ai de meilleur et de plus cher, je l'offre à la patrie !... S'ils se distinguent, s'ils sont dignes de moi, j'attendrai fièrement l'appel de la mort !

Il prit ses enfants sur son cœur, puis élevant ses mains au ciel :

— Soyez braves, mes fils ! leur dit-il ; — donnez l'exemple aux guerriers ! Et votre père vous bénira !

Toutes les tribus étaient profondément émues de ce spectacle. — Sitting-Bull crut qu'il ne pouvait mieux faire que de les laisser sous l'impression de cette émotion. — D'un geste plein de majesté il salua son peuple, et descendit du rocher. — Les chefs se groupèrent autour de lui pour le féliciter et recevoir ses instructions.

SECONDE PARTIE

LA GUERRE DU DÉSERT

CHAPITRE I

La marche des troupes

Les troupes de la Confédération des États-Unis sont en marche à la recherche des Sioux et des autres Indiens révoltés.

Depuis plus de trois semaines, elles errent au milieu des prairies, des forêts, des savanes, sillonnées d'ordinaire en tous sens par des bandes de Peaux-Rouges, en quête de gibier ou de chevelures ; et elles n'ont pu rencontrer une seule de ces bandes ; et elles n'ont pu atteindre ni combattre un seul ennemi.

Le général Custer, qui a été chargé de conduire les premières opérations de guerre, encore sous l'impression des affronts qu'il a subis, et désireux, comme un noble cœur qu'il est, de se venger de l'injustice de ses supérieurs et de ses rivaux par des actions d'éclat, a dirigé ses troupes immédiatement sur le plateau des Black-Hills.

D'après ses calculs, les Indiens devaient nécessairement l'attendre en ce lieu. Par son importance stratégique et les richesses aurifères contenues dans son sein, les Black-Hils avaient toujours été l'objet de la convoitise des Blancs ; et pour les mêmes motifs ils étaient devenus comme le centre de la résistance de toutes les tribus du désert, qui les considéraient comme une forteresse imprenable, où les guerriers fatigués de la lutte, ou dispersés après une défaite, pouvaient sans distinction de races, venir chercher un abri, et réorganiser leurs forces pour de nouveaux combats.

S'étant donc mis en marche dans les premiers jours du mois de juin de l'année 1876, Custer, avec ses hommes, ses munitions, ses bagages, était arrivé au fort Ketermann, situé sur la branche nord de la Nebraska, ou la Platte. Il avait traversé ensuite cet immense océan d'ondulations verdoyantes, si connu sous le nom de Prairie Indienne, puis après avoir franchi le White-River à quelques lieues seulement de l'endroit où il prend sa source, il s'était aventuré dans les landes, les steppes, les sables, les déserts sans culture et presque sans végétation, qui s'étendent à perte de vue entre les deux lignes formées par le South-York et le White-River, et que les Américains appellent du nom bien mérité de Mauvaises Terres. — Enfin, le South-York traversé sans obstacles, il venait d'arriver au pied du grand plateau des Black-Hills dont il voyait les sommets crénelés se dresser menaçants devant lui.

Si le lecteur veut bien jeter un coup d'œil sur la carte

de l'Amérique du Nord, il pourra voir, entouré par le Missouri à l'est, la Nebraska au sud, le Reg-Horn à l'ouest et l'Yellow-Stone, ou Pierre-Jaune, au nord, un espace de plusieurs centaines de milles qui, commençant en plaine, va s'élevant graduellement, et par pente insensible mais continue, jusqu'aux cimes ardues des montagnes-Rocheuses. Tout cet espace est coupé de rivières ou plutôt de torrents plus ou moins rapides et bruyants, qui vont porter le tribut de leurs eaux au géant du désert, au puissant et majestueux Missouri. Les principales de ces rivières sont le White-River, le South-York, la Belle-Fourche, la Seyenne, le Rio-Rapide, et l'Heart-River. — Partout autour de cet espace s'élèvent des citadelles, des fortins, des blockhaus, attestant par leur nombre, les craintes que les habitants de ces contrées inspirent aux États de l'Union. — C'est une vraie ceinture de forteresses qui enserre cette partie des territoires Indiens. En partant du fleuve, et en contournant vers le nord nous trouvons, pour ne parler que des plus fréquentés, le fort Rendal, le fort Ketermann, le fort Reno, le fort Counor, le fort Smitz, le fort Alexandre, etc. — Il est vrai de dire que ces forts ne servent pas seulement pour maintenir les Peaux-Rouges sous l'obéissance, ils servent aussi, lorsque la hache n'est pas déterrée, de places d'échanges et de marchés, où, pour de la poudre, des vivres et de l'eau-de-feu, les Indiens viennent apporter les peaux de buffles et les fourrures d'animaux qu'ils ont tués.

C'est au centre de cette formidable enceinte de forts, et enlacés comme par deux bras immenses par les deux fourches de la Seyenne, que se dresse plus terrible et plus formidable à lui seul que toutes les forteresses qui l'entourent réunies, le plateau que nous avons déjà nommé plusieurs fois, le plateau redouté des Black-Hills ou des Montagnes-Noires.

Jamais la main de l'homme, jamais son génie que rien n'arrête, n'auraient pu trouver pour la défense d'une place la moitié de ce que la nature avait prodigué là comme au hasard. Les Black-Hills étaient un amas de collines crayeuses, coupées de ravines profondes, hérissées d'aiguilles de pierre et de rochers, percées de trous et de cavernes aux nombreuses issues, et entremêlant toutes ces horreurs de verts bouquets de sapins et de chênes puissants.

De tout temps ces montagnes avaient été célèbres par les combats multipliés dont elles avaient été le théâtre. Leurs échos avaient si souvent entendu retentir le cri de la guerre, que les Blancs disaient qu'ils avaient coutume de le répéter avant même que les Indiens l'eussent poussé dans la plaine. — C'était aux Black-Hills que le capitaine Jak (nom donné par les Américains à un sauvage fameux) avait, en 1873, attiré un régiment des États-Unis envoyé contre lui, et après l'avoir cerné dans un étroit défilé, avait fait massacrer jusqu'au dernier de ses hommes. — C'était la possession des Black-Hills qui, mainte et mainte fois, et cette fois encore, comme nous l'avons dit dans notre première partie, avait déterminé chez les Indiens, et chez les Sioux en particulier, la levée des boucliers.

Custer ne mettait donc point en doute que, puisque les Indiens avaient pris les armes pour garder en leur pouvoir les Montagnes-Noires, ils ne missent tous leurs soins à les défendre contre lui.

Quel fut son étonnement, je dirais presque sa stupéfaction, de n'apercevoir ni Indiens, ni traces d'Indiens, aux abords des montagnes, non plus que dans leurs premières gorges, ou sur leurs sommets, aussi tranquilles et paisibles alors qu'en d'autres temps effrayants et altiers.

Ne pouvant en croire ses yeux, ni les témoignages de ses éclaireurs, le général Custer attendit deux jours aux pieds des Black-Hills, ses soldats sous les armes et prêts à tout événement, prenant ses précautions contre une embuscade ou une surprise prochaine, et s'imaginant à chaque instant entendre les rochers et les bois retentir du terrible cri de guerre des sauvages.

Ces deux jours passés sans alerte d'aucune sorte, Custer se risque enfin dans la montagne, mais sans rien livrer au hasard, ne franchissant pas un sommet avant de l'avoir fait explorer par ses coureurs, ne rencontrant pas un fourré sans faire tirailler à travers, ne traversant pas un de ces cours d'eau si fréquents dans les gorges et vallées de ces monts, sans en détourner l'onde ou en interroger les rives, pour s'assurer qu'ils ne cachaient pas de traces sur leurs bords ou dans le sable de leurs eaux.

Peines et précautions inutiles. Les Black-Hills étaient déserts et paraissaient abandonnés. Quelques villages brûlés au sein de leurs vallées; quelques trous de mines commencés par des pionniers des États, et dont les dangers de l'heure présente avaient sans doute éloigné les aventureux travailleurs; des restes de campements indiens et des débris de feux allumés en plein air, voilà tout ce que trouvèrent Custer et ses soldats. Ces Montagnes-Noires, si effrayantes d'aspect et si justement redoutées, ne semblaient avoir d'autres habitants et d'autres défenseurs que les aigles et les éperviers que les soldats en marche faisaient sortir en criant de leurs aires, où les renards gris et les chacals qui s'enfuyaient glapissants, étonnés de ce mouvement incompréhensible qui troublait leur tranquille solitude.

C'était bien incompréhensible, en effet, le calme, le silence et l'abandon de ces lieux.

Cette forteresse bâtie par la nature, qu'il avait crue presque inexpugnable, et pour la conquête de laquelle il se préparait à d'énormes sacrifices, Custer venait de s'en emparer sans avoir à décharger un coup de fusil. Il en dominait les sommets, et avait planté sur un de ses pics élevés le drapeau étoilé de l'Union, à un mille à peine de l'endroit où le capitaine Jak avait infligé la sanglante défaite dont nous avons parlé à un régiment des États envoyé contre lui. Du plateau que Custer et ses braves venaient d'atteindre, ils pouvaient voir dans une gorge profonde les ossements de leurs compatriotes massacrés blanchissant sans sépulture au soleil. Triste spectacle, bien propre à les faire tenir sur leurs gardes et à leur montrer la ruse et le courage de ces insaisissables ennemis qu'ils cherchaient.

Avant de quitter cette place, témoin du désastre des leurs, le général américain, sur la demande de ses soldats, voulut rendre les derniers devoirs aux tristes débris qui s'étalaient délaissés sous leurs yeux. Ce fut une douloureuse cérémonie, qui s'accomplit au milieu du respect et du recueillement de tous. Le temps manquait pour creuser une fosse assez vaste ; on dressa un bûcher immense, et dans le brasier ardent on accumula ces os desséchés, et tandis que la flamme les consumait, le général lui-même, en l'absence de ministre de la religion, le général récitait à voix haute des prières auxquelles ses soldats répondaient. Quand tous ces restes ne furent plus que de la cendre, et avant de les abandonner aux vents de la montagne, Custer étendit la main et jura de venger ses compatriotes massacrés. — Ses troupes, sur le même bûcher, firent le même serment. — Nous verrons bientôt comment ce serment fut tenu.

Ce devoir de patriotisme et de religion rempli, alors, puisque les sauvages ne venaient pas à lui, attribuant leur prudence ou leur fuite à une frayeur insolite pour eux, mais explicable en cette circonstance par le déploiement de forces que les États avaient organisé pour comprimer la révolte, Custer résolut de les terrifier par un grand coup et d'aller porter la guerre au cœur de leur pays et jusque dans le grand village de la plus puissante et de la plus brave de leurs nombreuses tribus.

C'étaient les Sioux qui étaient l'âme de la révolte ; c'était leur Sachem, Sitting-Bull, qui, le premier, avait brisé le calumet de paix et déterré la hache. Eh bien, puisque les Sioux semblent le fuir, Custer entrera chez les Sioux ! Avant de quitter les Black-Hills, il envoie un messager prévenir ses collègues, les généraux Crooks et Miles, de la résolution qu'il vient de prendre, il leur indique l'itinéraire qu'il a dessein de suivre, le plan qu'il veut exécuter. Il traversera la prairie qui borde la Seyenne et franchira le Missouri au nord du grand détour, pour de là porter le fer et la flamme à travers le Dacotah et dans des territoires où, jusqu'à ce jour, les soldats américains n'avaient osé s'aventurer.

. . . .

Plusieurs jours sont passés.

Le général a mis à exécution une partie de son plan.

— Il a laissé derrière lui les eaux du Missouri, qu'il a pu traverser sans que personne s'oppose à son passage, et ses troupes sont maintenant engagées dans la vallée verdoyante qui longe la rivière des Sioux.

Elles marchent tristement, par groupes disséminés sans causeries, sans chansons, sans rires, sans entrain. Les chevaux, tête basse, se laissent traîner par leurs cavaliers aussi fatigués qu'eux. Un soleil de plomb brûle la campagne, et sous ses rayons il faut marcher, toujours marcher à la recherche d'un ennemi introuvable.

Rien n'énerve le soldat, rien ne le fait sortir de son caractère et ne l'indispose contre ceux qui ont mission de le conduire, comme les marches et les contre-marches sans fin et qui lui paraissent aussi sans objet. Moins de calcul et plus de hardiesse de la part de ses chefs, semble toujours préférable au gros d'une armée, qui n'est pas apte à se rendre compte des motifs de temporiser que l'on peut avoir, et qui est souvent porté à mettre au compte du manque de courage ou de plan préconçu, ce qui n'est d'ordinaire que sage précaution, habileté et prudence.

Avant d'aller plus loin, nous demandons à intercaler en passant une réflexion qui nous vient et qui sera à sa place ici tout aussi bien qu'ailleurs.

Voici douze cents hommes qui, depuis plus d'un grand mois errent par monts, par déserts et par vaux ; que veulent-ils, que cherchent-ils ? — Ils cherchent, pour les combattre, les mettre à mort, et s'emparer de leur pays, dont ils n'ont pas besoin, d'autres hommes, leurs semblables, leurs frères ; et le pays qu'ils convoitent est assez vaste pour que ces hommes, qui ne veulent pas le leur céder, puissent s'y cacher complètement et échapper sans difficultés à leur poursuite et à leurs coups. — Que dis-je, assez vaste ?... L'étendue du pays où ces douze cents hommes se perdent comme des grains de sable sur la plage de l'Océan immense, renferme plus de milles carrés que leur nombre ne renferme d'unités. Ils tiendraient tous sur un arpent de terre, eux, leurs chevaux, leurs bagages leurs munitions, leurs provisions ; quelques autres arpents contiendraient leurs adversaires plus nombreux, et il leur faut se traquer comme des bêtes fauves, se détruire, s'égorger pour se disputer ce pays qui ne demande qu'à les recevoir tous, à les nourrir, et où ils pourraient côte à côte et sans gêne vivre heureux. N'est-ce pas folie que cela ? Et la folie n'est-elle pas le dernier mot de toute guerre ? Oh ! quand donc les peuples seront-ils assez sages pour extirper à tout jamais ce terrible fléau de l'humanité !

L'armée de Custer, son régiment plutôt, car on ne peut donner le nom d'armée aux quelques centaines d'hommes qu'il commande, venait d'atteindre une plaine assez vaste, au centre de laquelle la rivière des Sioux coulait en murmurant sur un lit de sable et de gravier.

Un bois était auprès.

Le général ayant appris des éclaireurs envoyés par lui pour sonder ce bois, qu'il ne cachait rien de menaçant sous ses voûtes de feuillage, avait donné ordre de faire halte, et de prendre quelques heures de repos. — Les chevaux au piquet avaient reçu leur provende ; les hommes, après avoir pris le café et mangé leur ration de biscuit de campagne, s'étaient dispersés dans la plaine, et vaguaient ou se reposaient à leur guise. Les uns dormaient à l'ombre des arbres sur la lisière du bois, d'autres se baignaient dans les eaux peu profondes ou cherchaient à surprendre sous les pierres les écrevisses et les anguilles qui s'y trouvaient en abondance.

A l'angle de la forêt était un chêne énorme dont le vaste tronc creusé par la main du temps disparaissait sous un vert et épais abri de lierre. Le vieux chêne était mort, mais le lierre qui l'avait enlacé de ses milliers de bras lui avait refait un feuillage, et en échange de l'appui qu'il en recevait, semblait le rajeunir et lui donner une nouvelle vie. Il s'enroulait gracieusement autour, et arrivé à son sommet, n'ayant plus de soutien pour s'élancer dans les airs, il laissait pendre comme des banderolles, ses pampres chargés de baies, que le vent agitait.

Le général, avec un correspondant du *New-York-Herald*, qui avait accompagné l'expédition, venait de s'asseoir sous ce chêne, ou plutôt sous ce lierre.

— Triste campagne que la nôtre ! dit-il d'un ton découragé. Vos lecteurs seront fort surpris, si cela continue ; et nos exploits ne les intéresseront guère.

— Mais comment, général? répondit, non sans une pointe de malice, le reporter du *Herald*, nous faisons un magnifique voyage d'agrément au contraire. Les pays que nous avons traversés sont de toute beauté. J'ai bien des fois regretté de n'avoir qu'une plume à mon service et de n'avoir ni crayons ni pinceaux. Quel malheur au lieu d'être un élégant dessinateur, que je ne sois qu'un médiocre écrivain !...

— Ah ! ne plaisantez pas, dit Custer ; notre position est assez difficile pour ne pas prêter à rire, et je vous avoue qu'elle m'inquiète profondément.

— Vraiment ! reprit le reporter sur le même ton d'ironie. Il n'y a pourtant pas de quoi, et les dangers qui nous menacent ne paraissent ni bien terribles, ni bien imminents. — J'étais parti avec vous comme chroniqueur de guerre. Certes je ne m'attendais pas que ceux que nous cherchons me laisseraient tant de loisirs! — J'avais rêvé d'embuscades, de surprises, d'alertes continuelles, de fusillades nocturnes, de membres brisés et de chevelures coupées, que sais-je ! je croyais trouver le désert inondé de Peaux-Rouges ; je croyais les voir s'acharner comme des limiers après nous; vrai Dieu! je les soupçonnais même d'être un peu cannibales, et je me demandais parfois quel serait celui de mes membres que je pourrais bien sacrifier à leur voracité! Il faut avouer, général, que les sauvages d'aujourd'hui sont dégénérés, ou que notre grand *Fenimore Cooper* les a dépeints d'après son imagination et non d'après nature. — Qu'il a bien fait d'enterrer avec son *Uncas* la race des Mohicans si braves! Cette race n'existe plus, c'est visible. — Le vrai sang indien a disparu des Prairies. Les Peaux-Rouges ne songent plus qu'à fuir et à éviter les combats! — Et pourtant on avait dit du bien de Sitting-Bull, qui les commande.

— Allons ! vous pouvez rire, puisque cela vous plaît, dit Custer ; mais moi, je considère ce qui nous arrive autrement que vous. Cette fuite sans fin n'est pas dans les habitudes des sauvages. Elle me préoccupe plus que si je les voyais fondre sur nous à l'instant en poussant leur cri de guerre. — A propos, le connaissez-vous ce cri de guerre des Indiens ?

— Non, mais on le dit bien terrible.

— Épouvantable tout simplement, mon cher. Je l'ai entendu bien souvent, mais jamais sans que mes cheveux se dressent sur ma tête. Une fois... Oh ! ce souvenir-là, je me le rappellerai toujours !...

J'étais jeune soldat, et je faisais mes premières armes. Lancés sur la piste des Peaux-Rouges, mes compagnons et moi, nous venions de pénétrer dans un épais taillis, lorsque de partout, dominant le bruit des balles qui se mirent à siffler à nos oreilles, un cri étrange, horrible, infernal, s'éleva. Nous nous arrêtâmes interdits, n'osant pas nous servir de nos armes, et ne sachant si nous avions affaire à des hommes ou bien à des démons, lorsque le vieux capitaine qui nous commandait rompit le charme en tirant son épée, et en nous entraînant en avant. — Mais quelque terrible qu'il soit, ce cri après tout n'est qu'un cri, bon tout au plus à effrayer des novices comme j'étais alors. Il fait moins de mal qu'une flèche, et nos excellents fusils et nos canons de campagne auront facilement raison de ceux qui le feront entendre, lorsque nous les rencontrerons...

— Lorsque nous les rencontrerons !... reprit comme un écho le correspondant du *Herald*.

— Oui, lorsque nous les rencontrerons !... dit Custer, mais où les rencontrer ? — Leurs pistes ont déconcerté nos espions et nos coureurs les plus habiles. Vous en avez été témoin maintes fois depuis que vous êtes avec nous. Souvent le soir nous avons aperçu des feux. Nous nous réjouissions croyant le lendemain que nous nous trouverions en face de ceux qui les avaient allumés ; mais quand au lever du jour nous courions à ces feux, nous arrivions à un village brûlé, à un campement désert, et pas d'ennemis, pas même de traces d'ennemis autour. — Rien n'a égalé ma surprise quand j'ai vu que les Black-Hills avaient été abandonnés : j'avais si bien calculé mes plans, et je connais si bien ces montagnes, que j'espérais, en m'en emparant, y cerner les Indiens, et terminer la guerre d'un seul coup. Puisque les Black-Hills nous ont été abandonnés sans combat, il faut que les Peaux-Rouges aient trouvé mieux ailleurs, il faut à cet abandon un motif puissant, qui m'échappe. — Ah ! je vous dis qu'il est nécessaire que nous soyons prudents comme des serpents. Nous n'aurons pas trop de nos yeux, de notre intelligence, de notre habileté et de notre courage pour lutter avantageusement contre Sitting-Bull !

— Mais enfin, s'il joue longtemps à cache-cache ainsi, il peut nous mener loin, et nous faire faire tout le tour du désert.

— Fasse Dieu qu'il n'y ait pas songé ! Ce serait pour lui la manière la plus sûre de venir à bout de nous. Il nous userait et triompherait de nous ainsi, bien mieux qu'en nous combattant. — Nous n'avons pas encore découvert les sauvages, nous ; mais je suis certain que depuis notre entrée sur leur territoire, ils nous suivent, nous entourent, et que pas un de nos mouvements ne leur échappe. Je sens leurs yeux, leurs oreilles, leur surveillance, leur espionnage partout autour de nous. — Tenez, à l'appel d'hier soir il nous manquait encore un homme. C'est le vingt-septième qui disparaît depuis que nous avons quitté le fort Lincoln. Où croyez-vous que soient allés les vingt-sept hommes qui nous manquent ?

— Parbleu ! ils désertent, c'est facile à comprendre.

— Du tout. Ils ne désertent pas. Ils ne sont pas assez insensés pour cela ; ils savent trop la haine des Indiens pour le soldat américain. Ils sont tombés sous le tomahawk des coureurs de Sitting. J'en suis sûr. Leurs cadavres sont derrière nous pendus à quelque arbre des pays que nous avons traversés. La désertion pour eux, ce n'est pas la liberté, c'est la mort !

— Mais savez-vous, général, que ce que vous dites-là n'est pas rassurant le moins du monde! Ainsi, si je voulais me permettre quelque excursion en dehors des lignes de l'armée...

— Il faudrait me faire vos adieux auparavant, car je serais sûr de ne jamais vous revoir.

— S'il en est ainsi, général, pourquoi aller plus loin ? Pourquoi ne pas attendre les renforts des généraux Crooks et Miles vos collègues ? Pourquoi ne pas retourner sur nos pas ? Où nous conduisez-vous ?...

— Où je vous conduis ? je n'en sais rien vraiment.

— J'espérais vous conduire aux combats, à la gloire et à la pacification durable des territoires indiens. Mais, je commence à croire que je ne m'obéis pas à moi-même et que je vais tout simplement où la destinée me pousse. Je sens son bras appesanti sur moi, et quelque chose me dit que je ne l'éviterai pas. — Vous me demandez pourquoi je ne retourne pas en arrière ? — Parce que ce serait le déshonneur. J'ai été humilié, je veux me relever, montrer ce que je vaux, ou mourir. — Pourquoi je n'attends pas de renforts ? — Parce que Crooks et Miles, Crooks surtout, mon rival préféré, mon supérieur dans cette campagne, qui se réjouit sans doute de me voir si longtemps sans rien faire, se réjouirait bien davantage s'il pouvait croire que j'ai besoin de lui. Non, je ne donnerai pas cette satisfaction à mes rivaux. Il est honteux de solliciter des secours avant d'avoir combattu ! Nous irons au village des Sioux. J'espère que c'est là que Sitting-Bull m'attend. L'ennemi ! L'ennemi ! Qu'il vienne à moi, que je le rencontre, et vous aurez une belle page à écrire à la gloire de nos armes.

Le général s'était levé en disant ces paroles, et sa voix

avait pris une extension et une élévation assez grandes, causées par l'animation et la colère qu'il ressentait au souvenir des humiliations qu'il avait éprouvées avant d'entrer en campagne [1], et de ses déceptions depuis qu'il s'était mis à la recherche des Indiens.

En ce moment des cris partis de l'extrémité de la clairière attirèrent l'attention des deux interlocuteurs.

— Alerte! dit Custer avec joie, serait-ce enfin une attaque des Peaux-Rouges?

— Un tigre! Un tigre! criaient les soldats en se précipitant avec toutes les marques de la curiosité et de l'effroi vers le lieu d'où les premiers cris étaient partis.

— Ce n'est qu'un tigre! ce n'est pas l'ennemi!... dit tristement le général. J'avais encore espéré trop tôt!

Voici ce qui était arrivé.

Un magnifique jaguar, au bruit que faisaient les troupes près de son repaire, était sorti de la forêt, et s'était mis à considérer avec un étonnement majestueux ces nombreux et étranges visiteurs. — C'était une scène grandiose de voir cette superbe bête, l'œil fier et ardent, plutôt surpris et curieux que colère, arrêter cette masse d'hommes devant son regard, et semblant se demander s'il devait attaquer ou se retirer sans combat dans la forêt son domaine.

Les clameurs des soldats plus effrayés que lui, l'ayant décidé à quitter la place, il se retira avec lenteur, tournant la tête par intervalle pour voir s'il n'était pas poursuivi. — Pressé de plus près qu'il ne voulait, il poussa tout à coup un rugissement formidable, et d'un bond se

---

[1] Se rappeler ce que nous avons dit au chapitre III de notre première partie.

précipita sur le tronc d'un énorme chêne renversé. Là, grinçant des dents, se battant les flancs de sa queue, il roulait des yeux pleins de flamme, prêt à bondir sur l'imprudent qui oserait le forcer dans son retranchement improvisé.

— Prenez garde ! enfants, prenez garde ! dit Custer accourant, et prenant un fusil tout armé des mains d'un des soldats.

Il s'avança seul, à pas lents, près de l'arbre, regardant en pleins yeux le jaguar, et ajusta avec tranquillité au moment où le féroce animal se ramassait sur lui-même pour bondir.

Le coup partit. Le jaguar frappé dans son élan, en pleine poitrine, vint en hurlant se tordre et expirer aux pieds de Custer.

— Hurrah pour le général !... Vive Custer ! cria l'armée enthousiasmée par le sang-froid et l'adresse dont son chef venait de donner la preuve.

On mesura le jaguar. C'était un mâle superbe qui avait deux mètres vingt-cinq de la tête à l'extrémité de la queue.

*
* *

Tandis que cette scène se passait, quelqu'un qui aurait été placé près de l'endroit que le général et le correspondant du *Herald* venaient d'abandonner, aurait été témoin d'un spectacle singulier.

A peine se furent-ils éloignés, et dès que le bruit de leur voix se fut confondu avec les cris de l'armée, on vit le bouquet de lierre qui couronnait le chêne s'agiter. Ses branches et ses baies s'écartèrent doucement, et une tête d'Indien, hideusement tatouée de peinture de guerre, se montra. Ses deux yeux effrayants interrogeaient la clairière. — Voyant tout le monde occupé à l'autre extrémité, un sauvage alors sortit sans bruit du tronc de l'arbre dont la cavité lui avait servi de retraite, et se laissa glisser du côté opposé à la foule.

— Hugh ! dit-il, quand il eut touché terre. Les Yanguis sont des femmes. Ils causent à tort et à travers sous les chênes, et ils ne savent pas que les chênes entendent, Leurs chevelures bientôt pendront aux ceintures des guerriers. — Ils veulent aller au Grand-Village. *Feu-du-Tonnerre* les y attend. — Allons trouver Trazi-Horse pour qu'il porte ce que je vais lui dire aux oreilles du Grand-Chef.

Il se glissa dans la forêt, ayant bien soin de marcher sur les pierres et sur les branches mortes, afin que la terre ne pût garder la moindre trace de ses pas.

CHAPITRE II

L'incendie

Animés par l'exploit de leur chef, et par une large distribution de vin et d'eau-de-vie qu'il leur avait valu, les soldats de Custer avaient repris leur marche en chantant.

Ils venaient de s'engager, après plusieurs milles parcourus sans incidents d'aucune sorte dans une étroite vallée, sillonnée par de légers cours d'eaux qui tombaient des collines avoisinantes, et s'en allaient tous alimenter la rivière des Sioux. Des bouquets d'arbres verts, des buissons épais, des taillis touffus se montraient de loin en loin, tantôt sur la droite, tantôt sur la gauche de l'armée.

Un soldat d'avant-garde vint alors dire quelques mots tout bas à l'oreille du général. — Celui-ci se précipita au galop de son cheval vers une petite éminence où une dizaine d'hommes qui servaient d'éclaireurs à l'armée se trouvaient réunis, et avaient l'air de se concerter en regardant le sol.

Ce qui excitait leur curiosité et paraissait entre eux l'objet d'une discussion assez vive, c'était la marque d'un pied humain sur le sable. — Cette marque était récente, cela était visible. L'empreinte était pleine, entière. Le pied qui l'avait laissée était nu. Les cinq doigts en étaient parfaitement dessinés. Mais ce qui intriguait les éclaireurs, et ne laissa pas que d'intriguer Custer, c'était cette marque unique. — Elle était seule, absolument seule. — Custer fit tracer un cercle de vingt mètres de rayon, et partagea cet espace entre les plus experts de ses soldats. Mais ce cercle étudié pas à pas avec un soin extrême n'avait pas gardé d'autre empreinte. Pourtant un des éclaireurs crut voir une touffe d'herbe foulée. On discuta la touffe d'herbes, on dut convenir que c'était une trace et une trace récente ; mais ici, nouveau sujet d'inquiétude, tandis que la marque du pied dans le sable avait l'orteil par en bas, comme si celui qui l'avait faite descendait la colline ; les herbes foulées, au contraire, étaient inclinées vers le haut, comme si celui qui avait marché sur elles se fût dirigé vers un épais fourré situé sur la hauteur qui dominait l'armée.

— Enfin! voilà donc un indice! dit Custer. Et il donna ordre à cent hommes de fouiller le fourré en tous sens.

Ils ne trouvèrent rien.

Mais la déconvenue de ses gens ne fut pour Custer qu'une raison de plus de se tenir sur ses gardes, en lui démontrant l'habileté et l'adresse à cacher leurs traces des ennemis auxquels il avait affaire.

Dès lors, pendant que sa troupe avançait, dans le désordre inséparable d'une marche à travers des sentiers impraticables et frayés seulement par le pas des animaux sauvages, il eut soin que cinquante hommes, armes chargées, fussent toujours prêts à tout événement. — Deux fois par jour, les cinquante étaient remplacés par cinquante autres hommes du régiment, de sorte que, se reposant sur eux, le reste de l'armée n'avait pas besoin d'être continuellement en éveil, et eux-mêmes n'avaient pas trop à souffrir. — Quand un rocher se présentait, qu'un monticule se dressait dans la plaine, l'armée s'arrêtait, et les cinquante allaient les contourner avec précaution ; quand un taillis se rencontrait, les cinquante en sondaient les abords et les profondeurs en tiraillant à travers les broussailles. — Parfois ils dérangeaient un daim ou une biche, qui fuyaient sous bois, et des corbeaux ou des émerillons qui prenaient leur vol en criant, et prouvaient par leur fuite et leurs cris la parfaite innocuité des lieux que la troupe traversait.

Les mulets chargés des provisions et des bagages

n'avançaient qu'avec peine dans les chemins hérissés de cailloux et de pointes de rochers. Quant aux chariots, il fallait souvent qu'ils fussent soulevés à bras d'hommes pour franchir les obstacles.

Mais toutes les difficultés qui entravaient sa marche n'endormaient pas un seul instant la vigilance de Custer. Moins il comprenait la tactique des ennemis, plus il se croyait obligé de s'ingénier pour la deviner et en déjouer les ruses. Il sentait que de sa prudence et de son habileté dépendait le salut de ses soldats et le sien. Aussi n'avançait-il qu'avec une extrême lenteur, faisant des haltes fréquentes pour donner le temps à ses éclaireurs d'étudier le pays et recevoir leurs rapports. La rivière des Sioux, qu'il remontait, coulait entre deux rangées de collines, dans une vallée accidentée. Dix hommes de chaque côté du régiment se relayaient sur les hauteurs et dominaient la contrée, tandis que deux canots montés par des rameurs habiles interrogeaient la rivière et ses bords. De cette façon, le général était sûr de prévenir toute surprise, et d'avoir le temps de se précautionner, soit pour se défendre, soit pour attaquer.

Marchant ainsi, il avait mis huit jours pour faire un trajet que deux jours en d'autres circonstances auraient suffi à accomplir. L'armée murmurait des haltes continuelles qu'il lui imposait, mais de même que la prudence réprimait son courage, de même elle lui donnait la force de fermer l'oreille aux plaintes de ses soldats. Il préférait à la gloire d'être brave et audacieux, la certitude de vaincre en ménageant le sang de ceux qui lui étaient confiés.

Et pourtant une prudence si louable et si désintéressée ne devait guère servir contre le redoutable adversaire qui l'attendait.

Il était arrivé enfin sur le plateau découvert qui dominait la colline où se trouvait le grand village des Sioux, que nous avons décrit dans le dernier chapitre de notre première partie. — A la vue du panorama magnifique qui se déroulait sous leurs yeux, de cet étang situé en bas de la vallée, et où le soleil réfléchissait ses feux ; à la vue des cabanes irrégulièrement étagées, mais dont le désordre même était d'un effet pittoresque et charmant; à la vue du vert rideau de chênes et de sapins entourant le village, un cri d'admiration échappa à tous les soldats de l'armée de Custer.

— En avant ! en avant ! crièrent-ils, brûlant de s en emparer sans retard, et de voir enfin ces ennemis qu'ils étaient venus chercher si loin, et qui, même au seuil de leur village ne se montraient pas encore à eux.

Le front du général s'était rembruni. Il était plus soucieux que jamais. Il ne semblait nullement partager l'enthousiasme de ses soldats.

— Incompréhensible ! murmurait-il, tout à fait incompréhensible !...

— Et qu'est-ce donc qui est incompréhensible, général ? lui demanda le correspondant du *Herald* en s'approchant de lui. — Ce beau paysage se comprend très bien au contraire, et s'explique tout seul. Rarement j'ai admiré un tableau plus large, plus grandiose, plus charmant ; et, ce qui n'est pas à dédaigner non plus, nous avons tout l'air de devoir entrer là-dedans sans siège et sans combat ; je vous avoue que pour mon compte je serai bien aise de passer une bonne nuit dans une de ces jolies cabanes si gracieusement encadrées de verdure, pour me reposer de toutes les nuits blanches que nous avons été obligés de passer en plein air. »

— Halte ! Que tout le monde s'arrête et se tienne sous les armes ! cria le général sans sépondre à son interlocuteur, et en se précipitant pour arrêter des soldats qui déjà descendaient le versant de la colline pour contourner l'étang et courir au village.

— Qu'on amène un canon, commanda-t-il, je veux m'assurer de ce que valent ce silence et cette tranquillité.

Le canon fut amené ; un de ces petits canons de montagne qu'un mulet porte à dos, les seuls que l'on puisse faire arriver dans ces pays. Custer le pointa lui-même ; et le boulet, avec un bruit qui fut répercuté au loin par tous les échos ébranlés de ce tonnerre soudain, alla frapper dans les eaux, vers la rive opposée de l'étang.
— Mais aucun cri ne suivit la détonation du canon ; aucun visage humain ne se fit voir ; aucun remuement dedans ni autour des cabanes. Seulement une légère fumée qui commença à sortir de plusieurs d'entre elles, montra que, malgré son immobilité, le village n'était pas désert. Et en même temps, comme pour confirmer ce soupçon, on vit plusieurs ombres se glisser de wigwam en wigwam en rampant et en se cachant derrière les touffes de sassafras.

— Je m'en doutais ! Je m'en doutais ! dit le général dont le front s'éclaircit. — Les coquins veulent nous laisser arriver sur eux sans se montrer, afin de nous faire croire que le village est abandonné. Mais leur ruse est déjouée à présent. Ils ont sans doute envoyé leurs femmes et leurs enfants dans la forêt. C'est un siège à faire. Mais le siège d'une ville sans murailles n'est ni long, ni terrible. —

Allons, amis, continua-t-il en interpellant avec le ton de la bonhomie et de la confiance les soldats les plus rapprochés de lui. Nous avons enfin à qui parler. Descendez les pièces, et rangez-les en batterie sur ce tertre, là-bas. — Nous sommes encore trop éloignés du village pour que nos boulets puissent y atteindre, comme vous venez de le voir. La distance est plus longue que la perspective ne le laisserait supposer... Bien ! c'est cela.. Deux cents hommes à présent sur la gauche, autant sur la droite de l'étang... c'est tout ce qu'il faut pour débusquer ces sauvages de leur nid.

A mesure que le général avait dit, ses soldats s'étaient empressés d'exécuter ses ordres. L'idée qu'ils allaient faire parler la poudre et se battre avait monté leur enthousiasme à l'unisson de celui de leur chef. — Les quatre cents hommes commandés étaient prêts, leurs officiers à leur tête. Ils n'attendaient plus qu'un signal pour se précipiter... Custer les regardait rayonnant, et regardait le village. Soudain il tira son glaive et le brandit :

— Allez ! enfants ! cria-t-il, et ferme à l'attaque ! Moi, je reste ici pour être témoin de votre valeur. Si les ennemis étaient trop nombreux, alors, je descendrais pour vous aider à leur donner le coup de grâce. En avant ! En avant ! — Dès que vous serez aux abords du village, le canon parlera pour vous ouvrir les voies !

Aussitôt les deux corps désignés se lancent au pas de course des deux côtés à la fois, sur la pente de la colline. Lorsque ceux qui descendaient pour contourner la rive droite de l'étang furent arrivés à cent pas de ses bords, ils s'arrêtèrent tout à coup en se montrant un objet suspendu aux branches d'un chêne, et en vociférant d'horribles imprécations.

— Qu'y a-t-il donc ? se demanda Custer, et il descendit au galop de son cheval vers ses gens, dont les clameurs redoublaient.

Un homme était pendu par les pieds aux branches de ce chêne. Il était complètement nu, sa chair tombait en lambeaux, déchiquetée à coups de couteaux, et hérissée de flèches. Il était mutilé d'une horrible manière. Son crâne était découvert. Une plaie hideuse et saignante encore se montrait sur tout le sommet de sa tête scalpée.

Custer reconnut un des derniers soldats disparus de l'armée. Tous ses compagnons d'armes pareillement l'avaient reconnu et nommé. L'indignation était au comble, la colère débordait des cœurs, et le général lui-même n'était plus maître de la sienne.

— Vengeance ! s'écria-t-il, vengeance ! tuez ! pillez ! massacrez ! En avant ! et pas de quartier !

— Vengeance ! vengeance ! répéta toute l'armée d'une seule voix.

Comme si ce cri de vengeance eût été un signal attendu du village, à peine fut-il proféré, qu'un autre cri, long, hideux, effrayant, dont les oreilles humaines n'ont pas le soupçon, et en dehors des règles de tous les sons connus, partit de tous les wigwams à la fois. — C'était le terrible cri de guerre des sauvages. — Le canon répondit à ce cri. — Et les soldats de Custer, impétueux comme un ouragan déchaîné, et excités jusqu'à la furie par le spectale de leur camarade mutilé, se précipitèrent audacieux, menaçants, sans songer à se couvrir, et oubliant toute prudence.

Mais un nouveau spectacle, auquel ils ne s'attendaient pas vint arrêter leur élan.

— Le feu ! Le feu ! crièrent-ils.

De la plupart des cabanes, de toutes en quelques instants, des langues de feu s'élevèrent, et bientôt sortirent par toutes les issues. — Et des démons armés de torches poussant des cris affreux, et qui avaient l'air de se rire des boulets qui pleuvaient, et qui venaient mourir à leurs pieds, couraient à travers l'incendie, dont la marche rapide attestait les soins qu'on avait pris pour activer son œuvre, l'allumaient où il ne brûlait pas encore, lui jetaient des fagots et des herbes sèches comme aliment, et par leurs hurlements, leurs gestes et leurs défis sinistres, insultaient aux troupes des États, arrêtées immobiles et glacées devant ce spectacle d'horreur.

— Courage ! enfants !... Délogeons ces démons !... dit Custer, exalté davantage par les insultes ironiques de l'ennemi.

Mais les guerriers indiens, ayant jugé que leur œuvre de destruction pouvait se passer d'eux et s'achever seule désormais, s'étaient groupés à l'extrémité du village, et attendirent un moment, comme rangés en bataille, ayant entre eux et les Américains la nappe de feu du village incendié, et les eaux larges et profondes de l'étang que les troupes n'avaient pas encore tourné. Ils n'étaient pas nombreux, ils étaient cent à peine. Mais leur attitude fière et hardie, et leur pose assurée, maintenant qu'ils cessaient leurs clameurs, montraient qu'ils devaient tous être des hommes de choix, et qu'il serait besoin de compter avec eux.

Les guerriers indiens restèrent quelques instants groupés, immobiles, leurs torches encore fumantes à la main, regardant fièrement l'ennemi s'avancer ; puis, en poussant un dernier cri, ils jetèrent tous à la fois dans l'air qui se remplit d'étincelles les torches avec lesquelles ils avaient incendié leur village, et comme si la terre se fût ouverte sous leurs pas, ils disparurent soudain aux regards des Américains.

Toute cette scène de destruction et d'horreur que nous venons de décrire, parfaitement préparée à l'avance, et exécutée avec un ensemble qui dénotait la main d'un chef habile, s'était accomplie plus rapidement qu'on ne saurait le croire, et avait assez comprimé l'élan des soldats de Custer, pour que la distance qui les séparait du village incendié ne fût pas notablement diminuée. Quand le général eut vu les sauvages disparaître :

— Vont-ils encore nous échapper cette fois ? cria-t-il en brandissant son épée, et en entraînant les siens, qui se précipitèrent à sa suite.

Mais l'inquiétude du chef et des soldats ne dura pas longtemps. Un enfoncement de terrain dissimulé par une rangée de cyprès avait permis la disparition subite des Indiens. — On les en vit bientôt sortir montés sur des chevaux ardents, armés de toutes pièces, levant leurs fusils et leurs casse-têtes, et recommençant à pousser ce terrible cri de guerre qui déchirait l'oreille des soldats. Traversant comme des centaures invulnérables la nappe de flammes qui s'étendait devant eux, ils vinrent au galop de leurs coursiers presque au bord de l'étang ; puis, comme s'ils dédaignaient de tirer sur l'ennemi qui accourait au-devant de leur attaque, mais en réalité parce qu'ils connaissaient la distance, et savaient qu'elle dépassait la portée de leurs armes, ils déchargèrent en l'air tous à la fois leurs fusils, et faisant subitement volte-face, prompts comme l'éclair, ils gagnèrent la forêt, et se perdirent sous ses arbres touffus.

Custer ne s'était pas trompé sur cette dernière démonstration. Il vit que, montés comme ils l'étaient, il serait inutile de les poursuivre.

— Baissez vos armes, enfants, dit-il à ses soldats, et remontez sur cette colline, là-haut, d'où nous pourrons mieux surveiller toute surprise. Ils nous échappent aujourd'hui, mais demain nous les retrouverons. Cent hommes laissent une piste, et il n'est pas besoin d'être bien bon limier pour reconnaître les pas de cent chevaux. Si j'ai compris le sens des bravades de ces mécréants, ils sont une avant-garde, chargée, non pas de nous combattre, mais de nous attirer au lieu où le gros de leurs troupes nous attend. Une embuscade au sein de la forêt est préparée sans doute. Nous ne leur donnerons pas la satisfaction de nous y voir tomber. — Allons, qu'on dresse les tentes pour la nuit et qu'on allume les feux, qu'on double les sentinelles, et qu'on fasse bonne garde. Demain la vraie guerre commence. — Reposez-vous, enfants, — nous n'aurons plus guère le loisir de nous reposer désormais. — Je vois que Sitting nous prépare une rude besogne, et que nous aurons affaire à forte partie. Puisqu'il a brûlé son village, il faut que lui et les siens soient décidés à tout.

Aux lueurs de l'incendie qui se développait alors dans toute son horrible grandeur, les soldats américains dressèrent les tentes, et se préparèrent au repos.

Le spectacle qui en ce moment se déroulait sous leurs yeux était un des plus beaux, et un des plus tristes à la fois que l'on puisse contempler.

Toutes les cabanes étaient la proie des flammes. Une double mer de feu s'étalait aux regards : celle formée par le feu réel, vivant, crépitant, qui dévorait les bois, les poutres, les solives, les branchages qui avaient servi à construire les demeures fragiles des Indiens ; et celle formée par ce même feu reflété, reproduit avec des teintes plus lugubres et plus sinistres par les eaux embrasées de l'étang. — Par intervalles, de ce double brasier s'élevait un jet, une flambée immense qui montait en tourbillonnant vers le ciel. C'était une cabane qui croulait, une toiture qui s'effondrait avec bruit, ou un pin gigantesque qui s'allumait de la base au sommet. Et cette scène de ravage et de destruction s'accomplissait dans le calme et le silence les plus complets de la nature, par un beau soir d'été, sous un ciel sans nuage.

Pas un souffle de vent pour activer l'incendie. Il marchait sans obstacle, parce que sa route était tracée d'avance ; il dévorait sans s'arrêter, parce que de longue main ses aliments avaient été préparés pour assouvir ses épouvantables fureurs. — Aussi les vents qui voyaient qu'ils n'avaient rien à faire pour l'aider dans son œuvre, restaient tranquilles dans leurs antres ; le soleil se couchait à l'horizon en contemplant cet autre soleil qui éclipsait ses feux ; et la nuit s'avançait, étonnée de voir cette clarté inconnue qui osait lui disputer son empire. — Cela dura trois heures, trois heures pendant lesquelles on n'entendit d'autre bruit que le bruit des wigwams qui croulaient, des flammes qui sifflaient, des arbres qui hurlaient en se tordant sous l'action du feu ; trois heures, après lesquelles, tout étant consumé, l'énorme brasier n'exhalant plus que de lointaines lueurs, et ses charbons s'éteignant sous la cendre, une fumée épaisse, mêlée aux vapeurs de la nuit, s'étendit sur ce qui avait été le village des Sioux, sur la forêt, sur l'étang, sur la plaine et sur la colline. Et le silence se fit, interrompu seulement par le pas grave des sentinelles qui veillaient sur le camp endormi.

CHAPITRE III

A quoi s'occupait Sitting-Bull

Tandis que Custer s'usait en vaine attente et en courses infructueuses, que faisait Sitting-Bull ?

Nous le trouvons occupé d'un travail assez singulier et tout à fait en dehors des habitudes indiennes.

Mais avant de dire quel était ce travail, nous avons besoin de décrire le lieu où nous le rencontrons, et de rappeler ces paroles que notre héros adressait à Timakow à la fin de notre première partie : « Tu prendras deux
« cents guerriers avec toi. Tu les choisiras à ta guise.
« Que chacun d'eux s'arme de pioches, de pelles et de
« tous les instruments que nous avons pour fouiller la
« terre. Je te dirai où tu devras aller, et ce que tu auras
« à y faire. »

C'était au lieu que nous allons décrire qu'il avait envoyé Timakow. Ce qu'il devait y faire, nous le verrons au cours de ce chapitre.

Nous sommes obligé de revenir sur nos pas et de franchir de nouveau les eaux du Missouri.

Le *Little-Horn river* coule encaissé entre deux chaînes de montagnes hérissées d'aiguilles et de rochers à pics. Après un parcours long et rapide dans ces montagnes et dans la vallée qu'elles enserrent, il se dilate enfin, et se repose à l'aise dans un lac large et profond que ses eaux alimentent. Ce lac n'a pas toujours existé. La rivière autrefois devait en ce lieu se contenter de son lit ordinaire ; mais les sables qu'elle roulait dans son cours ont fini par s'entasser à l'entrée d'une étroite gorge par où elle débouche au sortir de ce lac, et ces sables ont fait digue, et cette digue a forcé le Little-Horn à déborder dans la vallée, et le lac s'est formé ainsi. — Depuis combien d'années, depuis combien de siècles ? Dieu le sait. — Le trop-plein du lac s'échappe par une ouverture creusée dans la digue du sable, et le Little-Horn recommence à couler dans une espèce de gorge profonde et ombragée où ses eaux prisonnières ne voient jamais le soleil ; de là, comme s'il se plaisait aux contrastes, il débouche sur une vallée splendide d'une lieue de longueur sur trois quarts de lieue de largeur.

Ici, il nous faudrait un pinceau au lieu d'une plume.

Faute de pinceau, nous prions le lecteur de nous suivre attentivement et de ne pas perdre un détail de ce que nous allons essayer de faire parler aux yeux.

Nous suivons le cours de l'eau, et nous partons du point où la rivière débouche dans la vallée.

Cette vallée est couverte d'une herbe luxuriante et émaillée des plus belles fleurs de l'été. A peu près vers son centre, l'œil se repose avec plaisir sur un bouquet de chênes géants qui doivent offrir un agréable abri. De l'endroit où nous sommes, la rivière file avec rapidité, et sans faire un détour devant nous. Toute sa rive gauche est bordée par une forêt, qui paraît difficilement accessible même aux animaux sauvages, et par conséquent encore plus inaccessible aux hommes. La vallée verdoyante que nous avons dépeinte, s'étend sur la rive droite. La montagne autour de cette vallée va en s'arrondissant et forme comme un arc immense dont les cimes ardues, inaccessibles, hérissées, seraient le bois, et l'eau du fleuve la corde. Nulle trace de végétation sur cette chaîne de montagnes contournant la vallée. Autant la nature s'était montrée prodigue de ses richesses pour celle-ci, autant elle en avait été avare pour celles-là, ou plutôt on voyait qu'elle s'était ingéniée à leur prodiguer à pleines mains l'aridité et l'horreur. C'était le désert entourant l'oasis, c'était la montagne étouffant la vallée, c'était la terreur planant sur la gaieté, la vie et le bonheur. Après avoir élargi son cercle aride et sombre, la montagne revenant sur elle-même, regagnait la rivière, et, finissant brusquement par un rocher à pic haut de plus de cent pieds, qui se dressait comme un énorme fronton en face du Little-Horn, ne laissait pas d'autres chemin que l'espace d'une trentaine de pas environ qui s'étendait entre ce rocher et la rivière, pour pénétrer dans la vallée, ou pour en sortir si une fois on s'y était engagé.

Cette vallée si riante était donc une vallée traîtresse. Elle pouvait offrir un abri charmant, une agréable retraite, mais elle pouvait aussi, à un moment donné, se changer en une étroite et affreuse prison.

C'est à l'entrée de cette vallée que nous trouvons Sitting-Bull, assis sur une anfractuosité du roc, et surveillant des Indiens occupés au travail dont nous avons parlé, et qui semblait médiocrement leur plaire.

Dix hommes étaient perdus dans un fossé large de quatre mètres, et profond de cinq, sur une longueur de huit mètres environ, qui coupait en travers le chemin qui séparait le rocher de la rivière. D'autres hommes recevaient sur des brancards à bras la terre que ces ouvriers improvisés jetaient sur les talus du fossé, et la transportaient dans deux grandes barques stationnées au bord de l'eau, lesquelles, à mesure qu'elles se remplissaient, allaient décharger leur contenu à différentes places dans le milieu de la rivière.

Que signifiait ce travail ? était-ce une digue que Sitting-Bull avait dessein de faire pour arrêter le cours de l'eau ? était-ce un fossé qu'il creusait, un retranchement qu'il préparait pour arrêter l'ennemi ?

Les travailleurs ignoraient ses desseins, car ils avaient peine à réprimer leurs murmures pour continuer un travail, dont ils ne voyaient pas l'utilité, et qu'ils considéraient comme une perte de temps pour eux, depuis que la hache de guerre avait été déterrée contre les Yanguis. A la pelle et à la pioche qu'ils manœuvraient sans ardeur, ils auraient mille fois préféré le maniement du fusil ou de l'arc. Il ne fallait rien moins que la présence de Sitting et l'autorité sans bornes qu'il avait conquise sur ces gens indisciplinés, pour les forcer à continuer un travail ennuyeux, qui pourtant, et nous le verrons sans tarder, était loin d'être sans utilité.

Sitting venait de descendre dans la tranchée. Il en mesura la hauteur au moyen d'une perche. Il compta les pas en long et en large. Quand il se fut assuré à l'aide de ces mesures primitives, que son ouvrage avait atteint les proportions qu'il avait résolu de lui donner :

— Ça va bien, dit-il aux travailleurs, reposez-vous maintenant jusqu'à mon retour.

Et pour qu'ils trouvassent le temps moins long, à leur grand plaisir, il leur donna deux gourdes d'eau-de-feu.

Alors il monta seul dans un canot d'écorces attaché à la rive ; et après avoir traversé la rivière en quelques coups de rame, il longea l'autre bord, puis disparut tout à coup sous un rideau de lianes flexibles qui s'ouvrit pour le recevoir et retomba sur lui.

La rivière faisait noue en cet endroit, et par une échappée à peine large de quelques mètres, s'enfonçait sous bois, sans bruit et sans murmure, et formait une vaste nappe d'eau dormante semée d'îlots et de grands arbres dont les puissants rameaux unissaient les sommets, et formaient au-dessus de l'étang un abri presque impénétrable aux rayons du soleil. Aux yeux la forêt semblait aussi touffue là qu'ailleurs ; mais en réalité une mare profonde et de nombreux canaux entre-croisés dormaient sous son ombrage. C'était une anse mystérieuse creusée par la nature, et un abri assuré pour une flottille d'embarcations légères. L'entrée étroite et parfaitement masquée aux regards allait en s'élargissant peu à peu, mais sans que sa largeur jusqu'à une soixantaine de pas dans l'intérieur de la forêt, pût permettre à plusieurs d'entrer ou de sortir de front.

A l'endroit où la noue finissait, et où commençait l'étang, ou plus correctement la mare, trois Indiens, les jambes dans l'eau, la hache à la main, étaient occupés à déraciner un érable. — Sitting-Bull, sans quitter son canot, s'arrêta auprès d'eux, et considéra leur travail.

— Plus de précaution, leur dit-il ; cela pourrait à la rigueur tromper un blanc, mais ne tromperait pas l'œil des coureurs exercés qui les accompagnent pour éclairer leur marche. Bien, c'est cela... Creusez et coupez toujours au-dessous de l'eau... Ne touchez pas aux mottes de gazon qui sont sur la terre ferme.... L'arbre en tombant les arrachera lui-même. Il faut qu'il ait l'air d'avoir été abattu par la tempête. — Allons, voici qu'il commence à trembler sur sa base et à pencher vers nous ... Il n'y a plus que cette racine là qui le soutienne encore — Attendez, attendez, vous donnerez le coup de grâce quand nous aurons fini ce qu'il y a à faire là-bas.

Les travailleurs laissèrent leur cognée et Sitting entra plus avant, toujours sur son canot.

Après avoir traversé un étroit chenal, et contourné un îlot bordé de joncs marins et de hautes herbes, il arriva au milieu d'une douzaine d'Indiens qui fumaient sans rien dire, tranquillement assis sur un monceau de branches abattues. Il vit à leur maintien qu'ils avaient terminé la tâche qui leur avait été imposée. Et en effet, l'immense quantité de débris étalés autour d'eux attestait que leurs bras n'étaient pas restés oisifs. — Des sapins gigantesques, et des chênes séculaires étaient tombés sous leurs coups. Six troncs énormes sciés à trois mètres de longueur, gisaient au bord de l'eau. Trois autres troncs de huit mètres de long, grossièrement équarris sur une face seule s'étendaient à côté des premiers. Un amas de grosses branches que plusieurs chariots n'auraient pas transportées s'amoncelait près de ces troncs. Les rameaux et le feuillage étaient sans ordre étalés tout autour. A la vue du Grand-Chef, tous les Indiens éteignirent leur pipe et se levèrent. Sur son ordre, ils prirent des leviers et roulèrent dans l'eau tout le bois préparé, en commençant par les plus longues pièces. Deux d'entre eux, dans l'eau jusqu'à la ceinture, recevaient ces pièces de bois à mesure que leurs compagnons réussissaient à les mettre à flot, et au moyen de lianes solides, les attachaient en radeau. Quand ce travail fut fini, et que tous les troncs, toutes les branches et tous les feuillages abattus furent disposés en un convoi flottant, tous les sauvages montèrent dans des canots, et, non sans difficultés, remorquèrent vers la rivière ce lourd et étrange convoi.

Sitting fermait la marche. A peine ses hommes eurent-ils passé l'érable dont nous avons parlé, que sur un signe de lui, les trois Indiens à la fois frappèrent l'unique racine qui le retenait encore, et l'érable entraîné par son poids, roula avec un bruit de tonnerre, faisant voler au loin la terre et les gazons qui couvraient ses racines, et formant au-dessus de la noue un pont naturel, sous lequel un bateau et des rameurs courbés pouvaient encore passer.

Sitting souriait en voyant qu'il n'y avait rien à corriger à ce que l'érable avait si bien fait dans sa chute. Il passa et repassa plusieurs fois sous ce pont si vite et si artistement construit: « Bon! se dit-il à lui-même, voici pour mes pirogues et pour mes gens une retraite qui défiera les Blancs. A supposer qu'ils découvrent l'entrée de cette noue, cet arbre les arrêtera, et ils ne pourront croire que nous soyons allés au delà. » Mais bientôt son œil exercé aperçut parmi les racines déchirées ou brisées par la chute de l'arbre, une racine franchement et nettement tranchée par la hache.

— Ployez-moi cette racine, enfants, dit-il à ses trois hommes, et couvrez-la de terre. Laissez les autres sans y toucher. Il faut cacher la main de l'homme, mais il faut bien se garder de rien changer à l'œuvre de la nature. — Allons, cela suffit, montez dans mon canot maintenant. Votre tâche de bûcherons est finie. Voici le moment de prendre le casse-tête et la hache des guerriers.

Pendant ce temps le convoi de troncs d'arbres avait

franchi la noue, et descendant la rivière, était arrivé à proximité de la tranchée où les premiers Indiens attendaient. Sitting rejoignit tout son monde :

— Encore un effort, leur dit-il avec joie! C'est aujourd'hui enfin que ce long travail dont vous ne tarderez pas à voir l'utilité se termine. Du courage! guerriers! Du courage aujourd'hui, — et à demain le combat!

Ce mot de combat réveilla l'ardeur de ces sauvages ouvriers, qui s'empressèrent d'exécuter les ordres de leur chef.

Les six troncs de trois mètres de long furent plantés droits et de niveau, dans la tranchée ouverte à l'entrée de la vallée que nous avons décrite, et solidement assis sur une base de grosses pierres.

Les autres troncs de huit mètres furent hissés sur ces poteaux énormes, et appuyés sur eux par leur face équarrie. Par chaque bout ces troncs servant de poutre touchaient à la terre du fossé, et ne pouvaient s'écarter dans un sens ni dans l'autre.

En travers de ces poutres, des grosses branches en guise de solives étaient posées et touchaient également à la terre du fossé. Singulière et effrayante charpente. — Point de tenons, point de mortaises, point de chevilles, point de clous ; à peine quelques liens de liane ou de branches flexibles. Tout cela se soutenait par son poids, par sa masse, par son équilibre ; et tout cela était d'une solidité extrême. Tout cela, restant dans son entier, devait durer un siècle ; mais qu'une seule pièce vînt à manquer, tout devait suivre et s'effondrer à la fois.

Sitting contemplait son ouvrage.

Il souriait. On voyait qu'il était content de lui.

Dès qu'il se fut assuré que chaque pièce était bien à

la place qu'il lui avait assignée, il se fit apporter une petite caisse en bois de chêne, cerclée de fer. — Cette caisse, assez lourde, n'avait aucune ouverture, si ce n'est un trou de vrille d'où sortait un morceau de corde enduit d'une poussière noirâtre. Il déposa cette boîte dans une cavité de sa dimension exacte creusée sous une des pierres qui soutenait un des poteaux de l'extrémité de la charpente. Il plaça une seconde boîte semblable à l'autre extrémité, sous un autre poteau.

Les guerriers suivaient ses mouvements avec curiosité, mais sans rien comprendre toujours, et recommençaient à se dire que pour eux c'était bien du temps perdu.

Quand Sitting fut sorti de la tranchée, les canots, qui étaient allés chercher de la ramée et des feuillages sur l'autre rive, revinrent et déchargèrent leur chargement sur le bord.

On en fit un lit serré et épais sur la lourde charpente ; et sur ce lit de branches on jeta toute la terre amoncelée en talus de chaque côté de ce singulier édifice, jusqu'à ce que le fossé eût entièrement disparu, et que le sol fût de nouveau nivelé comme si jamais il n'avait été remué. Alors pour éprouver son ouvrage et le consolider, Sitting et ses hommes se mirent à piétiner cette terre. Ils la couvrirent ensuite de sable et de gravier : et quand cela fut fini, les guerriers se retirèrent à reculons pour s'embarquer dans les canots, ayant soin d'effacer, à mesure qu'ils faisaient un pas en arrière, la trace de leur pas précédent.

Lorsque le soleil eut donné quelques heures sur ce travail et desséché le sable remué par les Indiens, il eût fallu être bien prévenu à l'avance pour se douter que l'homme avait travaillé dans ce lieu, et que l'entrée de la charmante vallée du Little-Horn river cachait une horrible machine de destruction et de mort.

*
* *

Les guerriers embarqués attendaient leur chef pour partir. Mais Sitting n'avait pas encore achevé son ouvrage. Il était entré dans un épais fourré de ronces et d'épines qui croissaient le long du rocher. Un grand arbre se dressait au milieu, dont la tête était presque aussi haute que la cime du rocher son voisin. Sitting grimpa à cet arbre, et arrivé à la hauteur des branches, il se trouva en face de l'ouverture d'une caverne creusée dans les entrailles du roc et parfaitement cachée à tous les regards par les ronces et le feuillage.

Une corde était attachée à une des branches de l'arbre, et pendait dans l'intérieur de la caverne. Sitting se laissa glisser par cette corde, sans hésitation, et avec une légèreté qui montrait que depuis longtemps il avait pratiqué ce chemin. Une fois dans la caverne, il prit une pioche qui n'avait pas été placée là par la main du hasard, et en quelques coups, il fit tomber un quartier de roc déjà presque descellé. Une ouverture s'ensuivit, assez large pour laisser passer un homme, et établir une communication entre la caverne et la construction maintenant souterraine que nous venons de voir achever.

Sitting alluma un flambeau qu'il avait apporté, et s'engageant sous la charpente massive, il s'assura que rien n'avait bougé dans son œuvre après l'épreuve de tassement qu'il lui avait fait subir. — Toutes les pièces étaient bien à leur place. Un peu de terre seulement avait glissé entre les branches, mais il ne s'en inquiéta que pour voir si elle n'avait pas bouché les communications des caisses placées sous les poteaux. Voyant que tout était comme il le désirait, au moyen de la corde il regagna la branche, de la branche la terre, et de même que ses guerriers, effaçant ses traces à mesure qu'il marchait, il traversa l'espace du roc à la rivière, frappa du pied en repassant sur son ouvrage, pour s'assurer que le sol ne gardait aucune sonorité, puis rejoignit ses gens, qui attendaient son signal pour partir.

Pendant la disparition de Sitting-Bull, qui avait duré à peine une demi-heure, un Indien à cheval était arrivé sur l'autre bord du fleuve par des sentiers connus de lui dans la forêt. — En voyant ses compagnons déjà embarqués pour partir, sans hésiter il lança son coursier dans les eaux profondes et rapides, et le dirigeant des genoux et du mors, il traversa le courant preque sans dévier.

Tous les autres l'avaient déjà reconnu et nommé.

C'était Trazi-Horse, le plus intrépide, le plus audacieux, mais aussi le plus sauvage et le plus féroce des lieutenants de Sitting. — Son plaisir était de tuer et de scalper. Il ne savait pas ce que c'était que d'épargner un ennemi. — On doit se rappeler que c'était à lui que Sitting avait confié le soin de suivre les traces des Blancs et de le prévenir jour par jour de leur marche et de leurs opérations. — Puisqu'il venait lui-même et ne se contentait plus d'envoyer un des siens, il fallait sans doute qu'il eût quelque chose d'important à communiquer au Grand-Chef.

— Où est *Le Taureau ?* demanda-t-il, en mettant pied à terre à proximité des canots, et sans s'inquiéter des guerriers qu'il avait devant lui.

Sitting en ce moment sortait de la caverne et arrivait en effaçant les marques de ses pas.

— Je t'attendais, dit-il à Trazi-Horse; que font les Blancs ?... où les as-tu laissés ?

— Ils sont allés au grand village !

— Je sais... mais *Feu-du-Tonnerre* était là. S'est-il laissé surprendre ?

— *Feu-du-Tonnerre* a accompli les ordres du Grand-Chef... Les femmes des Sioux ne reverront plus leurs wigwams.

— Les hommes en construiront d'autres sur les ruines, mais nos wigwams n'auront pas eu la honte d'abriter l'Yanguis... Et toi, qu'as-tu fait ?...

— Mes coureurs sont sur la piste des Blancs. Ils les suivent pas à pas, mais sans se montrer, comme c'était convenu. — La tâche est rude pour eux, Sitting, et il leur tarde de quitter ce rôle de limiers pour faire parler la poudre. Le chef des Blancs est habile. Il faut bien des précautions pour échapper à ses yeux ; il faut bien de l'adresse pour cueillir de temps en temps une chevelure sur le crâne de ses guerriers.

— Je vois que l'adresse ne t'a pas manqué, dit *Le Taureau* en montrant du doigt la ceinture de Trazi-Horse à laquelle pendait une chevelure encore saignante.

Trazi-Horse sourit. — Les deux chefs alors se retirèrent à quelques pas, et le reste de la conversation s'acheva en un étroit aparté.

Quand Sitting mit le pied dans le canot en se séparant de Trazi-Horse après avoir reçu ses communications et lui avoir donné ses instructions nouvelles :

— Mais, ne faudrait-il pas combattre un peu ? demanda Trazi-Horse d'un ton presque suppliant.

— Non ! tiraillez seulement, dit Sitting, l'heure du combat viendra, et vous aurez votre part... Seulement il faut changer de tactique. Au lieu de suivre les Blancs, dorénavant, attirez-les après vous. Ne vous cachez plus, n'effacez plus vos pas, n'éteignez plus vos feux, mais ne vous laissez pas atteindre non plus jusqu'à ce que vous soyez arrivés là où le gros de mes forces vous attend.

Trazi-Horse remonta sur son cheval et de nouveau traversa la rivière et Sitting-Bull donna à ses guerriers le signal du départ. — Son visage était rayonnant.

— Tout va bien ! dit-il en jetant un dernier regard sur la vallée du Little-Horn, tandis que ses canots en descendaient rapidement le cours. Frères, le Grand-Esprit n'a pas encore abandonné les Sioux. Aiguisez vos couteaux et vos haches. — L'heure de vous en servir approche. Demain vous saurez mes projets quand nous aurons rejoint les nôtres au camp de Red-Cloud !

CHAPITRE IV

Une alerte

Comme il l'avait dit, Custer avait enfin une piste. Depuis longtemps il ne demandait que cela. C'était à lui à découvrir le reste.

Après avoir fait reposer ses soldats, dès que le jour parut, il donna ordre de lever les tentes et de se mettre en marche.

Les troupes descendirent la colline, tournèrent l'étang, et s'engagèrent à travers les ruines fumantes du village.

La désolation avait remplacé l'aspect si gai et si riant, la veille, du paysage qu'ils traversaient. L'incendie avait été sans pitié : pas une cabane n'avait échappé à son atteinte. Toutes étaient construites en bois, en gazon et en mottes de terre. Ces matériaux primitifs avaient servi d'aliments à la flamme, qui n'avait rien respecté. Un amas de cendres et des débris de solives carbonisées marquaient le lieu où, il n'y avait pas encore vingt-quatre heures, se dressaient les élégants wigwams indiens. Les bosquets d'arbres verts et de sassafras qui les encadraient avaient été atteints eux aussi, et consumés par les flammes. Quelques rameaux échappés à la destruction générale et couronnés encore de leur verte parure restaient au milieu de cette scène de deuil comme l'espérance sur les ruines, comme un gage de résurrection après la désolation et la mort.

Les soldats américains traversèrent mornes et silencieux les débris du village. Ce n'était pourtant pas la tristesse qui dominait dans leurs âmes, c'était plutôt le chagrin et la honte. Ces ruines que leurs pieds foulaient, ce n'étaient pas eux qui les avaient faites. Elles n'étaient pas le résultat d'un siège ou d'un combat plein de gloire ; elles étaient, au contraire, un échec et presque une défaite pour eux. Ils étaient venus pour attaquer et pour détruire ; mais le combat leur échappait toujours et la destruction qu'ils avaient projetée devenait le fait de ces Indiens qu'ils méprisaient si fort. Il y avait donc dans cette race des sentiments chevaleresques. Leur barbarie venait de s'élever à la hauteur du sacrifice. Ils avaient de leurs propres mains incendié leurs maisons pour ne point les laisser souiller par l'ennemi. C'était de la sauvagerie, sans doute ; mais cette sauvagerie rappelait le courage et les dévouements antiques, et n'était ni plus ni moins que le résultat du patriotisme le plus noble et le plus généreux, et devant lequel il fallait forcément s'incliner.

Après avoir traversé avec ses troupes les ruines du village incendié, le général américain, Custer, commença la poursuite des Indiens au fossé où ils avaient caché leurs chevaux la veille, et d'où ils étaient sortis pour s'élancer ensuite à travers la forêt.

C'était un enfoncement naturel, une espèce de tranchée étroite dissimulée par une haie de thuyas impénétrable à l'œil. Les piquets qui avaient servi à attacher les chevaux étaient restés enfoncés dans la terre. Le sol était piétiné tout autour. A partir de cet instant, les traces furent visibles, et il devint d'autant plus facile de suivre les guerriers, qu'ils ne semblaient avoir pris aucune de ces précautions qui leur avaient si bien réussi jusque-là pour éviter les soldats de l'Union.

Sûrs de leurs montures, ils s'étaient fiés uniquement à la vitesse de leurs jambes et à la force de leurs jarrets et avaient filé droit devant eux sans déviation, sans arrêt. La forêt dans laquelle ils s'étaient engagés était traversée dans toute son immense étendue par une large voie de gazon d'une douzaine de mètres environ qui servait d'artère à une foule de petits sentiers perdus dans les fourrés. Cette voie, assez mal nivelée pour les voitures et chariots, mais parfaitement convenable pour les piétons et pour les cavaliers, était bordée de chaque côté de grands arbres, de taillis, d'escarpements et de roches isolés, disposés on ne peut mieux pour les embuscades si chères aux Indiens, et qui ne devaient inspirer qu'une médiocre confiance à ceux qui s'apprêtaient à s'aventurer sur elle en ennemis.

Aussi, bien qu'entraîné par une force qu'il avait peine à maîtriser sur cette piste de Peaux-Rouges qu'il avait dû si longtemps chercher et attendre, Custer crut plus que jamais de son devoir de ne marcher qu'avec une sage réserve tant qu'il serait sous bois, en éclairant parfaitement sa troupe, et en faisant fouiller profondément et occuper dès la veille par des bandes isolées et reliées entre elles tout l'espace que le gros de ses forces devait le lendemain parcourir.

Persuadé que les cavaliers indiens qui avaient incendié le grand village des Sioux, et qui s'étaient enfuis incontinent après, sans tenter d'attaque et sans vouloir en subir, n'étaient qu'une avant-garde des bandes de Sitting-Bull, chargée d'attirer les soldats américains sur ses pas, et confirmé dans cette conviction par l'évacuation préalable du grand village par les femmes, les enfants, les vieillards, il se jura de déjouer les ruses de son adversaire, et de surprendre lui-même celui qui croyait le faire tomber dans un piège.

Un général qui se laisse surprendre, disait-il, est toujours fautif et ne saurait invoquer d'excuse. On peut succomber sous la force. Le nombre peut venir à bout du courage. Être vaincu n'est pas toujours un déshonneur. Mais se laisser surprendre est une honte. La prudence, plus encore que la bravoure, plus même que l'habileté, doit être la qualité maîtresse d'un commandant d'armée.

Mais si Custer était habile et prudent, si les dispositions qu'il prit et sur lesquelles nous ne voulons pas arrêter le lecteur, étaient marquées an coin de la plus exacte prévoyance, il avait affaire à forte partie, et devait se heurter à des conceptions capables de déjouer toute prudence.

*
* *

Les pistes dans la forêt, nous l'avons dit, avaient été faciles à suivre. Nulle dissimulation, nul écart, nulle hésitation. Les chevaux avaient galopé comme sur un champ de course, et leurs pas s'éloignaient fermes et solides. Bien que les chevaux du désert n'aient point de fers comme ceux qui sont destinés à courir sur les routes empierrées ou le pavé des villes, et que leurs sabots, par conséquent, marquent moins profondément leur empreinte sur le sol et sur l'herbe, un nombre assez considérable d'entre eux ayant suivi la même voie, il n'y avait pas à se tromper pour les suivre. — Aussi, depuis trois jours, Custer et ses hommes les suivaient, mais en n'avançant qu'avec une lenteur calculée et en ne profitant qu'avec des précautions infinies des avantages que les traces laissées par les sauvages leur donnaient. Ceux-ci, qui auraient pu profiter de cette lenteur et de ces précautions exagérées, peut-être, pour s'éloigner et disparaître et forcer les Américains à recommencer leurs recherches infructueuses à travers le désert, comme s'ils étaient las de se cacher, tous les jours se laissaient suffisamment approcher pour laisser aux soldats de Custer l'espoir de les atteindre, mais tous les jours aussi se retiraient à temps pour déjouer cet espoir.

Enfin, après trois jours, la forêt fut franchie sans qu'un coup de feu eût été tiré, sans qu'une flèche eût été lancée

même par un coureur isolé, sans qu'une horde de Peaux-Rouges eût essayé d'en défendre le passage. Ce fut pour Custer un étonnement non moins grand que celui qu'il avait éprouvé en traversant sans combat les Black-Hills.
— Où se cachait Sitting? Que faisait-il?... Que voulait-il?... Certes, tout autre que lui n'aurait pas manqué de profiter des admirables positions que cette forêt présentait pour essayer d'écraser l'ennemi... Lui, ne s'était encore montré nulle part. — Avait-il peur, par hasard, ou n'avait-il pas assez de forces avec lui pour oser affronter les risques d'un combat? Sa réputation aurait-elle été surfaite? Custer commençait à le croire, car il considérait comme une lourde faute de la part de l'ennemi de n'avoir point cherché à entraver sa marche à travers la forêt.

Dès lors il sentit son estime décroître pour le chef des Sioux ; dès lors aussi il se départit de son excessive prudence.

Sitting, pourtant, ne dormait pas.

Lorsque Custer fut sorti de la forêt, il arrêta ses hommes sur la lisière, et leur accorda quelques heures de repos.

Une plaine immense, aride et nue, se déroulait à perte de vue. Cette plaine, formée d'ondulations successives, allait en montant et en descendant jusqu'à une rangée de collines basses et sombres qui fermaient l'horizon. A gauche, une ligne verte de joncs, de hautes herbes et de saules touffus laissait deviner une rivière dont on n'apercevait pas les eaux. — A droite, la forêt coupée sur une largeur d'un kilomètre environ, recommençait pour se prolonger jusqu'à des étendues sans fin. Une éminence qui dominait la plaine était située dans l'espace laissé libre entre les deux forêts. Custer gravit cette éminence avec deux de ses lieutenants, tandis que ses soldats jouissaient du repos qu'il leur avait donné.

Quelle ne fut pas sa joie d'apercevoir au versant d'une de ces collines qui terminaient la plaine où il était sur le point de s'engager, des feux allumés, des hommes, des chevaux. Il les montra à ses compagnons en leur ordonnant de se jeter à plat ventre, comme il le fit lui-même, pour n'être pas découverts des sauvages ; et prenant sa lunette de campagne, il la braqua sur ces feux et les groupes d'Indiens disséminés autour.

Ceux-ci prenaient leur repas sans appréhension et sans avoir l'air de se douter que ceux qu'ils fuyaient fussent aussi près d'eux. Le lieu où ils se trouvaient, quoique parfaitement disposé pour la défense, n'avait point été choisi par eux comme poste de combat, mais seulement comme un lieu de repos, de halte dans leur course en avant, à l'abri de tout coup de main et de toute surprise. Cela était visible ; car, en mangeant, ils n'avaient point quitté leurs armes, et leurs chevaux étaient sellés et bridés, prêts à partir. Du reste, ils n'étaient pas assez nombreux pour combattre s'ils eussent voulu combattre. Ils n'étaient qu'une centaine ; c'était évidemment le même groupe de guerriers que Custer avait suivi depuis l'incendie du village. Le moment était venu de les rejoindre enfin. Ils étaient cent cavaliers, Custer pouvait leur en opposer à peu près le même nombre. Une demi-heure devait suffire pour arriver jusqu'à eux.

— Aux armes! et en silence! cria-t-il en descendant de l'éminence avec ses deux compagnons.

Tous les soldats sautèrent sur leurs armes et se rangèrent autour de leurs chefs, croyant à une attaque prochaine.

— L'ennemi est en face de nous, dit le général ; tenez-vous l'arme au bras et avancez en ordre, tandis que les cavaliers au galop iront les débusquer et leur couper la retraite. — En avant!

Les cavaliers s'élancèrent dans la plaine. Mais à peine eurent-ils pris leur course que leurs vigilants ennemis, auxquels, sans qu'ils s'en doutassent, pas un seul des mouvements des Américains n'avait échappé, enfourchèrent leurs chevaux à leur tour, et disparurent en un clin d'œil sur l'autre versant de la colline.

Les cavaliers, arrivés sur l'esplanade où les Indiens avaient campé et où les feux allumés par eux achevaient de consumer avec force pétillements les aliments récents qu'ils en avaient reçus, s'arrêtèrent indécis. — Plus d'hommes, plus de chevaux. — Devant eux un ravin, dans le fond une rivière profonde, à leur gauche une piste, à droite une autre piste.

Qu'étaient devenus les guerriers qui occupaient ce lieu? La piste de gauche menait à la rivière. L'avaient-ils descendue ? Mais cette piste n'était formée que de pieds d'hommes. Elle ne pouvait donc appartenir aux cavaliers que l'on avait récemment en présence. Appartenait-elle à d'autres ennemis, que l'on ne soupçonnait pas ? La piste de droite, au contraire, n'était formée que de pas de chevaux; elle conduisait à la forêt en tournant la colline.

Le général réfléchissait. — Tout à coup il se frappa le front.

— Je vois ce que c'est, dit-il, les Indiens auront quitté ici leurs chevaux, et les auront confiés à quelques-uns des leurs pour les conduire à travers la forêt que voici à un rendez-vous convenu. Je crois que nous n'avons pas à nous inquiéter des chevaux, mais seulement des hommes. Or les hommes ont descendu la rivière. Regardez.

Il montra à ses gens, parmi les autres empreintes, une empreinte ferme et parfaitement dessinée, qui descendait en effet la colline.

— Allons, continua-t-il, suivons cette piste. Les pieds qui l'ont tracée ne sauraient être loin. L'ennemi est caché quelque part au bord de la rivière. Attendons-nous à quelque diablerie de sa part et tenons-nous prêts à la déjouer. — Vous, dit-il à un de ses lieutenants, prenez avec vous cinquante hommes et allez sur les traces des chevaux jusqu'à l'angle de la forêt. Mais arrêtez-vous sur le bord et ne vous y aventurez pas sans un nouvel ordre de moi.

Les traces aboutissaient à la rivière et finissaient à elle.
— Plusieurs canots avaient laissé leur marque sur la rive ; et le sable et les herbes foulés et piétinés par endroit étaient l'indice d'un embarquement récent.

Où étaient allés ces canots et ceux qu'ils portaient ? Ils avaient pu remonter le courant ; mais ils avaient pu tout aussi bien le descendre. S'ils l'avaient remonté, ils avaient rejoint dans la forêt leurs chevaux, peut-être d'autres hommes de leurs tribus qui les y attendaient ; mais quelque nombreux qu'ils fussent, dans ce cas, ils n'étaient guère à craindre, car pour les Américains tout le danger était alors en face, et ce danger, ils se sentaient en force de le braver ; si, au contraire, ils avaient descendu le courant et avaient déjà contourné la colline, ils pouvaient être redoutables. Custer un moment eut peur. Il sentit ses cheveux se dresser sur sa tête. Il craignit de se voir entouré et cerné. Les canots pouvaient avoir porté un gros d'ennemis derrière lui. — Le bois pouvait cacher d'autres ennemis de front ; et la grande forêt qu'il venait de quitter, et dont il n'avait pu sonder tous les replis pouvait en abriter de plus nombreux encore. Le terrible cri de guerre pouvait se faire entendre de tous les côtés à la fois.

Tout à coup, comme pour donner un corps à ses soupçons, des coups de feu se firent entendre dans la direction du bois où il avait envoyé son lieutenant avec cinquante hommes.

Custer, au bruit du feu, tressaillit.

— Remontez la colline, dit-il à ses soldats, et gardez les hauteurs. — Nous sommes perdus si nous laissons les Indiens y arriver avant nous !

Bientôt aux coups de feu détachés succéda une vive fusillade, toujours dans la même direction. — Custer prit une centaine d'hommes et courut au feu.

Dans sa course un soldat envoyé par le lieutenant l'arrêta.

— Qu'y-a-t-il ? lui demanda le général.

— Ce sont les Peaux-Rouges.

— Sont-ils en nombre ?

— Je ne sais ; ils ne nous ont pas donné le temps de les compter. — Ils ont tiré sur nous lorsque nous approchions du bois. — L'un de nos soldats est mort, plusieurs sont blessés. — Les autres n'ont eu que le temps de se jeter derrière les arbres pour éviter les balles ennemies.

Custer continua d'avancer. — Quand il fut à portée de fusil du bois.

— A terre, commanda-t-il, à terre tout le monde ! Avancez en rampant, et cachez-vous derrière tout ce qui peut vous servir d'abri.

Les soldats américains développés en tirailleurs, couverts par les massifs, protégés par les plis du terrain, cachés par les troncs d'arbre moitié couchés, moitié debout, marchant, courant, rampant, pénétrèrent dans le bois au milieu des balles et des flèches qui pleuvaient.

— On voyait les Peaux-Rouges, dont il était difficile de calculer le nombre se retirer d'arbre en arbre à mesure que les Américains avançaient. Leurs yeux brillaient dans la fumée, épiant les mouvements de leurs ennemis et profitant de la moindre imprudence qui démasquait un bras, une poitrine, une tête, pour tirer à l'instant. Mais la fusillade de part et d'autre était plus bruyante que terrible. Les premiers coups des sauvages avaient porté parce que leurs ennemis n'étaient pas sur leurs gardes. Le premier coup de fusil avait étendu raide mort le premier soldat qui avait mis le pied sur la lisière du bois ; quelques autres soldats de Custer avaient été blessés, toujours au début de l'action ; mais du côté des Indiens il n'y avait pas apparence qu'un seul eût été atteint.

Voyant cela, et craignant de laisser pénétrer trop avant les soldats engagés dans cette escarmouche, le général prit une résolution subite.

— A moi cinquante hommes ! cria-t-il d'une voix forte qui domina tous les bruits, — et chargeons !...

Cinquante hommes à l'instant se rangèrent à ses côtés, tandis que les autres multipliaient leurs coups et tiraient au hasard et sans interruption pour ne pas laisser les sauvages frapper à coup sûr le groupe formé autour de leur chef.

Mais, comme par enchantement, à la voix et au commandement de Custer, les sauvages avaient cessé leur feu, ils s'étaient massés eux aussi, et s'étaient dissimulés tous ensemble derrière un énorme rocher mousseux qui se dressait comme un rempart à deux cents pas environ du groupe formé par les soldats de Custer.

Le général, à ce mouvement des Indiens, suspendit son élan. — Cinq minutes s'écoulèrent, — cinq minutes pendant lesquelles le général ne quitta pas des yeux le rocher, se demandant avec anxiété comment il allait attaquer cet obstacle, enlever cette forteresse improvisée, lorsque l'un des soldats qui, en glissant comme un serpent à travers de hautes herbes, était arrivé à un endroit d'où l'on pouvait découvrir ce qui se passait derrière ce rocher effrayant et terrible, se leva tout à coup, faisant signe et criant :

— Ils s'en vont ! Ils s'en vont ! — Des canots ! — Accourez !

Custer et les Américains arrivés à ce rocher qui n'avait servi qu'à protéger la fuite de leurs ennemis, aperçurent une espèce de baie formée par un avancement de la rivière dans la forêt, et déjà assez loin dans cette baie, hors de la portée de leurs fusils, et prêts à mettre la rivière entre eux et leurs ennemis une douzaine de canots d'écorce, montés chacun par cinq ou six Indiens.

On tira sur les canots néanmoins, mais les sauvages répondirent à ces coups de feu inutiles en criant et riant, et levant leurs pagaies en signe de défi.

CHAPITRE V

Le supplice de l'Indien

Soudain un mouvement d'hésitation et des signes d'inquiétude se manifestèrent sur les canots. Les cris et les bravades cessèrent. Les chefs se réunirent et se concertèrent tout bas, en se montrant quelque chose sur la rive qu'ils venaient de quitter.

Les Américains regardèrent.

— Un Indien! encore un Indien ! s'écrièrent-ils en se précipitant pour lui barrer le passage.

C'était, en effet, un Indien qui, oublié par les siens au poste où il avait été placé pour surveiller l'ennemi, et surpris par leur embarcation trop prompte, arrivait trop tard pour profiter des canots.

Il courait, ou plutôt bondissait vers la rivière. Les soldats de Custer s'élancèrent après lui comme des limiers après un cerf qui a perdu la voie.

Mais lui, sans s'inquiéter d'eux, ni des balles que ceux qui désespéraient de l'atteindre lui lançaient, agile comme un daim, il fit un détour, atteignit la rivière, et se jeta à la nage au-dessus de la baie pour gagner l'autre rive où ses compagnons abordés l'attendaient.

Le courant était rapide. Mais l'Indien était fort et habile et nageait d'un bras vigoureux. Encore quelques instants, et il allait échapper à ses ennemis.

En ce moment deux soldats américains arrivèrent en courant au bord de la rivière. L'un ajusta le fugitif et fit feu, l'autre se précipita dans l'eau à sa suite et fendit le courant en homme accoutumé à se jouer de la vague et du flot.

La balle du premier ne fut pas perdue. Elle frappa le sauvage au bras gauche. L'eau se rougit de sang autour de lui. Dans la surprise de la douleur, il se laissa rouler par les ondes ; amis et ennemis crurent qu'il était mort. Ceux-ci poussèrent des cris de joie, ceux-là des cris de colère et de rage en portant la main à leurs tomahawks comme s'ils avaient dessein de venger leur frère.

Mais bientôt tous ces cris se turent, le blessé venait de prendre pied près d'un rocher qui se dressait au milieu de la rivière, en soutenant de la main droite son bras gauche qui pendait inerte le long de son corps. Fier et hardi, malgré son impuissance, il s'assit sur un angle du rocher, et regarda d'un air intrépide l'Américain qui nageait vers lui, s'avancer.

En quelques brasses celui-ci eût franchi la distance qui le séparait de l'Indien, tous les yeux étaient fixés sur ces deux hommes, dont l'un calme, immobile et résigné comme une victime dévouée au trépas, attendait ; dont l'autre surexcité, impatient, ardent, se dressait hors de l'eau en secouant sa chevelure, et tendait ses bras musculeux et ses larges mains ouvertes vers l'Indien comme un vautour ses serres pour étreindre sa proie.

Mais en voyant son ennemi prêt à le saisir, l'Indien avait senti se ranimer sa vigueur. Prompt comme l'éclair il se leva sur son rocher, un cri terrible sortit de sa poitrine, et se ruant tête baissée sur l'Américain, il le culbuta dans les ondes qui s'ouvrirent et se refermèrent sur eux.

Ce fut un instant d'épouvantables angoisses que celui

qui suivit cette attaque imprévue. Les rôles étaient changés ; les soldats de Custer voyant celui qu'ils considéraient déjà comme un prisonnier leur échapper par la mort, et entraîner dans son trépas un de leurs compagnons, réputé parmi les plus braves, se tenaient tête basse, tandis que les Indiens riaient et les insultaient sur la rive opposée. — Mais ce ne fut qu'un instant. — Le bouillonnement des eaux à l'endroit où les deux héros de ce drame avaient disparu, indiquait qu'une, lutte avait lieu dans leur sein. Bientôt elles se rouvrirent ; l'Américain le premier montra sa tête et son torse puissant, celle de l'Indien suivit. Ils se tenaient enlacés comme deux reptiles, et faisaient d'énergiques efforts, l'un pour se maintenir sur un banc de sable où il avait réussi à poser le pied, et tenir son ennemi hors de l'eau l'autre au contraire s'efforçant de se précipiter de nouveau dans les ondes pour échapper par la mort à la captivité cent fois plus redoutable pour lui.

Rien d'émouvant et de terrible comme cette lutte entre deux combattants dont on ne voyait que les têtes, sur un sable mouvant, qui s'enfonçait sous les pieds de l'Américain à chaque tentative qu'il faisait pour gagner le rocher. Mais l'issue de la lutte ne pouvait être douteuse. L'Indien n'avait qu'un bras et était épuisé par tout le sang qu'il avait perdu. Son adversaire, qui le dominait par la taille, le dominait aussi par la force. Du reste des secours venaient à ce dernier ; d'autres Américains venaient de se jeter à la nage pour le rejoindre. Ce que voyant, les Indiens qui étaient parvenus sur l'autre bord de la rivière, et s'y tenaient hors de la portée des balles des soldats, sûrs maintenant du sort qui attendait leur malheureux compagnon, et n'étant pas en nombre suffisant pour espérer pouvoir le délivrer, s'éloignèrent à pas précipités en lançant à leurs ennemis des paroles et des gestes de menace, et après avoir préalablement fait sombrer leurs canots pour qu'ils ne pussent servir à ceux qui les poursuivaient.

L'Indien et l'Américain luttaient toujours. — Mais celui-ci, dont la figure se contractait sous les violents efforts qu'il était obligé de faire, voyant le moment où il ne pourrait plus résister à l'attraction de l'onde et au poids de son adversaire, pour finir le combat, venait de sortir ses deux mains hors de l'eau et les avait portés au cou du sauvage comme pour l'étrangler.

— Ne le tuez pas ! ne le tuez pas ! cria le général de la rive.

En ce moment les soldats qui s'étaient jetés à l'eau pour venir en aide à leur compagnon rejoignirent les combattants, et les poussèrent accrochés l'un à l'autre vers le rocher. — Le sauvage fut saisi, étendu sur la pierre malgré sa résistance, ses jambes et son bras libre furent liés avec des cordes que les arrivants avaient apportées, et au milieu des cris de joie et des bravos de l'armée, il fut remorqué comme une épave au rivage par deux nageurs ennemis.

Cette importante capture réjouit Custer. Espérant des renseignements de lui sur les positions, la force et les desseins de Sitting-Bull, il le confia à la garde de quelques-uns de ses hommes ; et lui laissa quelque temps pour se remettre avant de l'interroger.

Le guerrier fut attaché à un des arbres de la forêt.

Il avait un air fier et hardi, et ne semblait nullement intimidé par cette foule d'ennemis qui se pressaient curieusement autour de lui.

Personne n'avait pris soin de panser sa blessure. Son bras cassé tombait le long de son corps. — Il ne le regardait même pas. — Son œil profond vaguait dans l'espace, son oreille s'ouvrait comme à l'appel de lointaines voix, et sa narine largement dilatée, semblait aspirer les senteurs du monde infini dans lequel son âme allait s'élancer.

Le général s'était assis sous un chêne en plein air ; à quelques pas des soldats dressaient sa tente de campagne. — Bientôt il ordonna qu'on lui amenât le prisonnier.

— Mon fils s'est laissé prendre ; lui dit-il en anglais, quand celui-ci debout et résolu parut en sa présence entre deux haies de gardiens ; mais ce n'est pas la faute de mon fils, c'est la faute des siens. — Les siens l'avaient placé au poste du péril, et ils l'ont abandonné lâchement pour s'enfuir. Mon fils est brave ; il sait combattre, il sait souffrir. Qu'il écoute mes paroles et y réponde, et mes guerriers soigneront sa blessure, et je lui rendrai ses armes et la liberté.

L'Indien se taisait.

— Mon fils m'a-t-il entendu ! reprit le général ; veut-il me dire pourquoi les guerriers du désert ont quitté les sentiers de la justice, et ont levé la hache sur les soldats de leur Grand-Père Blanc ? Que mon fils parle et je le renverrai dans sa tribu avec des présents pour ramener ses frères au devoir.

— Quelle langue est ceci ? dit l'Indien d'un air profondément dédaigneux. — C'est la langue de l'Yanguis, ce n'est pas la langue des Sioux. Que le chef parle la langue de son pays au guerrier prisonnier, et le prisonnier saura ce qu'il doit répondre,

Custer avait compris. Il connaissait et parlait plusieurs des langues du désert. Il n'hésita donc pas à interroger le captif dans sa langue.

— Qu'étaient les Indiens cachés dans la forêt ? — Étaient-ce les guerriers du Dacotah ? Pourquoi étaient-ils si peu nombreux, et pourquoi se sont-ils enfuis en abandonnant leur frère ?

L'Indien répondit :

— Les fils du Dacotah sont plus nombreux que les étoiles du ciel ; les Yanguis tomberont sous leurs coups.

— Les fils du Dacotah sont braves et généreux ; mais, quand la patrie le demande, ils savent sacrifier un des leurs.

— Mais si les fils du Dacotah sont braves, pourquoi se cachent-ils ? — S'ils sont si nombreux, pourquoi craignent-ils mes guerriers ? — Regarde le petit nombre des miens. — Veux-tu marcher devant eux pour les conduire vers tes frères, afin que nous puissions nous rencontrer et finir nos disputes d'un seul coup.

— Le limier qui cherche le daim demande-t-il la piste à un autre limier ? Que le chef blanc cherche, il finira bien par rencontrer les miens.

— Que fait Sitting-Bull ?

— Que fait ce vautour qui vole sur nos têtes ?... Sitting est le vautour. Il plane, il guette, il fondra sur le Blanc.

— Sitting est partout. La prairie, la montagne, les bois et les fleuves sont à lui.

— Je t'ai promis la vie et la liberté, je te donnerai ces deux biens à l'instant si tu veux me dire où se cache Sitting.

— Un corbeau a croassé à mes oreilles. Un Blanc peut vendre les siens. Un Peau-Rouge sait mourir !

Cette fière réponse du prisonnier fidèlement traduite par Custer, excita l'admiration de tous les spectateurs. Pour lui, de longue date, il connaissait la noble race d'hommes à laquelle il avait affaire ; et voyant qu'il n'était pas tombé sur un guerrier dégénéré comme il eût pu le supposer, puisqu'il s'était laissé surprendre, il désespéra d'avoir aucun renseignement de lui et renonça à poursuivre plus longtemps son interrogatoire. Se conformant alors, quoique bien à contre-cœur, aux ordres sévères qu'il avait reçus de Washington, et ne pouvant d'ailleurs s'embarrasser d'un prisonnier dans sa marche, il livra l'Indien à ses soldats pour être fusillé.

Ceux-ci entrèrent dans la forêt traînant après eux leur victime, et le général alla chercher un peu de repos dans sa tente qu'on avait fini de dresser.

Nous voudrions pouvoir jeter un voile sur la triste scène qui suivit et qu'un Blanc a honte de mettre sous sa plume, mais notre devoir de fidèle narrateur nous impose l'obligation de la faire passer sous les yeux du lecteur.

C'est dans les mœurs des Peaux-Rouges d'insulter leurs captifs qui vont mourir et de chercher à leur arracher quelques signes de faiblesse. Ils attachent autant d'honneur à voir pleurer un ennemi sous l'effort de la douleur qu'à lui enlever sa chevelure dans le feu du combat. Quand ils l'ont attaché au poteau fatal, ils le tourmentent de mille manières avant de lui donner le coup mortel. Le vrai guerrier supporte ces tourments sans se plaindre et répond par son *chant de mort* aux insultes, aux menaces et aux coups de ses ennemis.

Tandis qu'on entraînait le captif, un des soldats s'écria tout à coup :

— Qu'en dites-vous, camarades ? Si au lieu de faire

mourir notre Indien tout de suite, nous le traitions un peu à la façon des Sioux Je ne serais pas fâché pour mon compte de lui entendre chanter son chant de mort!

L'idée prit et parut un jeu. Jeu terrible que celui qui repose sur les tortures d'un homme. En ce moment pour exciter encore la fureur des bourreaux, celui qui avait proposé le supplice se mit à rappeler l'Américain pendu et scalpé auprès du village incendié, en ajoutant que les hommes dont on avait constaté l'absence avaient sans doute été traités de la même manière par les sauvages. Ce souvenir fit sortir de leur nature tous ces hommes et les transforma en barbares.

Ils attachèrent l'Indien à un pin gigantesque qui s'élevait au milieu d'une clairière dans la vaste forêt; puis se donnant la main ils commencèrent autour de lui une ronde infernale en vomissant contre lui toutes les injures qu'ils savaient dans la langue des Sioux. De temps en temps ils interrompaient leur ronde pour l'accabler de pierres, le déchirer de leurs ongles, le taillader de leurs couteaux. Le prisonnier, sans rien dire, gardait une attitude pleine de mépris et de haine. Exaspérés de cette impassibilité et de ce mâle courage.

— Chante donc! Chante donc! lui criaient les bourreaux... Le cœur te manquerait-il? N'est-tu donc pas un homme?...

Et ils crachaient sur lui, et ils le déchiraient encore, On eût dit une meute de loups voraces s'acharnant sur un noble coursier frappé dans une bataille et dévorant à pleines dents ses chairs ensanglantées. Déjà son corps n'est qu'une plaie. Son sang coule de partout, sa chair tombe en lambeaux; mais sa voix ne pousse pas une plainte, et ne répond par aucune bravade aux cris, aux njures, aux menaces et aux coups de ses ennemis. Il n'est pas chez les siens. Les coutumes des Blancs ne sont pas les coutumes des Indiens. Pourquoi chanter son chant de mort, puisque ce chant serait une satisfaction pour ceux qui le tuent? Il sent la mort venir. Il la salue dans son âme, et l'attend avec une dignité calme et pleine de grandeur.

Les cris de ses soldats ont fait sortir le général de sa tente. — Il n'a pas entendu les détonations des fusils lui annonçant l'exécution commandée. — Il accourt, et au spectacle dont il est témoin la colère le saisit.

— Que vois-je?... Qui a donné l'ordre infâme de torturer cet homme? Êtes-vous des Blancs ou des Sauvages? — Six hommes en ligne ! — Feu !...

Les soldats commençant à se repentir de leur acte, s'empressent d'obéir. Le Peau-Rouge ne se soutenait plus que par ses liens. Les forces l'avaient abandonné, mais son œil restait fier. — Au commandement du général, six balles le frappent à la fois. Sa tête s'incline. — Ses genoux fléchissent. — Il tombe. — Une balle avait coupé la corde qui l'attachait.

Des larmes coulent des yeux de Custer...

— J'ai honte de vous, dit-il à ses soldats effrayés et soucieux. Cet homme martyrisé par vous vous enlève tout droit de vous plaindre de la barbarie des sauvages. Comment voulez-vous désormais qu'ils ne soient pas cruels quand vous usez contre eux de pareilles représailles! Ils scalpent, eux, ils torturent, ils tuent, c'est leur coutume, leur point d'honneur, et la coutume est pour eux une excuse ; mais vous, vous n'en avez point !... J'ai peur pour nous tous maintenant... Dieu vengera cette mort !

Il rentra dans sa tente après avoir ordonné d'ensevelir l'Indien ; et la nuit qui suivit, des spectres lugubres vinrent agiter son sommeil.

TROISIÈME PARTIE

LE MASSACRE

CHAPITRE I

La chasse aux buffles

Red-Cloud, si l'on s'en souvient, avait reçu de Sitting-Bull la mission de concentrer dans un lieu convenu, et de prendre sous son commandement provisoire, toutes les bandes d'Indiens qui, pour la durée de la guerre, consentiraient à se ranger sous l'autorité du Grand-Chef élu par le conseil des sept nations.

Ces bandes étaient nombreuses. Tout ce que le Minesota, le Dacotah, le Wioming, l'Yowa, tout ce que les réserves soumises et les districts inexplorés avaient d'hommes illustres et de guerriers valeureux, s'était empressé d'accourir. L'armée qui devait obéir à Sitting était alors au nombre d'environ huit mille hommes ; chiffre énorme eu égard aux distances incommensurables qu'il avait fallu franchir pour se joindre, eu égard surtout aux habitudes de ces tribus du désert, qui aiment mieux opérer chacune de leur côté et par petites bandes éparses que de se réunir.

C'était un spectacle étrangement pittoresque que cette variété de Peaux-Rouges armés en guerre, peints des couleurs et des emblèmes caractéristiques de leurs tribus et de leurs races ; les uns avec le costume primitif de leur nation, la poitrine et les jambes nues, la touffe à scalper et la plume d'aigle sur la tête ; les autres en plus grand nombre, vêtus d'une blouse à l'européenne, et armés de mauvais fusils achetés pour des fourrures dans les forts des États.

Ils étaient là, les Omahaws, les Pawnies, les Osages, les Corbeaux, les Serpents, les Nez-Percés, les restes des Delawares autrefois si puissants, les Mandanes et les Sioux. — Ceux-ci se distinguaient entre tous par le nombre, la fierté et l'allure martiale. — Et cela se comprenait. Ils combattaient chez eux ; ils avaient eu moins que les autres de chemin à franchir : et de plus ils obéissaient à un chef de leur tribu. Celui qu'ils avaient choisi pour marcher à leur tête avait été jugé digne aussi de marcher à la tête de tous les enfants du désert contre les Blancs. C'était pour eux un légitime sujet d'orgueil, et dans leurs rapports avec les autres Indiens ils savaient bien s'en prévaloir.

Mais ce n'était pas seulement le costume qui différait dans ce rassemblement d'Indiens. Le langage, ou plutôt les dialectes de toutes ces tribus étaient assez mélangés et divers pour que les chefs seuls pussent s'y reconnaître. Le camp indien était une vraie Babel, où tout semblait désordre et confusion, mais où tout cependant était uni par l'amour sacré de la patrie qui faisait battre tous les cœurs.

Malgré ce lien pourtant, on conçoit que tenir longtemps dans la discipline ces tribus si différentes de mœurs et de langage n'était pas chose facile.

Chacune pour ses habitudes journalières avait son feu et son conseil à part. Chacune allait à la chasse pour son compte particulier. Heureusement que Sitting avait admirablement choisi l'emplacement du camp. Il était situé sur un territoire giboyeux, et qui pouvait largement suffire aux besoins de l'armée. Jamais une bande n'allait à la chasse sans tuer quelques daims, sans abattre quelques buffles, sans rapporter enfin des provisions pour plus d'un jour.

Red-Cloud, dans l'importante mission qu'il avait reçue, était donc tranquille au point de vue des vivres. — Il laissait à chaque tribu le soin de pourvoir à ses besoins. C'était pour elle une occupation et une distraction, et pour lui un souci de moins. Sur l'ordre du Grand-Chef, il avait pris aussi une excellente mesure : il avait exigé que toute l'eau-de-feu apportée au camp fût placée dans un dépôt commun, dont il se réserva la garde. Une distribution modérée avait lieu tous les jours par tête d'hommes et égale pour tous. L'ivresse était ainsi bannie du camp, et avec l'ivresse bien des disputes qui auraient pu s'élever entre ces guerriers si prompts à jouer de la hache et du couteau.

En revanche, le tabac, cette seconde nourriture du sauvage, qui, par les soins de Sitting et de son lieutenant, avait été acheté en quantité abondante, était abondamment distribué chaque jour. — Les guerriers pouvaient ainsi au retour de la chasse, groupés autour du feu où cuisait le gibier qu'ils avaient apporté, se délasser en fumant le calumet, et prolonger leur veille en entendant les orateurs en renom raconter les récits d'autrefois.

Néanmoins, malgré les chasses particulières, malgré l'abondance des vivres, malgré les récits des orateurs, Red-Cloud, les guerriers et les chefs ne laissaient pas que de trouver le temps long. Ils s'étaient rassemblés pour se battre, l'oisiveté où Sitting les laissait leur pesait. Ils ne comprenaient pas qu'on ne les eût pas encore conduits contre les Blancs, qu'ils se promettaient bien de détruire, et jusqu'au dernier cette fois. Fiers de leur nombre, se croyant sûrs de leur courage et de leurs armes, on leur aurait offert d'aller s'emparer de la Maison-Blanche, qu'ils seraient partis sans hésiter, sur l'ordre de Sitting, et pourvu que Sitting fût avec eux. Mais le repos les démontait, et l'absence prolongée de Sitting déjà les faisait murmurer.

Et puis, à force de se voir de près, la fraternité des premiers jours menaçait de s'éteindre entre tous ces guerriers que tant de haines avaient jusque-là séparés. Tant que de nouveaux arrivants avaient apporté par leur présence de la variété dans le camp et des connaissances à faire, l'intérêt s'était soutenu. — Mais depuis plusieurs jours toutes les tribus avaient fourni le contingent promis ; le camp était au complet ; les connaissances étaient liées ; de bonnes relations s'étaient établies ; mais déjà ces relations devenaient plus tendues. L'esprit de vantardise qui est un des signes caractéristiques des Peaux-Rouges, avait fini par réveiller les anciennes rivalités que l'appel de Sitting avait fait oublier. Les récits de combats et d'exploits que les orateurs faisaient autour des feux allumés dans le camp, en échauffant le courage des uns, rappelaient à d'autres une fuite, un massacre, une défaite, la mort d'un père, d'un frère, d'un ami à venger. Tel guerrier qui brandissait sa lance chargée de chevelures, en racontant comment il les avait conquises, ne pensait pas assez que ses paroles ne tombaient pas seulement dans les oreilles des siens et qu'à quelques pas d'autres guerriers, honteux de ses exploits qui leur rappelaient un désastre, sentaient s'allumer dans leurs cœurs les feux de la colère. — Les Osages et les Pawnies qui d'abord s'étaient tendus la main, échangeaient maintenant des regards pleins d'éclairs. — Les Corbeaux passaient tête haute à côté des Serpents, qui affectaient de détourner la tête. Encore quelques jours de cette attente inoccupée, et la guerre civile pouvait éclater dans le camp indien, et armer les uns contre les autres tous ces hommes réunis pour combattre l'ennemi commun.

Sitting cependant n'oubliait pas ses gens, et ne laissait pas son lieutenant sans nouvelles de lui et sans instructions. Mais c'était l'ordre du départ que Red-Cloud attendait ; et chaque jour l'envoyé du Grand-Chef arrivait sans lui donner cet ordre. — Red-Cloud et les guerriers qui formaient son conseil s'impatientaient à l'égal de leurs troupes, qu'ils ne savaient comment occuper et distraire. Pleins de confiance dans le génie de Sitting, et se rappelant le serment qu'ils lui avaient prêté, ils n'osaient pas lui demander compte de ses retards, leur discrétion native les empêchait de s'informer de ses plans ; mais chaque jour, par le même envoyé qui leur avait transmis ses instructions et ses ordres, ils lui faisaient dire : « Hâtez-vous ! hâtez-vous ! »

Ainsi l'on voit que si les soldats américains commandés par Custer se lassaient des longues marches à travers le désert, et de la longue attente des combats, les soldats de Sitting étaient non moins impatients qu'eux de les joindre, et comme eux auraient volontiers accusé la temporisation inconcevable de leur chef. Ils ne l'avaient point revu depuis l'assemblée générale où ils l'avaient élu, et ils ne soupçonnaient pas ses plans. Le danger qui pouvait naître de cette impatience poussée à bout était aussi à craindre pour l'armée des Peaux-Rouges que pour l'armée de Custer, car ceux-là, pour se garder réunis, n'avaient pas le lien solide de discipline militaire qui unissait ceux-ci, et n'étaient retenus que par le lien moral d'obéissance que leur volonté avait créé, et que leur volonté de même pouvait briser en un instant.

*
* *

Un jour, une bande de chasseurs en quête de gibier et de provisions pour le camp, vint annoncer à Red-Cloud qu'elle avait détourné un troupeau de buffles tout entier, et l'avait amené sans le disperser et sans l'effrayer, par une poursuite lente et habile, jusque dans les prairies qui s'étendaient sur le versant opposé des collines qui entouraient l'armée. On estimait à un millier de têtes au moins le nombre de buffles qui composaient ce troupeau.

Cette nouvelle fut considérée par Red-Cloud comme une bonne fortune, et un moyen de donner un nouveau cours à la surexcitation des esprits.

Il rassembla les chefs sous sa tente.

— *Le Taureau-Assis*, leur dit-il, m'a fait dire que l'heure des combats était proche, mais que néanmoins, il fallait attendre et patienter encore. — Aucun danger présent ne menace nos guerriers. Pourquoi ne pas les distraire: Nos coureurs ont dépisté des buffles. Voulez-vous que nous les chassions demain?

La proposition fut accueillie avec enthousiasme. Quand les chefs la communiquèrent aux guerriers qui relevaient d'eux, une acclamation unanime les salua.

Après la guerre, rien ne plaît tant aux Peaux-Rouges que la chasse, et entre toutes les chasses, celle qu'ils préfèrent, c'est la chasse aux buffles, parce qu'elle n'est pas sans péril, et que pour eux c'est toujours un plaisir d'avoir une occasion de se signaler en montrant son courage et en bravant le danger.

Le puissant animal que les Indiens de l'Amérique du Nord désignent sous le nom de buffle, n'est autre que l'aurochs des naturalistes. Il se distingue de nos bœufs domestiques par une taille plus haute, par des proportions plus robustes, par un front plus étroit et plus bas, par un mufle plus large, par ses cornes comprimées en avant, et surmontées d'une arête saillante, et surtout par la bosse ou excroissance charnue qu'il porte entre les deux épaules. Sa tête, son cou, ses reins, sont couverts d'une espèce de laine longue, noire, épaisse, moins douce que la laine du mouton, mais beaucoup moins rude que le crin du cheval. Cette laine amoncelée sur la partie antérieure de l'animal, lui donne un air féroce, et prend de loin l'apparence de la crinière du lion. Le reste du corps est à peine revêtu d'un poil ras et clairsemé. La queue, peu longue, se termine par un bouquet de poils. — La voix du buffle est un mugissement plus grave et plus pénétrant que celui du taureau. Sa chair, comme celle du bœuf domestique, donne une nourriture excellente et peut se manger dans toutes ses parties ; mais les morceaux délicats et choisis, ceux dont les Indiens, appréciateurs peu ordinaires en fait de venaison, sont particulièrement friands, ce sont la langue et surtout la bosse du buffle, qui parfois atteint le poids de quarante à cinquante livres. — On rencontre le buffle, ou plutôt on le rencontrait autrefois par bandes innombrables dans les forêts et les prairies de l'Amérique du Nord ; mais depuis que l'Yankee a sillonné de ses lignes de fer les contrées du Missouri et les solitudes de la Platte, le buffle a pris peur et s'est enfoncé dans les régions les plus inaccessibles des déserts et des montagnes. Des chasses organisées par les trafiquants des États, et les armes perfectionnées en ont détruit des quantités considérables. — C'est un des principaux griefs des sauvages contre les Américains. Car de même que le chameau pour l'Arabe, le renne pour l'habitant des régions boréales, et le lama pour l'habitant du Pérou, le buffle était tout pour le Peau-Rouge. Sa chair était son aliment, sa peau souple et spongieuse servait à le vêtir; d'elle aussi il tirait sa ceinture, ses mocassins, son bouclier impénétrable aux flèches ; ses boyaux tressés faisaient les cordes de son arc. — Aujourd'hui, ce n'est plus que de loin en loin, et avec des fatigues excessives qu'il peut réussir à le prendre. Les troupeaux de plusieurs centaines de têtes, comme celui que les coureurs de l'armée avaient signalé, deviennent de plus en plus rares. On conçoit d'autant mieux la joie de ces braves enfants du désert lorsqu'ils ont la bonne fortune de tomber sur de semblables troupeaux.

La chasse était donc décidée. Il ne restait plus qu'à l'organiser.

Une troupe de guerriers inférieurs, sous la conduite

de Spotted-Thall, fut immédiatement envoyée pour former une ligne circulaire autour du troupeau, afin de le retenir dans l'espèce de parc où il avait été confiné et l'empêcher de reprendre la plaine.

Les chefs principaux se réservèrent à eux seuls le plaisir et les risques de la chasse. — L'armée des Peaux-Rouges, du haut de la colline qui avoisinait le camp, comme d'un superbe amphithéâtre dressé par la nature, devait être spectatrice de la gloire et du courage de ses chefs.

Ceux-ci, dans le silence de la nuit, armés de la lance, du long couteau et du fusil, s'élancent sur leurs coursiers, et vont prendre position d'espace en espace en faisant un circuit immense, afin de se rabattre ensuite sur le troupeau endormi.

La chasse devait commencer aux premiers rayons du soleil.

Disons les noms des guerriers fameux qui devaient rivaliser en ce jour d'adresse et d'intrépidité.

Ils étaient une trentaine environ.

C'était d'abord ceux que nous connaissons déjà pour les avoir vus en deux circonstances solennelles, sur la butte de *L'Oiseau-Noir*, et dans l'assemblée générale des sept nations ; Pretty-Bear, ou *L'Ours-Aimable* ; Alexandre *Le Kalispel*, *La Plume-Rouge* ; *Le Vautour* ; *La Large-Blessure*. — Arono et Trazi-Horse manquaient, ainsi que le vieux Washaki ; mais nous savons que tous trois avaient reçu une mission du Grand-Chef. Quant à Red-Cloud, tenant la place de Sitting à la tête de l'armée, il n'avait pas voulu compromettre sa dignité ni son influence, et il avait résolu d'être comme la masse des guerriers sous ses ordres, simplement spectateur et juge des prouesses des chefs.

A côté de ces guerriers renommés on voyait Telgowec, qui commandait aux *Cœurs-d'Alène ;* Galgatth, chef des *Spokanes ;* Alamikan, ou l'*Homme heureux*, Sachem des *Yakomans ;* Saxa, singulièrement surnommé *le Jeune Homme effrayé de ses Chevaux*, qui marchait à la tête des *Assiniboins ;* Gerry, qui avait réuni en un seul peuple les trois tribus divisées des Mandans, des Arricaras et des Minatories, et dix autres chefs dont les noms ne sont pas venus jusqu'à nous.

Les fils de Washaki, ces deux frères qui remplaçaient leur père à la tête des *Indiens-Serpents*, malgré leur grande jeunesse, avaient été admis à l'honneur de chasser avec les guerriers. Leur tribu avait été fière de cet honneur fait aux deux fils de leur Sachem vénéré ; et eux, de leur côté, se promettaient bien de le justifier en se distinguant dans cette journée mémorable.

C'étaient deux jeunes gens charmants, grands comme des pins, forts comme des chênes, dont le visage manquait de gravité et de maturité peut-être, mais dont le cœur ne manquait ni de courage ni d'énergie.

L'aîné se nommait Mel Kaspi, ou *L'Olivier-Sauvage ;* son frère se nommait Kamiakin, nom qui se traduisait dans la langue de son peuple par cet autre nom, *Le Faucon-des-Prairies*.

Les chefs étaient à leur poste ; l'armée était rangée sur les hauteurs ; et tous les regards fixés vers l'Orient, attendaient la première apparition de l'astre du jour.

Pendant ce temps, le troupeau de buffles dormait. C'était un spectacle qui n'était pas sans charme et sans grandeur que celui de ces bêtes monstrueuses, étendues, le cou allongé dans les herbes, et du milieu desquelles s'élevait un ronflement sonore qui planait sur leur masse et qui troublait seul le silence de la nuit. Quelques rares taureaux erraient majestueusement comme des sentinelles au milieu du troupeau. De temps en temps, un long et lugubre beuglement sortait de leurs poitrines. Ils s'arrêtaient alors, humaient l'air, frappaient du pied la terre ou la labouraient de leurs cornes, puis reprenaient gravement leur lente et mélancolique promenade, ou bien, domptés par le sommeil, se laissaient lourdement tomber à côté de leurs compagnons endormis.

Tout à coup ces quelques bêtes qui vaguaient et veillaient, s'arrêtent. Leurs oreilles se dressent, leur œil dévore l'espace, le cou tendu et les naseaux ouverts ils aspirent bruyamment les odeurs et les sons que leur apporte l'air ; ils ont perçu un bruit ; c'est le sabot des coursiers galopant dans la plaine. A ce bruit perçu, ils devinent un danger, ils frappent la terre du pied, et, d'un mugissement long, effrayant, terrible, ils éveillent le troupeau.

L'animation et le tumulte succèdent au silence et au repos. Toute la multitude des buffles se lève et s'agite en désordre. Les anciens du troupeau bondissent et s'avancent du côté du bruit, reviennent en courant au troupeau, beuglent et mugissent, et de leurs cornes et de leurs pieds font voler l'herbe et la poussière. C'est un vacarme, un désordre, un chaos, une mêlée affreuse.

Soudain, chose inouïe, l'ordre se fait dans cette masse Un mugissement formidable s'est fait entendre par-dessus tous les autres mugissements. En quelques instants, comme à la voix d'un chef, toutes ces nobles bêtes se taisent, se calment, et viennent se ranger en triangle et comme par ordre de bataille.

Les mâles sont en avant et sur les ailes, tête haute, les cornes dressées et les naseaux au vent. — Les génisses et leurs nourrissons prennent le centre. L'ordre ainsi établi, tout le troupeau s'ébranle et prend sa course vers la plaine, du côté opposé à l'armée, où l'instinct leur signalait un plus grand nombre d'ennemis, mais précisément du côté où devaient arriver les chefs.

En tête des buffles marchait un superbe animal, remarquable par sa taille gigantesque et ses formes solides. Sa tête, magnifiquement armée, portait deux immenses cornes, qui, s'éloignant symétriquement l'une de l'autre, formaient deux demi-cercles parfaits.

C'était évidemment le chef et le guide du troupeau. Il allait, fier, intrépide, majestueux ; les autres suivaient en réglant leur allure sur la sienne. — Dans la course les lignes du triangle s'étaient écartées, et le troupeau maintenant formait une masse plus large que profonde, qui roulait comme une avalanche dans la plaine.

Contre cette masse qui s'avançait avec le bruit et la force du tonnerre, une trentaine d'hommes, espacés dans la prairie, isolés les uns des autres, accouraient au trot de leurs coursiers, qui regimbaient sous le mors de l'éperon, et contre lesquels ils étaient obligés d'user de toute la force de leurs poignets pour les empêcher de tourner bride et de fuir.

Qu'allaient faire ces hommes ? Que pouvaient leur courage et leurs armes contre cette forêt de cornes, contre cette muraille de têtes, contre cet ouragan de fauves en furie ?... Ils allaient être broyés, écrasés, effondrés, anéantis, eux et leurs chevaux, et d'eux il ne resterait plus trace lorsque les buffles auraient passé.

Mais, ô puissance de l'homme, ô prodigieux pouvoir que Dieu lui a donné sur la nature entière, et qui fait que les animaux les plus formidables tremblent à sa vue et à son approche !...

En apercevant de loin ces cavaliers s'avancer, et avant même qu'ils soient à portée de fusil, le taureau qui tenait la tête, s'arrête brusquement, puis tournant sur lui-même, il perce à travers le troupeau qui s'ouvre en deux pour lui livrer le passage ; tous les buffles le suivent, et leur foule, avec une vitesse vertigineuse, se dirige cette fois vers les collines pour échapper aux ennemis qu'ils viennent de voir.

Mais le haut des collines est occupé par l'armée des Peaux-Rouges, qui se pâment d'aise à la vue de la terreur qui s'est emparée du troupeau. Tous les guerriers le reçoivent en poussant des cris, en agitant des banderoles de couleur, des lambeaux d'étoffes rouges, et toutes autres choses capables de porter à leur comble l'affolement et la furie des sauvages quadrupèdes.

En effet, les buffles exaspérés, surexcités, furieux, rebroussent chemin, et se rejettent sur la prairie. Mais cette fois l'ordre qu'ils avaient gardé jusqu'à cet instant est rompu. La troupe abandonne son chef, qui, lui-même, ne songe plus qu'à s'enfuir éperdu, et à percer droit devant lui. Les rangs se mêlent et se confondent. Les veaux brament, les génisses beuglent, les taureaux mugissent, et tous ensemble se heurtent, se poussent, se bousculent, et affolés, s'en remettent à leurs jambes du soin de leur salut.

Dans ce moment de désordre indescriptible, les chefs indiens, semblables à des centaures, fondent au milieu du troupeau de vingt côtés à la fois, en déchargeant leurs fusils.

Le plus jeune des fils de Washaki, le vaillant Kamiakin s'est élancé le premier. Il a choisi sa victime. Ce n'est pas à un adversaire vulgaire qu'il s'attaque, c'est au plus grand des buffles, à celui qui conduisait si fièrement le troupeau, il n'y a que quelques instants. Sans s'inquiéter de ses cornes redoutables et de sa force prodigieuse, il pousse à lui. Dès qu'il se croit à portée, il ajuste, lâche son coup, et sa balle va frapper en plein front le noble et superbe animal. Celui-ci chancelle, baisse la tête, et se ramasse sur lui-même pour se précipiter sur l'intrépide jeune homme ; mais arrêté dans son élan par la mort, il tombe avant d'atteindre Kamiakin, et expire à ses pieds en poussant un dernier et sauvage mugissement.

Les autres chefs jaloux de ce coup d'éclat, et indignés de se voir surpassés presque par un enfant, profitent largement de l'occasion qu'ils ont de se signaler. Les coups de fusil succèdent aux coups de fusil ; à chaque détonation un buffle est atteint, et tombe en se tordant dans les convulsions de la souffrance et de la mort. Déjà une trentaine de fauves jonchent le sol. L'espace s'est élargi autour des guerriers. Leurs chevaux délivrés de leur terreur première, partagent maintenant l'ardeur de leurs cavaliers, courent d'eux-mêmes après les buffles qui fuient, et les effrayent de leurs hennissements. — Bientôt la chasse change d'aspect, las du fusil qui frappe trop à coup sûr, et qu'ils considèrent pour cela comme une arme sans gloire, tous les guerriers comme d'un commun accord, jettent leurs fusils à terre et s'arment de leur lance et de leur long couteau. C'est de près maintenant, c'est corps à corps qu'ils veulent lutter avec les buffles. Ainsi les combattaient leurs pères, ainsi ils veulent les combattre eux-mêmes sous les regards de l'armée. Cinq sont tombés déjà sous les coups de Timakow ; trois sous ceux d'Alamikan. — Galgatth a fait quatre victimes, Gerry n'est pas moins heureux que lui. Telgowec en a deux pour sa part. Tous les autres sans exception ont rougi de sang plusieurs fois leur lance et leur couteau. Mais c'est Pretty-Bear, c'est *L'Ours Aimable*, qui dans cette chasse mémorable devait remporter la palme du vainqueur. Quatre fois il a déchargé son fusil, et quatre fois un buffle est tombé raide mort. Il a baissé trois fois sa lance, et trois fois elle s'est enfoncée dans le poitrail d'autres buffles. Mais le dernier de ces exploits faillit lui être fatal. Ivre d'un légitime orgueil, au moment où il retirait sa lance des flancs d'une génisse éventrée, un taureau énorme s'élance sur lui, cornes baissées. Pretty-Bear n'a que le temps de faire tourner son cheval qui se cabre. Mais déjà les cornes du terrible animal se sont enfoncées dans les flancs du coursier, et cheval et cavalier roulent à terre à la fois. — C'en était fait de Pretty-Bear. Le buffle s'acharnait sur le coursier tombé, et l'Indien, qui n'avait pu se dégager encore, allait être broyé sous ses pieds, ou percé de ses cornes terribles, lorsque le jeune Melkaspi s'empresse d'accourir. — A la vue de ce nouvel ennemi, le buffle quitte sa victime, et fond sur lui avec furie. Melkaspi s'arrête, l'attend, et le frappe de sa lance. — Mais le coup mal ajusté n'a fait qu'effleurer les chairs du sauvage animal. Détourné néanmoins par le coup et emporté par son élan, il passe à côté du jeune homme. Avant que l'un et l'autre aient pu se retourner pour s'attaquer encore, Pretty-Bear qui s'est relevé, court au buffle, de son couteau lui tranche l'un des jarrets, et prompt comme l'éclair, avec le même couteau il lui perce le cœur.

La chasse était finie. Les buffles ayant franchi la ligne des chasseurs, s'étaient lancés dans la prairie. On entendait encore leurs beuglements sauvages, mais on ne voyait plus que des points noirs qui à chaque instant devenaient moins nombreux, et allaient disparaissant dans l'espace et dans les hautes herbes.

Tous les héros du jour s'étaient réunis dans le centre de l'arène ensanglantée par eux, et s'occupaient à compter et à dépouiller les victimes.

Cinquante-deux buffles avaient été tués. La joie des chasseurs était grande ; d'autant plus grande que pas un seul d'entre eux n'avait été blessé. Pretty-Bear même ne se sentait pas de sa chute. On coupa les bosses des buffles, les langues et les meilleurs morceaux afin de les transporter au camp, où le soir un festin général devait réunir toute l'armée.

Mais le bonheur comme le malheur ne vient jamais tout seul.

Au camp où ils se dirigeaient sur le soir de cette belle journée, une grande et agréable surprise attendait les guerriers.

Tandis que les Indiens, chantant les exploits de leurs chefs, et heureux du résultat de la journée, revenaient vers le camp, ceux qui tenaient la tête aperçurent de loin un groupe de cavaliers qui, par une route différente, semblait aller au même lieu.

Red-Cloud et quelques guerriers hâtèrent le pas afin de savoir quels étaient ces cavaliers. Mais du groupe, en les voyant, un homme se détacha à son tour. — A sa pose, à son allure, à sa manière de conduire son cheval, tous les Indiens le reconnurent. Les mains se levèrent et les voix l'acclamèrent.

« Sitting-Bull !... Sitting-Bull !... c'est le chef !... c'est le Grand-Chef !... »

C'était lui en effet.

Il traversa fièrement les rangs mêlés de ses guerriers qui s'étaient arrêtés et réunis pour le recevoir. — Quand il les vit groupés autour de lui, le contemplant avec admiration et attendant ses paroles :

— C'est moi, dit-il, j'arrive au soir d'un beau jour pour vous annoncer une bonne nouvelle. — Vous venez de combattre les buffles, préparez-vous à combattre les hommes. L'attente est finie, l'heure de la vengeance a sonné. Dès cet instant je marche à votre tête et ne vous quitte plus. Ce soir nous viderons la coupe du festin autour du poteau de la guerre ; ce soir nous boirons aux mânes des héros que le Grand-Esprit emmènera bientôt aux heureuses collines ; et demain nous marcherons ensemble où les dangers et les combats nous appellent, où la gloire et le triomphe nous attendent.

CHAPITRE II

L'embuscade

C'était huit jours après le supplice de l'Indien, et cinq jours après la grande chasse que nous venons de raconter.

Les choses avaient changé de face.

A la monotonie fatigante des marches et des contremarches sans fin avaient succédé les alertes, les surprises, et toutes les émouvantes péripéties de la guerre de ruse et d'embuscade habituelle aux Indiens. — Les soldats américains se sentaient revivre ; et les guerriers de Sitting, sortis enfin de leur repos, se retrouvaient eux-mêmes. Sans cesse attaqués, harcelés les uns par les autres, tour à tour poursuivant, tour à tour poursuivis, Indiens et Américains, au bruit de la poudre, s'exaltaient et se préparaient par des escarmouches journalières à la grande bataille, qu'ils savaient maintenant ne pouvoir être trop éloignée. Du reste, il faut le dire, ces escarmouches étaient plus bruyantes que meurtrières. Elles n'avaient d'autre avantage que celui de tenir les soldats en haleine. — Sitting pourtant y en trouvait un autre, c'était, en ayant l'air de se laisser poursuivre, d'amener les Américains au lieu où il voulait les conduire, et de commencer ainsi l'exécution du plan qu'il avait si longuement et si patiemment préparé.

Par une belle matinée du mois de juin, après une journée qui, contrairement aux journées précédentes, s'était passée sans attaque et sans imprévu d'aucune sorte, Custer et ses soldats, ayant remonté pendant un assez long temps la rive du *Little-Horn*, et laissé sur leur gauche une longue file de collines qui allaient s'enfonçant dans la plaine, étaient arrivés à un étroit passage commandé d'un côté par un énorme rocher qui se dressait à pic, et borné de l'autre par la rivière dont les eaux grises et profondes roulaient avec rapidité.

Comme ce passage pouvait être facilement défendu, sur l'ordre de Custer, trente hommes s'y engagèrent l'arme au poing. L'ayant franchi sans obstacle, et rien de menaçant ne se montrant aux environs, l'armée tout entière les suivit.

La vallée dans laquelle elle venait de déboucher était bien la plus belle que l'on pût concevoir. Nos lecteurs connaissent cette vallée, que nous avons décrite dans un de nos précédents chapitres ; mais les jours écoulés depuis que nous y avons rencontré Sitting-Bull, occupé au singulier travail dont nous avons parlé, l'avaient embellie encore, et le soleil radieux, qui la dorait au matin de ce jour la vêtait d'un nouveau charme et faisait resplendir comme des pierres précieuses les milliers de fleurs dont elle était émaillée.

— Quel site magnifique !... s'écrie le général... Vraiment, cette prairie, ces collines qui la bordent, cette rivière qui la baigne, ces bois qui s'allongent sur sa rive et ce ciel bleu qui la couronne, tout est charmant, tout est splendide ici !... C'est un lieu de repos que la Providence nous envoie, il en faut profiter. Qu'on fasse halte, Je donne ce jour tout entier aux délassements et au plaisir.

Ce disant, il met pied à terre, jette la bride de son cheval à un de ses soldats et indique un bouquet d'arbres au centre de la prairie pour que l'on y dresse sa tente ; l'armée joyeuse forme les faisceaux, allume les feux, et tandis que le café fume et que le repas se prépare, tous les soldats s'égaillent dans la prairie ou devisent assis en cercles par groupes animés et bruyants.

Mais tout à coup les cris, les jeux, les conversations cessent. Le silence se fait. Toute l'armée se lève à la fois comme mue par un ressort soudain ; tous les regards se fixent sur le même point ; et tous les doigts tendus se montrent le même objet.

*
* *

Sur un rocher abrupt qui se détachait de la ligne noire des collines qui entouraient la vallée, et s'élançait comme une pyramide dans les airs, un homme venait de se montrer.

Il était seul, et pourtant à sa vue, une commotion électrique parcourut l'armée tout entière, et un sentiment de vague frayeur agita tout le monde, depuis le dernier des soldats jusqu'au général.

Et en effet, cette apparition, — car la présence subite de cet homme sur ce rocher qui paraissait inaccessible ne pouvait s'appeler autrement, — avait quelque chose d'étrange et de fantastique.

L'homme se détachait à l'extrême horizon, encadré dans les rayons du soleil et paraissait plus grand que nature. Il se tenait fièrement appuyé sur la hampe d'un petit drapeau blanc. Sur ses épaules une peau de buffle était négligemment jetée. Des chevelures nombreuses pendaient aux lanières de ses mocassins et à sa ceinture. Sa tête était coiffée d'une touffe de plumes d'aigle.

Le premier moment de surprise passé, Custer fit monter à cheval cinq de ses cavaliers et les envoya avec un drapeau blanc aussi vers cet homme, pour savoir s'il était un parlementaire désireux de s'aboucher avec lui et, dans ce cas, pour le lui amener sans retard.

L'homme immobile comme une statue dont le rocher aurait été le piédestal, regardait ces cinq hommes venir, et attendait. Quand ils furent presque au pied de la colline, quand il les vit disposés à la gravir, il leur fit de la main signe de s'arrêter. Alors il prit l'arc qui pendait à son côté ; dans son carquois il prit une courte flèche, et avant que le soldat qui tenait le drapeau parlementaire eût pu se détourner pour éviter le coup, la flèche, lancée avec une habileté singulière, vint le frapper en pleine poitrine.

Mais le fer en avait été enlevé, et la pointe du bois même avait été arrondie et émoussée.

La flèche tomba à terre.

Étonné de n'avoir pas été transpercé, le soldat se baisse et la ramasse.

Un billet été attaché à son extrémité empennée, et portait pour adresse :

« Au général Custer. »

L'homme avait repris sur son rocher son immobilité première. Voyant que la suscription de sa missive était lue et comprise, il inclina son drapeau comme pour saluer, et les soldats rebroussèrent chemin pour porter à leur chef la lettre qui leur était si étrangement parvenue.

— C'est le premier message écrit que j'aie reçu d'un Indien, dit Custer ; ils aiment aussi peu écrire qu'ils aiment discuter et faire montre d'éloquence avec leurs adversaires. Qui peut les avoir fait en cette circonstance déroger ainsi à leurs usages ? Voyons !

La lettre portait ces mots :

« Sitting-Bull, le grand chef des Peaux-Rouges, à Custer, le grand chef des Blancs.

« Si l'ami et le lieutenant de mon Grand-Père qui siège à Washington a été conduit sur nos territoires par la justice, et non par le dessein de détruire un peuple armé pour défendre ses droits ; si le chef Blanc a foi dans la parole d'un guerrier indien, qu'il monte *seul* au lieu où mon messager l'attend. Il saura ce que demande Sitting-Bull, et la fin de ce jour pourra voir les guerriers des deux couleurs fumer ensemble le calumet de paix.

« Sitting salue Custer. »

Ce message causa à Custer une surprise et un étonnement profonds. A l'heure où il y pensait le moins et avant d'avoir sérieusement combattu, Sitting-Bull semblait demander la paix. Était-ce bien un message de paix qu'il avait entre les mains ; n'était-ce pas plutôt une ruse de guerre ? Le ton de ce message était digne et fier, mais exempt de morgue, de forfanterie, d'arrogance, Sitting écrivait au général comme un égal aurait écrit à un égal. Le chef américain ne laissa pas que d'être humilié de se voir traité de la sorte par un sauvage. Sitting avait beau être le chef reconnu des sept nations, aux yeux de tout membre des États il n'était qu'un Peau-Rouge, et jamais Peau-Rouge ne s'était permis de parler le langage de l'égalité à un officier supérieur de la grande et puissante république.

Custer rassembla son conseil, et lui soumit la lettre du chef indien.

S'il avait été étonné, ses lieutenants le furent bien davantage encore.

— C'était une outrecuidante prétention de Sitting, que de vouloir déranger Custer ! Ne pourrait-il pas se déranger lui-même et venir trouver dans son camp le général américain ?... où voulait-il le faire conduire par son messager ?... Pourquoi demandait-il que

Custer fût seul ?... Sans doute il voulait l'attirer dans un guet-apens, et faire de lui un otage... La prudence conseillait à Custer de ne pas s'éloigner des siens, du moins de se faire fortement accompagner .. D'ailleurs qu'espérer de pourparlers avec un sauvage ?... Sitting-Bull n'avait qu'une chose à faire, se soumettre sans conditions, ou bien engager sans retard la bataille...

Le général écoutait sans mot dire cette série d'objections de ses officiers et les raisons dont ils les appuyaient. — Il les pesait dans son esprit, et au lieu de les réfuter, il se contentait de profondément réfléchir.

Plus enclin que ses officiers à croire à la loyauté et à la grandeur d'âme de l'ennemi qu'il poursuivait depuis si longtemps, Custer se sentait naturellement porté à accepter l'entrevue qu'il lui proposait. Du reste, son courage audacieux était au-dessus des dangers qu'il pouvait avoir à courir ; et qu'étaient ces dangers à côté de la gloire à recueillir, si le grand chef indien, persuadé par lui, voulait consentir à ratifier les exigences du Congrès, et céder aux États-Unis les Black-Hills et les portions des districts réservés qu'ils prétendaient avoir.

Après avoir hésité quelques instants, enfin il se décida.

— Je ne vois pas d'inconvénients, dit-il à ses lieutenants, d'aller au moins jusqu'à ce rocher où nous voyons le messager de Sitting-Bull. Je ne perdrai pas de vue l'armée, qui ne me perdra pas de vue non plus et sera attentive à mon moindre signal. C'est seulement là-haut que je saurai si je dois aller plus avant ou revenir vers vous. En attendant, comme cette lettre est un indice de la présence prochaine de l'ennemi, qu'on veille, qu'on place des sentinelles et des grand'gardes autour du campement, et qu'une escouade de trente hommes aille promptement occuper le passage par lequel nous sommes entrés dans cette vallée. Je ne sais point de quel autre côté nous pourrions avoir à craindre l'ennemi.

CHAPITRE III

L'entrevue des deux chefs

Décidé à courir les chances de l'entrevue demandée, Custer se met donc en chemin. Une dizaine d'officiers l'escortent jusqu'au pied de la colline. Ils étaient tous à cheval ; mais arrivés à cinq cents pas environ du rocher où l'Indien se tenait, immobile toujours, le général met pied à terre et se dirige seul vers le solennel et mystérieux messager.

Quand celui-ci le vit monter, il planta son drapeau dans une fente de rocher, et par une sorte d'escalier naturel, il descendit au-devant du brave et magnanime Custer. Il lui prit les mains sans mot dire, et marchant devant lui avec dignité et respect, il le conduisit à la place qu'il venait de quitter. De là, tous deux dominaient la vallée, la rivière, la forêt, et tous deux regardaient l'armée américaine, qui, elle aussi, les dévorait des yeux.

Cette scène muette avait duré quelques minutes à peine ; mais ces minutes parurent longues à Custer, qui n'avait pas fait cette ascension pour admirer des paysages, ni pour se donner en spectacle à ses soldats.

— Que me veut Sitting-Bull ?... Où est-il ?... demanda-t-il d'un ton brusque à son silencieux compagnon.

— C'est moi qui suis Sitting-Bull, répondit l'Indien, tout simplement et sans emphase, en étendant comme un tapis sur le rocher la peau de buffle qui couvrait ses robustes épaules. — Que le grand chef des Blancs, ajouta-t-il, daigne s'asseoir un instant, et il saura ce que veut de lui le chef des pauvres Indiens.

Custer, au lieu de s'asseoir, se prit à considérer avec une sorte d'admiration cet homme si longtemps introuvable et qui se présentait si opinément à lui.

Sitting-Bull avait bien la tournure que son imagination lui prêtait. Sa taille était haute, sans être excessive. Il était dans la force de l'âge. Ses traits étaient empreints de la noble gravité que la maturité donne. Son regard, fier et hardi, brillait d'audace, de franchise et de générosité. Ses membres musculeux étaient faits pour les jeux du courage et pour les travaux surhumains, et à l'éclair de ses yeux, on voyait que sa tête savait concevoir et poursuivre les entreprises difficiles. Dépouillé de sa peau de buffle et n'ayant sur sa poitrine nue d'autre ornement que quelques colliers de Wampun et ses armes, tout son aspect annonçait une âme haute et une fierté martiale ; on sentait l'homme capable de grandes choses, digne de commander et sûr de se faire obéir.

— Quoi ! vous êtes Sitting-Bull ?... dit Custer après qu'il eut terminé son rapide examen. — Je suis heureux de vous rencontrer seul à seul. Vous m'avez demandé de venir vers vous. Je suis venu sans hésiter, sans m'inquiéter de savoir où votre messager me pouvait conduire.

A votre tour je vois que vous avez fait preuve de confiance envers moi. — Vous êtes seul ici, presque au milieu de mon armée, et à portée des longs fusils de mes soldats. — Maintenant que nous voici tous les deux en présence, comme vous l'avez désiré, qu'avez-vous a me proposer?... Parlez ! je vous écoute !

— Je suis Sitting-Bull, reprit gravement le chef, je suis *Le Taureau-Assis*. Les Sioux m'ont placé à leur tête, et depuis que la hache est déterrée entre nous, je commande à tous les guerriers de sept nations. — Mais aujourd'hui je ne viens pas comme le chef de guerre ; je viens à toi comme le messager de paix de mon peuple. — Ma bouche va s'ouvrir pour te faire entendre des paroles de justice et de vérité. Ouvre tes oreilles pour laisser entrer ces paroles: ouvre ton cœur aussi, pour qu'elles y fassent naître la pitié pour un peuple qui ne demande que ce qui est à lui.

— Mes oreilles sont ouvertes à la vérité et à la justice, dit Custer, et mon cœur est prêt à la pitié. — Mais avant d'aller plus loin, Sitting, je dois vous avertir qu'il m'est défendu d'accepter comme légitimes, de discuter même comme telles les réclamations des Peaux-Rouges. Je suis l'ami des Indiens plus que vous ne pensez, quoique mon devoir m'oblige à les combattre ; ailleurs j'ai pu prendre en main leur cause et plaider pour leur droit ; mais ici je ne suis qu'un soldat. Ma règle de conduite est tracée. Ne me demandez donc rien qui soit en dehors d'elle. — Tous les Indiens qui ont pris les armes se rendront à merci et sans conditions. Vous même, brave Sitting, vous qui avez été l'instigateur et l'organisateur de cette révolte, vous nous serez livré, ou vous vous livrerez vous-même, et vous vous en remettrez de votre sort à la justice et peut-être à la sévérité des Blancs. — Votre cœur est grand, je le sais, et votre générosité égale votre courage. Croyez-moi, retournez vers les vôtres et dites-leur que s'ils mettent bas les armes sans continuer plus longtemps une résistance inutile, ils obtiendront bien plus qu'en persévérant dans leur coupable rébellion, et que dans ce cas pour défendre leur cause ils pourront compter sur moi !

— Custer n'a pas une langue menteuse. Il parle comme il a reçu mission de parler. J'ai compris ses paroles. C'est bon ! — Mais Custer n'a pas dit ce qu'il pense lui-même, il s'est fait l'écho de la pensée d'un autre. Custer a des pouvoirs plus grands que ceux qui ont été écrits pour lui sur un papier par le chef de guerre de son peuple. Ces pouvoirs sont écrits dans son âme par le doigt du Grand-Esprit, il usera de ces pouvoirs quand il aura compris que l'équité et l'humanité le demandent. — Je ne suis pas venu en vaincu, je ne suis pas venu en suppliant. Je suis seul, il est vrai, mais je porte en moi tout un peuple. Ce peuple a pris les armes pour obtenir justice. Custer comprendra qu'il ne peut déposer les armes sans combat avant de l'avoir obtenue.

— Et quelle justice pour son peuple Sitting attend-il de moi ?

— Que le chef blanc veuille bien écrire son nom à côté du mien au bas de ce papier et emmène ses gens hors de nos territoires et la guerre est finie ! — Nos peuplades réunies rentreront chacune dans leurs districts respectifs, et recommenceront à vivre à l'abri de leur droit, sous la protection de leur Grand-Père Blanc.

Custer prit le papier que lui tendait l'Indien, et non sans une stupéfaction profonde, il lut les lignes suivantes tracées d'une main inhabile, mais dont la rédaction était parfaitement claire et correcte.

« Entre Custer, général de l'armée américaine, d'une part, et Sitting-Bull, chef suprême des sept nations réunies, d'autre part ;

« Nous, chefs, agissant en vertu des pouvoirs que notre titre nous donne, et n'écoutant que la voix de la justice et de l'humanité, pour éviter de faire couler le sang, avons arrêté ce qui suit :

« Article premier. — Les Black-Hills sont et demeurent la propriété des Indiens, qui s'en réservent exclusivement la garde. — L'accès des Black-Hills est interdit aux Blancs.

« Art. 2. — Les Indiens jouiront en paix et sans contestations des territoires que les traités leur ont garantis jusqu'à ce jour. — Nul établissement ne pourra y être fait sans le consentement des chefs.

« Art. 3. — Les Blancs continueront aux Peaux-Rouges les envois de provisions, d'habits, d'armes, de munitions, de poudre, qui leur sont acquis d'après les traités antérieurs.

« Art. 4. — Les Blancs laisseront les Robes-Noires entrer chez les Indiens pour leur apprendre la loi du Grand-Esprit. — Ils ne leur enverront plus de protestants ni de quakers, qui n'entrent dans les villages que pour enrichir leurs femmes et leurs enfants.

« Moi, Sitting-Bull, moyennant ces conditions, je m'engage à faire rentrer mes frères dans leurs wigwams, et à leur donner l'exemple de la soumission et de la fidélité.

« Moi, Custer, je m'engage à faire ratifier par qui de droit les conditions que dessus, et à user de tout mon pouvoir pour que le présent traité soit accepté et observé dans son intégrité. »

La signature de Sitting-Bull était déjà au bas de ce traité.

*
* *

Custer avait achevé sa lecture.
Une indignation qu'il avait peine à contenir, se manifestait sur ses traits.
— Mais ces conditions, dit-il à son impassible interlocuteur, sont les mêmes absolument que celles qu'on vous a déjà refusées à Washington. Comment avez-vous pu croire que je les accepterais ici ?
— C'est vrai, répondit Sitting, mais à Washington le Grand-Père était dans sa ville, il ne voyait que sa puissance. Ici, le lieutenant de mon Grand-Père est en face du ciel, où le Grand-Esprit demeure, en face des fleuves, en face des bois, en face des monts, en face des plaines et des déserts qui sont à nous, et tout cela lui dit la puissance et le droit des Peaux-Rouges.
— Non ! je suis en face d'un homme. Cet homme est

fort et habile, je le reconnais, mais cet homme est seul.
— Qu'il regarde à ses pieds. Il n'a vu que les bois, le fleuve, la colline, mais là est mon armée. Elle doit lui dire, non pas la puissance et le droit des Peaux-Rouges, mais la puissance et le droit des Blancs.

— Je suis seul, Custer, tu l'as dit ; mais je suis Sitting-Bull !..... Tu veux que je regarde tes soldats. Eh bien, je les regarde, et à mon tour je te dis : Ne te fie pas en leur nombre, ne te fie pas en leur force, ne te fie pas en leurs armes ; et, si tu les aimes comme tu dois les aimer, mets à côté du mien ton nom sur ce papier.

— Assez parlé, dit Custer en déchirant l'écrit qu'il tenait dans sa main. Je te sais brave, Sitting ; mais je te croyais sage. Retourne vers les tiens, et que les armes décident entre nous. Tu es venu seul ici, je pourrais faire un signe et te faire couper toute retraite. Mais ma générosité égalera ta confiance. Va, je ne m'enquiers pas du chemin que tu suivras pour partir. Jusqu'au coucher du soleil tu es en sûreté. Aucun de mes guerriers ne s'inquiètera de toi !

— Cette parole est ton salut, dit solennellement et fièrement le chef. — Et moi aussi, jusqu'au coucher du soleil, à moins que tu ne m'y forces toi-même, je te promets de ne pas m'inquiéter de toi. Si tu avais fait le signe dont tu m'as menacé, tu n'aurais pas quitté ce roc, et tu aurais devancé tes soldats dans la mort. — Puisque tu n'as pas voulu entendre le messager de paix, puisque tu as refusé de souscrire à ses légitimes revendications pour son peuple, le messager de paix n'est plus, et c'est à présent le chef de guerre qui se dresse devant toi. — Custer, regarde ces guerriers que tu m'invitais à regarder tout à l'heure. Ils sont ta gloire, ton espoir, ton orgueil.

Tu es sûr d'eux comme ils sont sûrs de toi. Regarde-les et pleure sur eux !... Ils sont morts !... Custer, lève en haut ton regard... Vois ce beau ciel sur nos têtes .. Regarde-le et fais-lui tes adieux ! Demain tu ne le verras plus !... Custer, pense à ceux que tu aimes et que tu as laissés loin de toi !... Tu n'as plus que ce jour pour penser à eux !... Le génie de la mort plane sur cette vallée. Il vous compte, il vous attend, il vous tient, et rien, non rien, ne vous défendra contre lui ! Pleure et frappe ta poitrine, Custer, c'est toi qui l'as voulu !...

Il dit, pousse un cri, et agite son drapeau dans les airs.

A ce cri, à ce signal, des milliers de cris, des milliers de hurlements répondent. La vallée en est ébranlée, et toutes les collines qui l'entourent en un instant se couvrent de guerriers. On eût dit que la montagne avait ouvert ses entrailles pour les laisser sortir.

— Trahison ! crie Custer.

— Trahison ! trahison ! crient les Américains en courant à leurs armes afin de voler au secours de leur chef, qu'ils croyaient en danger.

— Non, ce n'est pas une trahison, dit Sitting-Bull, c'est une ruse de guerre. Tu es tombé dans le piège que j'avais préparé dès longtemps. En m'adressant à ta justice et à ton humanité je trouvais une issue. Si tu avais accepté mes conditions tu étais sauvé. C'en est fait maintenant. Le vautour vous étreint et vous n'échapperez pas à ses serres terribles. — Dis à tes soldats qui accourent de ne pas avancer. S'ils avancent, ils ne jouiront pas du jour que je leur donne. Tu as ma parole. Regarde le soleil. Jusqu'à ce qu'il disparaisse à l'horizon, à moins que tu ne m'y forces, je ne m'inquiéterai pas de toi.

Alors il agita de nouveau son drapeau et le silence se fit, et tous ces guerriers sortis à son appel disparurent comme par enchantement ; et avant que Custer fût revenu de sa surprise, et, nous pouvons bien le dire, de son effroi, il se vit seul sur le rocher.

Sitting-Bull avait aussi disparu.

CHAPITRE IV

Tentatives de sortie

L'heure qui suivit la disparition de Sitting-Bull fut une heure de trouble et d'indescriptible angoisse pour le général américain, ses lieutenants et ses soldats.

Custer était descendu du rocher et avait rejoint les siens.

Tous s'étaient réunis autour de lui.

Les officiers étaient mêlés aux soldats. Ceux-ci aussi bien que ceux-là, dans le péril extrême où se trouvait l'armée, se croyaient le droit de donner leur avis, et le donnaient en effet Les conseils, les cris, les objurgations, les plaintes, les regrets, sortant de toutes les bouches à la fois, au lieu d'éclairer la situation ne faisaient que la rendre plus sombre et plus effrayante aux yeux de tous.

Plus sombre et plus effrayante !... Mais pouvait-elle l'être davantage, et ne l'était-elle pas déjà trop !

On était tombé dans un piège, c'était clair. — Toute la prudence du général, ses lenteurs calculées, ses précautions presque infinies, n'avaient pu conjurer l'habileté et les ruses de son redoutable adversaire. — Custer avait fait plus que le possible pour surprendre Sitting ou du moins pour n'en être pas surpris, et Sitting néanmoins l'avait amené par des moyens qui restaient un mystère, précisément là où il l'attendait pour le perdre. Les bandes indiennes qui entouraient l'armée devaient être innombrables, à en juger par les guerriers qui avaient couvert les crêtes au signal du chef, et qui, en ce moment sans doute, guettaient comme des chacals les faits et gestes de leurs ennemis. — On savait que d'eux il n'y avait aucun quartier à attendre, que le combat qui allait inévitablement se livrer serait sans merci, que la terre sur laquelle on s'agitait et l'on discutait serait la terre du tombeau, si l'armée à la pointe de l'épée ne réussissait à s'ouvrir une issue.

La situation était donc horrible; et pourtant, la réflexion et le courage aidant, elle ne paraissait pas désespérée encore. — Si les Indiens avaient pour eux le nombre, ce qui était incontestable, l'avantage de la position, la connaissance des moindres mouvements des Américains qu'ils dominaient des hauteurs; si d'autre part ils restaient cachés et invisibles eux-mêmes, ce qui les rendait d'autant plus redoutables; en revanche, les soldats de Custer avaient pour eux des armes plus perfectionnées, des munitions de guerre en abondance, leur discipline aussi; et ils croyaient que cette fois comme toujours l'ardeur première des Peaux-Rouges ne tiendrait pas contre leur unité d'action, la force et la persévérance de leur résistance. — Aussi quand le calme se fut fait dans les rangs, dans les esprits et dans les têtes, l'avis qui domina fut qu'il fallait marcher en avant, et s'emparer sans retard du lieu où avait paru Sitting-Bull. Ce devait être le poste le mieux gardé. Là bien sûr était le gros des forces du chef. Il fallait frapper les Indiens au centre de leurs opérations et les terrifier par un coup d'audace.

Custer était loin de partager cet avis. Il s'était calmé, et avait retrouvé son sang-froid plus promptement que ses soldats et que ses lieutenants, mais comme eux il ne se laissait pas reprendre par une confiance voisine de la témérité. Il jugeait froidement, inexorablement la situation, et la trouvait terrible. — Pourtant, il vit avec satisfaction le courage et l'espoir renaître chez les siens, et il voulut immédiatement tirer parti des vaillantes dispositions qu'ils montraient.

Sa voix s'éleva tout à coup et domina toutes les voix :

— Mes amis, dit-il à ses soldats, nous sommes tombés dans une embuscade, il s'agit d'en sortir. — Je constate avec plaisir que vous êtes des hommes et que vous ne vous effrayez pas du danger. — Vous avez raison. Non, tout n'est pas perdu, et nos armes sauront nous faire un chemin à travers les montagnes et les poitrines de l'ennemi. — Mais, songez-y, l'heure n'est pas aux vaines bravades, ni aux combats sans résultats évidents. — Il est des circonstances où il faut savoir faire taire le courage pour écouter la prudence et la sagesse. — C'est devant nous surtout que les Indiens se sont montrés en nombre ; ils gardent les hauteurs et s'y sont retranchés de longue main sans doute. Les attaquer dans leur repaire serait une entreprise insensée. — Rester ici d'autre part serait leur laisser le moyen de nous couper toute retraite. J'ai fait garder l'entrée de cette vallée. Rien n'a bougé du côté par où nous sommes venus ; les ennemis n'y sont donc pas encore... Profitons du répit qu'ils nous laissent... Sortons de cette vallée perfide, de ces collines qui nous enserrent comme les murailles d'une prison. Une fois en plaine, viennent Sitting et ses bandes, quelques nombreuses qu'elles soient, elles tomberont sous nos coups !...

Tous ont compris le chef.

Tous s'empressent d'obéir, bien qu'il semble déshonorant à plusieurs, maintenant que leur crainte est passée, de reculer sans combat et de paraître fuir devant un ennemi méprisé.

Les colonnes de marche se forment, les officiers prennent la tête. Custer voit ses bataillons défiler en ordre de bataille, l'arme au bras, prêts à combattre avec énergie s'ils étaient attaqués. Ils étaient superbes d'entrain et de résolution. A les voir s'acheminer en chantant vers l'étroit défilé qui conduisait hors de la vallée, certes on n'eût pu croire qu'il n'y avait que quelques instants ils se considéraient déjà comme pris et vaincus, ni s'expliquer la réaction qui venait de s'opérer dans leurs âmes.

Custer avec ses cavaliers restait à l'arrière-garde pour protéger la retraite des siens, dans la persuasion où il était que Sitting ne les laisserait pas sortir du piège où il les avait fait tomber sans tenter quelque effort pour s'opposer à leur départ.

Sitting ne bougeait pas. Les collines occupées par lui restaient dans le silence, et Custer, non sans émotion, voyait son avant-garde toucher au défilé que ses trente hommes gardaient toujours.

Au delà de ce défilé était le salut.

Ah! comme son ennemi s'était montré imprévoyant de ce côté. — Il allait perdre tous les résultats de sa trame si bien ourdie pourtant. S'il s'était emparé de cet étroit passage, tous les Américains tombaient en son pouvoir, et pas un ne pouvait s'échapper... Mais Sitting n'était qu'un sauvage, et les conceptions d'un sauvage doivent toujours pécher par quelque côté.

Ainsi pensait Custer.

Et déjà sa première colonne avait mis le pied sur le chemin qui séparait le roc géant de la rivière profonde ; déjà une centaine d'hommes s'y étaient engagés ; toute l'armée allait suivre. . . . .
. . . .

Tout à coup une détonation effrayante, horrible, semblable au fracas de cent tonnerres réunis, se fit entendre. Un volcan éclata sous les pas des soldats. La terre ébranlée jusque dans ses fondements s'ouvrit, se souleva dans un pêle-mêle terrifiant et hideux ; on vit, dispersés dans les airs, au milieu de nuages de sable et de poussière, des poutres brisées, des solives, des pierres, des débris de toutes sortes, et, chose épouvantable à dire, des bras, des jambes, des têtes arrachés violemment à des corps tout à l'heure pleins de vie.

Cette scène sans nom dura quelques secondes à peine.

Tous les soldats qui s'étaient aventurés sur le chemin fatal, tous ceux qui le gardaient, périrent, déchirés par l'explosion de la mine, ou engloutis dans le sinistre cratère qui ouvrait maintenant sa gueule béante pour dévorer l'armée si elle était assez hardie pour avancer plus loin.

Quatre vingt-dix-sept hommes laissaient là leurs cadavres.

Et pour porter au comble la terreur des survivants et leur montrer le triste sort qui les attendait eux-mêmes, quand le nuage de terre et de poussière fut tombé, ils purent voir le sommet du rocher occupé par une multitude d'Indiens armés de pied en cap, et prêts à les foudroyer, s'ils tentaient de forcer le passage.

Certes, Sitting-Bull devait être content de son œuvre. Si la destruction était le but qu'il avait poursuivi, la destruction avait opéré en grand pour lui. — Les pionniers improvisés qui l'avaient aidé avec tant de découragement et de déplaisir dans son travail de tranchée, incompréhensible pour eux, ne devaient plus regretter ni leur temps ni leur peine..... Le sol, bouleversé de fond en comble était jonché de débris humains, et ces débris avaient appartenu à leurs ennemis, et au milieu de ces débris, de ces membres saignants, de ces troncs décapités, on entendait crier, on voyait ramper et se tordre des malheureux blessés qui appelaient du secours, ou demandaient la mort.

*
* *

Custer avait fait à la hâte retirer ses soldats de ce lieu de désastre, sans même songer que leurs armes à longue portée et à tir rapide pouvaient porter la mort dans les rangs serrés des sauvages, et leur rendre abondamment .es pertes qu'ils venaient de subir.

Il est des heures où les plus mâles caractères et les plus forts tempéraments fléchissent, où la tête manque à la pensée, l'esprit à la réflexion, la volonté à l'action, et où l'on ne s'aperçoit d'une faute, d'un manquement, d'un oubli, qu'alors qu'il n'est plus temps de les réparer.

Comment Custer aurait-il pu échapper à l'influence d'une de ces heures néfastes ? L'explosion de la mine avait déconcerté ses idées ; la mort, en décimant les siens, avait ébranlé son courage. — Cette défaillance dura le temps de reculer cent pas. — Quand il vit les siens hors d'atteinte, et les sauvages riant et gesticulant sur le rocher en comtemplant la scène de deuil et de désolation qui s'étalait sous les yeux :

— A vos armes ! feu ! feu ! cria-t-il soudain.

Mais les Indiens furent plus prompts que ses soldats. — Ils avaient vu son geste, ils avaient entendu son cri, et avant que les fusils fussent armés, déjà ils s'étaient jetés à plat ventre sur le rocher, dissimulés derrière ses anfractuosités et ses saillies, ou cachés dans ses cavités et ses retraites profondes.

Si l'on veut bien songer à la caverne où nous avons vu Sitting-Bull disparaître après avoir mis la dernière main à l'œuvre infernale dont nous venons de constater les sinistres effets, on comprendra sans peine ces apparitions et ces disparitions soudaines qui paraissent fantastiques et que la nature de ces roches crayeuses et crevassées n'explique que trop bien.

Les balles des soldats ne frappèrent que le roc.

A leur explosion foudroyante, une explosion de rires sauvages et ironiques répondit.

Et une seconde flèche semblable à celle que Sitting avait lancée du haut du rocher de l'entrevue vint tomber aux pieds du général américain.

Ce fut la seule représaille que les Indiens tentèrent contre la fusillade du reste inoffensive pour eux, des soldats de Custer. Chose étonnante, ils n'avaient pas cherché à profiter du désarroi de leurs ennemis, et ils les avaient laissés se retirer à l'abri de leurs coups, lorsqu'ils eussent pu si facilement les exterminer tous à la faveur du désordre qui avait suivi l'explosion.

Une lettre qui était attachée à la flèche, et que Custer lisait avec une rage contenue, portait l'explication de cette générosité insolite des sauvages :

« Je t'avais donné jusqu'à ce soir, disait cette lettre. — Je t'avais promis que je ne m'inquiéterais pas de toi, si de toi-même tu ne venais t'exposer à mes coups. Tu es venu où j'avais placé la mort pour t'attendre. Elle a frappé les tiens; ne t'en prends qu'à toi-même. — Tous tes efforts pour m'échapper et pour sortir de ce lieu sont désormais inutiles. — Jouis des dernières heures que je te laisse. — Toi et tes soldats, vous êtes tous irrévocablement condamnés. »

Pas de signature au bas de cette lettre. Mais qu'avait-elle besoin d'être signée ? — Son ton et ses menaces, qu'il n'était plus permis à Custer de considérer comme des forfanteries vaines, ne lui en indiquaient que trop l'auteur.

Sous chacune de ces phrases, il lisait en caractères de feu le nom de Sitting-Bull !

Cette lettre, le malheureux sort de ses soldats, la situation inextricable dans laquelle il se trouve, exaltent le général jusqu'à la fureur. Il verse des larmes de colère; il se serre le front dans ses deux mains crispées; il s'accuse tout haut d'imprévoyance, d'inhabileté, d'ineptie. — On vit alors, on vit ce brave soldat descendre de cheval, réunir tous ses hommes, et le genou en terre, la voix suppliante, les mains jointes, leur demander pardon de les avoir conduits à la défaite et à la mort.

Mais ses soldats pleurant comme lui, l'entourent, l'acclament, le relèvent :

— C'est la fatalité qui triomphe de nous, s'écrient-ils. Vous avez fait plus que vous n'avez dû;... vous êtes notre digne chef... Nul mieux que vous ne pouvait nous conduire !

Réconforté par les siens, presque réhabilité à ses propres yeux, Custer retrouve, sinon la confiance, du moins l'énergie, la perspicacité, et la vaillante intelligence des choses de la guerre.

L'homme avait pu faiblir, le général se redresse, et son œil, qui a repris son éclat de fierté, se promène sur ce qui l'environne, et mesure en un instant le fort et le faible de tous les objets d'alentour.

Au milieu de l'arc formé par les collines abruptes qui servaient de muraille à la vallée perfide, il a remarqué un point qui lui paraît d'un accès plus facile et dont il serait possible de s'emparer au prix de quelques sacrifices. C'est une espèce de col aux pentes adoucies, formé par deux monticules dont la base se touche. Les cimes sont moins hautes en ce lieu, la montée moins rapide, les rochers moins nombreux. — Sans doute, là comme ailleurs, il y aura à compter avec Sitting-Bull. La triste expérience qu'il venait de faire de la prudence, de l'adresse et de la force de son ennemi, démontrait surabondamment à Custer qu'il devait s'attendre à ne pas le trouver en défaut. C'était donc un combat redoutable qu'il fallait se préparer à livrer, un combat de fougue et d'entrain, un combat au pas de course, ou plutôt un assaut terrible, dont le succès, acheté par une énorme perte d'hommes, ne pouvait s'obtenir que par la promptitude de l'exécution. Mais ce combat, cet assaut ne sauraient effrayer ses soldats, et quant au sang versé, si la moitié de ses gens sauve l'autre moitié, dût-il lui-même tomber et rester avec eux, il croira encore, dans l'impasse où il est, avoir bien mérité de son armée et de la patrie.

— Du reste le temps presse. Il voit à présent qu'il n'échappera à Sitting que par des efforts surhumains. Plus il reculera ses efforts et moins il aura chance de les voir réussir. — Quant à profiter de la trêve, du répit que son ennemi lui laisse, ce serait accepter une dérision et une insulte, ce serait se faire taxer de lâcheté par les siens. Autant vaudrait immédiatement se soumettre aux conditions imposées par Sitting et capituler devant lui.

— Un général américain capituler devant un sauvage !... Jamais !... Jamais !...

Il dit à ses hommes ses projets; il leur montre le point à atteindre :

— En avant ! s'écrient-ils.

Et dans un élan furieux, sans même attendre que leur chef leur répète ce cri, ils partent sans ordre dans la direction indiquée par Custer, qui ne les arrête pas.

Cependant il fait braquer ses quelques canons de campagne sur l'endroit qu'il s'agit de prendre, afin de couvrir les hauteurs de mitraille, et de protéger ainsi l'attaque de ses soldats.

Ceux-ci, arrivés à la base des collines qu'ils veulent escalader, redoublent leur élan, ils avancent, ils montent, ils bondissent plein de fougue et d'ardeur. Mais à mesure qu'ils montent et avancent, une sorte d'inquiétude qu'ils ne s'expliquent pas commence à leur mordre le cœur. Ce n'est pas la crainte de l'ennemi, ce n'est pas la peur du combat, ce n'est pas le danger imminent qui la provoque, non : le silence, le calme, la solitude règnent toujours autour d'eux, ne sont troublés que par eux, et nul ennemi n'apparaît pour les menacer de danger : mais ce sont précisément et ce calme, et ce silence, et cette absence d'ennemis qui les effrayent. — Ils avancent cependant, ils avancent, ils courent, ils montent et ils bondissent toujours. — Ils sont à mi-chemin de la pente à gravir; ils se pressent pour atteindre l'entrée du col ; les derniers poussent les premiers afin d'arriver avant eux.

Mais voilà soudain que de chaque côté les montagnes s'allument. Une fusillade sans interruption commence, les balles pleuvent dans les rangs serrés. Elles viennent de partout, des rochers, des creux de la terre ; et les armes qui les lancent demeurent invisibles, et les tireurs qui les font partir ne paraissent pas.

Qu'importe ! Qu'importe ! Les soldats de l'Union avancent et avanceront à tout prix. La mort est devant, la mort est derrière eux...

— S'il faut mourir, disent-ils, mourons les armes à la main !

Et marchant sur leurs compagnons tombés, ils courent, ils montent, ils bondissent toujours !

La fusillade continue, les balles se multiplient ; les morts et les blessés jonchent la pente de la colline, le sang coule à travers les pierres et les herbes ; mais tout cela ne les arrête pas ; ils ne regardent pas à leurs pieds, ils ne regardent qu'en haut ; ils gagnent du terrain, quelques-uns touchent au col, déjà ils s'accrochent aux aspérités des rochers qui le bordent. Encore un effort et l'étendard étoilé va flotter sur ces rocs...

C'est alors que les Indiens se montrent, des leviers et des pics à la main. Ces rocs auxquels les soldats se tenaient attachés, grimpant comme des serpents, suspendus comme des grappes humaines, ces rocs, sapés antérieurement par la base, se détachent, roulent, se précipitent, et une avalanche de pierres, de terre, de troncs d'arbres préparés, entraîne, écrase et broie ces braves infortunés.

Là, comme partout, les précautions étaient prises. Là comme partout Sitting attendait Custer.

Cent cinquante hommes étendus sur le versant dévasté avaient payé de leur vie cette nouvelle et infructueuse tentative de sortie.

CHAPITRE V

Dévouement inutile

Les troupes s'étaient retirées au centre de la vallée, à égale distance de la rivière et de la chaîne de collines. Là, du moins, elles étaient à l'abri de tout imprévu et de toute surprise. Le danger qui viendrait les chercher, serait un danger apparent, tangible, palpable ; elles n'auraient pas à lutter contre l'invisible, l'incompréhensible, l'inconnu. — Pour les attaquer, il faudrait descendre la vallée, ou bien traverser la rivière. Une plaine s'étendait entre les deux ; c'était un combat à découvert. Quelque nombreux que fussent les ennemis, un pareil combat n'avait rien qui pût effrayer les soldats de Custer malgré le double désastre qu'il venait de subir.

Cependant le soleil descendait à l'horizon. Son disque s'élargissait et des flots de pourpre et d'or inondaient ses rayons mourants... Il se couchait au fond de la forêt dans un lit de feuillage et de verdure. Rarement son déclin avait été plus beau. — Cruelle ironie pour ces braves qui se disaient que ce soleil qui s'éteignait était peut-être leur dernier soleil.

Custer mélancoliquement appuyé contre un arbre auprès duquel avait été dressée sa tente, regardait disparaître l'astre roi, et se demandait avec anxiété ce qu'il allait advenir de lui et de ses gens, car il se rappelait les paroles que Sitting lui avait dites le matin, et qu'il lui avait répétées dans sa lettre : « Jusqu'au coucher du soleil je ne m'inquiéterai pas de toi ! »

L'heure fixée par Sitting était arrivée, et pourtant il ne semblait pas vouloir profiter de cette heure. Il avait laissé fuir le soleil, il avait laissé commencer la nuit sans rien tenter contre l'armée que ses bandes enserraient.

Les Américains, profitant du répit qui leur était laissé, avaient à la hâte improvisé un camp. Les chariots, les bagages, avaient été rangés autour. Les sentinelles et les gardes avancées veillaient. Mais, comme on peut le supposer, nul ne songeait à dormir parmi les soldats de Custer.

Les chefs non plus ne dormaient pas.

Dans la tente du général, tout ce qui portait l'épaulette se trouvait réuni.

Un grave conseil se tenait. Point de discussion, point

de discours. De tous ceux qui avaient été admis à ce conseil, aucun n'avait envie de faire montre d'éloquence. Chacun réfléchissait profondément en soi et cherchait un moyen utile de sortir de l'inextricable situation où se trouvait l'armée. De temps en temps une voix s'élevait pour émettre un avis. Parfois une autre voix répondait pour appuyer ou discuter cet avis ; mais comme l'avis donné n'arrivait pas à entraîner l'ensemble du conseil et à le saisir tout d'un coup, celui qui l'avait émis rentrait dans le silence commun et recommençait à chercher une solution meilleure.

Tandis que les officiers étaient réunis en conseil, on entendait au dehors le remuement des soldats, qui, eux aussi, tenaient des conciliabules, et attendaient, dans l'inquiétude, les résolutions qui allaient sortir de la tente du chef.

Enfin un vétéran de l'armée, un capitaine qui avait plusieurs fois fait campagne contre les Indiens, demanda la parole à Custer.

— Nous sommes tous d'avis, dit-il, que toute tentative nouvelle sera infructueuse. Nous sommes cernés par des forces infiniment supérieures ; les issues, les passages, nous en avons fait deux fois la triste expérience, sont tous ou minés ou invinciblement gardés. Faisons un camp retranché dans lequel nos soldats décimés pourront soutenir avec avantage tous les assauts de Sitting-Bull. Nous avons des munitions de guerre pour longtemps ; nous avons des vivres pour une semaine ; nos chevaux, au besoin, en prolongeront la durée. Résistons quinze jours, et Croocks et Miles, avertis, auront le temps de venir jusqu'à nous.

— Le camp retranché et l'attente, répondit Custer, sont

deux des nécessités de notre situation. Mais quel moyen avons-nous de prévenir Croocks et Miles, qui opèrent peut-être à 50 ou 60 milles de nous ?

— La rivière est là !

— Mais la rivière est gardée comme la forêt et comme la montagne. Croyez-vous qu'en franchissant la rivière nos messagers échapperont aux couteaux et aux balles des sauvages ?

— Sans doute, la rivière est gardée, et je ne conseillerais à aucun de nos hommes d'aborder sur ses rives à deux ou trois milles au-dessus ou au-dessous de nous. Mais nous avons parmi nos soldats des nageurs et des plongeurs intrépides, dont l'eau est le second élément, et qui peuvent, à la faveur de la nuit et sans toucher terre, franchir le cercle formé par l'ennemi. Faites un appel aux hommes de bonne volonté, général. Que dix partent, qu'un seul arrive, et notre désastre peut se changer en victoire.

Cet avis entraîna le conseil. Il offrait quelques chances de succès, et de tous ceux qui avaient été donnés, c'était le seul praticable. Custer dit à ses officiers qui le pressaient de prendre une décision dans le sens indiqué par le capitaine.

— Puisque vous voulez encore tenter cet effort, je le veux aussi, mais je ne crois pas à sa réussite. Cette nuit même nos dix messagers partiront. Capitaine, dit-il à l'auteur du projet, allez me choisir ces dix hommes, et dès que vous les aurez choisis, amenez-les-moi ici ; et vous, messieurs, dit-il aux autres officiers, allez retrouver vos soldats ; relevez leur moral ; dites-leur que rien n'est désespéré encore ! Demain, si les Peaux-Rouges nous laissent en paix cette nuit, demain au matin, nous nous fortifierons à la place où nous sommes, et nous attendrons du secours.

*
* *

Custer, resté seul, prit son carnet de campagne sur ses genoux, et écrivit dix lettres.

Ces dix lettres étaient uniformes.

Elles portaient pour adresses les noms des généraux Crooks et Miles, que l'on avait donnés, l'un pour supérieur, l'autre pour collègue à Custer dans la guerre contre les Indiens :

« Je suis cerné sur la rive gauche du Little-Horn-River, disaient ces lettres. Toutes les bandes de Sitting-Bull m'entourent. Dans l'explosion d'une mine, et dans une attaque pour forcer le passage et me débloquer, j'ai perdu 230 de mes hommes. Je ne puis plus rien entreprendre seul. Venez..., mais défiez-vous de Sitting !... Le messager qui vous remettra cette lettre, vous donnera tous les détails dont vous aurez besoin. »

Il signa ces dix lettres.

Il avait à peine terminé que l'officier rentra accompagné de dix hommes qu'il avait choisis.

Ils étaient forts et solides ; leur mine était intelligente et hardie, leur vue inspira confiance au général, qui les connaissait par avance comme bons entre les meilleurs et aurait, de même que son lieutenant, fixé son choix sur eux.

— Vous sentez-vous de force à parcourir un long trajet à la nage ?... leur demanda-t-il.

— J'ai remonté le Mississipi sur une longueur de trois milles dans ses rapides, lui dit l'un.

— Je suis resté six heures sur l'Océan après le naufrage du *Lord-Vermunt*, dit un autre.

— Je descendrais en plongeant le Little-Horn jusqu'à son embouchure, dit un troisième, en remontant une seconde à la surface pour prendre l'air de deux en deux cents pas.

— C'est bien, vous êtes les hommes qu'il me faut, et j'ai confiance en vous! Mais, ajouta gravement le général, vous allez être exposés à des dangers très grands ; et peut-être ne vous en êtes-vous pas encore bien rendu compte. — Je ne voudrais pas profiter d'une surprise, ni vous rendre les victimes probables d'un moment d'enthousiasme et de générosité. La rivière est gardée ; les défilés des montagnes sont gardés ; les sentiers des bois sont gardés. Partout l'ennemi vous attend, et si vous tombez dans ses mains, c'est la mort. Pour une chance que vous avez d'échapper, vous en avez cent de périr. Réfléchissez quand il est temps encore, et si vous n'avez pas fait le sacrifice de vos vies, reculez... Vous le pouvez sans déshonneur !

— Croyez-vous, général, que la mission que vous nous demandez d'accomplir soit la ressource suprême de l'armée, et puisse servir au salut de nos frères ?

— Je le crois ! dit Custer

— Eh bien, disposez de nous et de nos vies...! Nous sommes prêts !

— Je vous admire, mes amis, et je regrette que la responsabilité qui pèse sur moi m'empêche de me dévouer comme vous. — Allez donc, veillez sur vous-mêmes, et que le Tout-Puissant vous conduise! Le salut de l'armée dépend de votre propre salut. — Voici des lettres..... (ce disant, il remettait à chacun des dix hommes une des lettres qu'il venait d'écrire). Elles se ressemblent toutes et portent la même adresse. Faites diligence, et tâchez que l'une de ces lettres parvienne promptement aux mains de Crooks ou de Miles. — Inutiles de vous dire que tous ceux d'entre vous qui échapperont à la mort et accompliront leur mission, obtiendront les plus belles récompenses.

— Ne nous parlez pas de récompenses, général. Quand on fait son devoir et qu'on se dévoue, il faut regarder plus haut.

— Oui, mes enfants, Dieu seul peut vous récompenser dignement ; mais la patrie ne sera pas ingrate...

— Je suis père, général, dit un de ces dix hommes, qui n'avait pas encore parlé, si je meurs, je recommande à la patrie ma femme et mes enfants !

— Elle se souviendra, mes amis, elle se souviendra de vous et des vôtres, croyez-le, et vos dix noms seront écrits parmi les noms de ses fils les plus braves et de ses plus généreux serviteurs. — Maintenant vous êtes libres, allez ! Je n'ai point d'instructions à vous donner pour arriver au but que vous savez. Dès que la nuit sera tout à fait close, vous chercherez le moyen de sortir de cette vallée. Concertez-vous ensemble ; partagez-vous les chemins, les issues qui vous sembleront praticables ; agissez deux à deux ou isolément ; remontez la rivière, descendez-la, traversez-la ; jetez-vous dans le bois ou dans les montagnes ; vous êtes libres, vous travaillez pour vos têtes ! — Mais avant de partir, mes enfants, pensons à Celui qui peut vous protéger et vous sauver, et, dans cette heure si grave, mettons votre entreprise sous la garde de Dieu !

Custer se mit à genoux ; ses soldats l'entourèrent. Ils firent tous ensemble une prière silencieuse. Cette prière fut courte, elle fut fervente, et pourtant Dieu ne devait pas l'exaucer. Custer et ses hommes étaient les victimes dévouées par sa justice pour expier les méfaits des Blancs contre les pauvres Indiens.

Quand cette prière fut finie :

— Mes enfants, dit le général aux héros, avant de nous séparer, permettez-moi de vous embrasser comme des frères et des amis : vous l'êtes véritablement, votre nom et votre dévouement sont gravés dans mon âme. Je ne vous oublierai jamais !

Il ouvrit ses bras, et étreignit tour à tour ces dix braves sur son cœur, et cet embrassement de leur chef, mieux qu'une récompense, leur donna courage et énergie pour marcher à l'accomplissement de leur aventureuse mission.

Le général alors les conduisit lui-même jusqu'aux limites du camp ; il répondit pour eux au mot d'ordre des sentinelles ; et quand les avant-postes furent dépassés, il les laissa se concerter ensemble, et revint dans sa tente, non pour y chercher le sommeil, mais pour méditer sur sa fatale position, et se tenir prêt à toute attaque, et à tout événement ; — car il attendait Sitting-Bull ; car il redoutait quelque surprise semblable à celles qui avaient déjà coûté si cher à ses infortunés soldats.

Et la nuit passa.

Et Sitting ne vint pas.

Et le soleil se leva radieux, éclairant de nouveau la vallée et les restes sanglants des morts sans sépulture qui avaient succombé la veille près du passage miné, et sur la pente de la colline qu'on avait tenté de franchir.

. . . .

Hélas! il éclaira un autre spectacle plus hideux et plus épouvantable encore!

Au bord de la rivière, sur la rive la plus rapprochée des Américains, dix poteaux avaient été dressés.

Sur ces poteaux étaient dix têtes... dix têtes saignantes... dix têtes horriblement défigurées et scalpées...

Il n'était pas possible de s'y méprendre.

Ces dix têtes étaient les têtes des volontaires qui s'étaient si généreusement offerts à la patrie. — Ils avaient échoué dans leur vaillante et admirable entreprise. — Pas un n'avait échappé au poignard des sauvages; et leur dévouement, inutile à l'armée, n'avait servi qu'à hâter leur trépas!...

Mais comment avaient-ils succombé?

Leurs têtes, qui les avait placées là, si près du camp, et sans se faire entendre, et sans laisser de trace?...

Custer avait veillé pendant la nuit entière. Les sentinelles avaient interrogé tous les bruits, tous les sons, tous les souffles de l'air. — Pas un cri n'avait troublé le silence; pas un appel des héros tombés n'avait pu attirer à leur aide.

Il était donc partout cet ennemi terrible qui avait mis si longtemps à se faire connaître!

Il était donc servi par des satellites aussi rusés, aussi braves, aussi terribles que lui!

Son œil découvrait donc tous les mouvements de l'armée; sa pensée en devinait donc les desseins; et ses coups suivaient, aussi prompts, aussi hardis, que sûrs et infaillibles!

Quel était donc cet homme, qui, demeurant invisible,

incompréhensible, incompris, planait sur cette armée qu'il avait condamnée comme le sombre génie de la vengeance et de la mort ?

Les soldats consternés contemplaient les dix têtes de leurs malheureux compagnons... La colère montait et s'allumait dans leurs cœurs, une colère fauve, ardente, cette colère qui ne raisonne plus, qu'aucun péril n'arrête, qu'aucun frein n'est capable de maîtriser. Bientôt elle éclata en cris furieux et en vociférations formidables :

— Sortons ! Sortons ! .. Aux armes ! En avant !... Le désespoir peut nous sauver !... jetons-nous au hasard dans les montagnes, nous forcerons le passage ! Il ne faut pas rester aux mains de ces démons qui nous tiennent !... Vengeons nos frères massacrés !... Aux armes ! En avant ! En avant !...

— Amis, s'écrie Custer, en s'élançant au milieu de ses soldats exaltés... Amis, qu'allez-vous faire ? Le désespoir est une ressource, mais l'heure d'y recourir n'est pas venue encore ! Si vous approchez des collines ou de la rivière, croyez-moi, vous ne vengerez pas vos frères d'armes, et vous mourrez comme eux. Gardons le centre de la vallée... fions-nous à nos armes, à nos munitions et à la Providence. Faisons un camp retranché et défendons nos vies et l'honneur des États !...

— Non ! Non ! Il ne faut pas attendre ! En avant ! En avant !

— Mais où donc voulez-vous aller ?

— Aux montagnes !...

— Sitting-Bull les occupe !

— A la rivière..., à la forêt alors !

— Sitting y est encore ?... Non, c'est à la mort, insensés, c'est à la mort que vous voulez courir, et à une mort indigne, sans profit et sans gloire!... Ah! la mort n'est rien ; mais quand le devoir ne la commande pas, s'y exposer, y courir, c'est lâcheté, c'est folie!... Soldats, voulez-vous m'écouter?... Voulez-vous m'obéir?...

— Nous avons assez obéi!... Marchons! Marchons! En avant!...

— Eh bien! marchez donc sur mon corps, et que je meure avant d'être condamné à vous voir tous mourir!...

Il dit, se jette la face contre terre devant ses soldats furieux, et s'attendant à être écrasé sous leurs pieds, il recommande son âme à Dieu!...

La vue de leur chef ainsi étendu calme tout à coup la colère des soldats. Les cris, les vociférations se changent en murmures, et bientôt les murmures s'éteignent, et le silence revient...

Custer alors se relève.

— Amis, dit-il, ne désespérons pas et mettons-nous à l'œuvre. Nous sommes près de neuf cents encore. La vallée est à nous. C'est une prison, sans doute, mais une prison qui peut devenir forteresse et au centre de laquelle nous soutiendrons avantageusement un siège contre une armée dix et vingt fois supérieure. — Retranchons-nous, et derrière nos retranchements improvisés, attendons!... La Providence ne nous abandonnera pas, et sans être prévenus, Crooks et Miles peuvent encore venir!

CHAPITRE VI

L'heure du désespoir

A l'instant, officiers et soldats se mettent à l'œuvre avec une ardeur et un entrain commandés par la nécessité. Les pelles, les pics, les leviers, les haches, les scies, tous les instruments qui peuvent servir à creuser une tranchée, à élever un talus, à construire des fascines et des buttes, et qui doivent toujours accompagner une armée en campagne sont saisis et utilisés sur-le-champ. Chacun se fait un outil de ce qui se présente sous sa main. Ceux qui n'ont rien pu trouver se servent de leur baïonnette, de la pointe de leur sabre, de leurs mains, pour labourer, jeter et entasser la terre. Le bouquet d'arbres, qui du centre de la vallée faisait une oasis charmante, est attaqué par la scie et la hache.

Déjà des troncs, des branches jonchent le sol. — On les dépouille de leurs rameaux et de leur feuillage ; on les coupe de longueur pareille, on les ajuste en poteaux. Les chariots sont disposés de distance en distance tout autour du camp. Les poteaux sont dressés dans l'intervalle qui sépare les chariots, et des branches entrelacées les joignent et les réunissent en muraille. Deux cents soldats, transformés en terrassiers, creusent un fossé, et amoncellent la terre qu'ils en tirent pour en faire un talus. — Là, un chêne abattu couvre un vaste espace et oppose aux assaillants un rempart naturel qu'ils ne sauraient franchir ; ici trois voitures alignées et protégées par un amas de branches, peuvent abriter cent tireurs et servir de fort ou de blockhaus. — Plus loin, des pierres, des mottes amoncelées, forment déjà une butte de plusieurs pieds de hauteur. Une journée seulement de ce travail ininterrompu assurait à l'armée un abri défendable. — Mais ce travail si utile, auquel nos soldats terrassiers se livraient avec une ardeur d'où dépendait leur vie, fut suspendu et arrêté tout à coup.

On vit de dessous bois sortir par un chenal caché une barque, puis une autre, puis une autre ; et une flottille composée d'une vingtaine de barques défila lentement sur l'autre rive du Little-Horn-River. Ces barques étaient conduites par des rameurs qui se tenaient assis ou couchés, mais qu'on ne voyait pas.

— Les Indiens ! Les Indiens !... Ils vont tenter le passage de la rivière tandis que Sitting-Bull viendra nous prendre à dos en descendant des hauteurs !

Ainsi disaient les soldats en courant à leurs armes et en s'alignant en bataille à proximité de la rivière pour s'opposer à toute descente ennemie. Mais les canots ne songeaient pas à venir vers eux. Au lieu de fendre le courant, déjà ils filaient vers la rive opposée en remontant le cours de l'eau. — Quand la ligne noire formée par cette longue suite de barques eut atteint l'endroit où le Little-Horn sortait de la gorge des montagnes pour déboucher dans la vallée, la barque qui tenait la tête coupa la rivière en travers ; la seconde, la troisième et les autres suivirent ; mais, arrivée au bord, la première s'arrêta ; l'avant de la seconde vint toucher son arrière ; des anneaux préparés les attachèrent immédiatement ensemble ; la troisième vint toucher la seconde ; elles furent attachées de même et par le même moyen ; ainsi fut fait des autres et ces vingt barques se tenant solidement enchaînées, formèrent en moins de temps qu'il ne faut pour l'écrire, comme un pont de bateaux qui joignait les deux rives du fleuve.

Pourtant ce n'était pas un pont de bateaux qu'avaient voulu construire les Indiens obéissant aux ordres de Sitting.

A peine les vingt barques furent-elles réunies que les rameurs qui les montaient se levèrent avec une hache à la main. Ils frappèrent à coups redoublés dans le fond de leurs barques... Et les barques sombrèrent toutes ensemble, tandis que les sauvages riant se jetaient à la nage pour regagner la rive et se perdre de nouveau dans la forêt.

Les Américains, qui n'avaient pu assister que de loin à cette opération des sauvages, sans qu'il leur fût possible de rien tenter pour s'y opposer, car l'endroit où avaient sombré les canots était défendu par le roc où avait paru Sitting-Bull, et autour duquel s'étaient levées à sa voix des multitudes d'ennemis, comprirent alors le dessein des Peaux-Rouges, et la terreur augmenta dans leurs âmes.

La vallée, nous l'avons dit dans un autre endroit de notre récit, était un peu plus basse que le lit de la rivière. Par les grandes eaux, celles-ci devaient déborder sur elle et l'inonder entièrement. Il est probable qu'autrefois la vallée avait dû servir de lit au Little-Horn, mais le sable amoncelé par ce fleuve dans sa partie supérieure en avait changé le cours. — Pour la rendre à l'état primitif, et transformer en lac la vallée, il ne fallait qu'une tranchée dans les sables, qu'un obstacle dans le lit de la rivière pour contrarier ses eaux.

Les canots sombrés étaient l'obstacle. Ce n'était pas un pont, c'était une digue que Sitting-Bull avait commandée et que les siens venaient de faire. Par ses ordres aussi la tranchée dans les sables était ouverte dès longtemps, et les eaux détournées s'y précipitèrent soudain avec un bruit effrayant et horrible.

— L'eau ! L'eau !... Voici l'eau !... La rivière déborde ! Nous allons être noyés !... criaient les Américains épouvantés, atterrés, anéantis devant cette conception formidable de leur formidable adversaire.

Et en effet, l'eau arrivait par torrents dans la vallée. — Mais le danger n'était pas immédiat pour les Américains. Il fallait du temps pour que cette prairie immense devînt un lac profond ; — seulement il ne fallait plus songer à occuper le camp ni à s'y défendre. Tout le travail du matin avait été fait en pure perte. Le camp se trouvait placé dans une des parties les plus basses de la vallée, et déjà l'eau filtrant à travers les herbes commençait à en mouiller les abords et à inonder les fossés creusés avec tant de zèle et d'ardeur.

— Je suis vaincu, dit Custer, les bras croisés sur sa poitrine, et regardant avec une sombre admiration l'élément déchaîné par Sitting, qui s'avançait pour engloutir son armée. — Je suis vaincu, je ne peux plus lutter, la capitulation s'impose à moi. — La capitulation, c'est plus que la défaite, c'est plus même que la mort, c'est le déshonneur et la honte ; mais au prix de l'honneur je dois sauver les miens !

Il rentre sous sa tente et en ressort immédiatement avec un drapeau blanc.

— Mettez à l'abri de l'inondation les munitions et les bagages, commande-t-il à ses soldats ; et vous-mêmes, rapprochez-vous des montagnes. — Moi, je vais m'aboucher avec le grand chef indien, et faire ce qui dépendra de moi pour que vous puissiez sortir d'ici l'honneur sauf.

Son drapeau déployé, il se dirige seul vers ce rocher où, la veille, il avait si dédaigneusement rejeté les conditions de Sitting-Bull.

Le rocher et ses environs étaient toujours déserts en apparence, mais cette solitude n'arrête pas le général. Il est sûr que sa marche a été déjà signalée, observée, et que mille regards épient de partout ses moindres mouvements.

En effet à peine a-t-il touché à la base du roc que Sitting, appuyé sur un long fusil, apparaît au sommet. — Mais cette fois il ne se dérange pas pour accourir au devant de Custer. Les rôles étaient changés. — Le chef gardait sa dignité. — Le vainqueur attendait le vaincu.

Quand le général de la puissante république des États-Unis fut arrivé en présence du valeureux représentant des Indiens opprimés.

— Sitting-Bull est un grand chef! lui dit-il, je viens me rendre à lui! j'apporte ma signature au traité qu'il m'a présenté hier; j'apporte aussi ma tête pour la rançon des miens!

Il arracha ses épaulettes et les jeta aux pieds du chef.

Il brisa sur ses genoux son épée et en offrit les tronçons à Sitting.

Mais celui ci, grave et majestueux, refusa ces tronçons.

— C'est trop tard! lui dit-il; hier, ta signature près de la mienne pouvait sauver les tiens et faire fraterniser nos peuples; hier le général dans sa force pouvait par un traité engager les États ; aujourd'hui, si j'acceptais ta soumission et te laissais aller, la République s'empresserait de renier les engagements pris par toi. Le sang répandu crie vengeance. Les morts, dont la mine que j'avais préparée a fait voler les membres épars dans les airs ; ceux qui gisent, immolés par les miens au flanc de cette montagne, sont devenus par ta faute un nouvel élément de discordes et de haine entre nos deux nations. — Ces haines, je le sens, enfanteront de longues et épouvantables guerres ; te pardonner et épargner les tiens ne les éviterait pas. Il faut que ce jour marque dans les fastes de mon peuple ; il faut qu'à sa lueur se réveillent les Peaux-Rouges qui dorment encore sous le joug ; il faut que le nom indien et le nom de Sitting-Bull volent jusqu'à la Maison-Blanche, portés sur les ailes de la Vengeance et de la Terreur. — Retourne vers les tiens, et dis-leur de se préparer à mourir ! je vous ai tous condamnés sans rémission. — J'ai dit !

— Le grand Sioux a-t-il le cœur aussi dur qu'un rocher ; et l'humiliation du chef de ses ennemis ne peut-elle lui suffire ?

— Le grand Sioux n'a qu'une parole. Tu viens de l'entendre...Va-t'en !

*
* *

L'eau cependant envahissait peu à peu la vallée. Sous la pression du fleuve et la poussée de la digue la tranchée allait s'élargissant, et le débordement devenait plus rapide et plus impétueux. La prairie si fleurie et si verte, était maintenant un archipel semé d'îlots sans nombre e, d'innombrables flaques d'eau unies entre elles par des filets d'argent qui couraient sous les herbes.

Ce spectacle aurait été charmant, si, pour ceux qui en étaient les témoins, il n'avait été si terrible.

Les malheureux se retiraient pas à pas devant l'inondation, ne reculant qu'à mesure que l'eau mouillait leurs pieds, et regardant ces montagnes toujours muettes, toujours solitaires, vers lesquelles le flot envahisseur les poussait, et d'où ils s'attendaient à chaque instant à voir éclater sur eux mille tonnerres.

Custer les avait rejoints ; mais l'insuccès de sa mission les avait laissés mornes et indifférents, et ne les avait ni découragés, ni excités davantage. — Ils l'avaient vu partir sans espoir, — ils le voyaient revenir sans déception ; avant comme après, ils avaient tout à craindre. — Ou sortir, ou mourir ! — Tel était le dilemme fatal qui s'imposait toujours à eux.

Et l'eau montait, montait toujours, l'espace libre entre la vallée et les collines se rétrécissait d'heure en heure.

Alors le général rassembla une dernière fois ses hommes.

— C'est l'heure du désespoir ! dit-il ; enfants, je ne vous retiens plus... Partagez-vous les munitions, la poudre et les balles qui nous restent, et jetez-vous dans la montagne ! que chacun se sauve comme il pourra !... Je vous délie de tout serment et de toute obéissance militaire !... allez !...

Il n'avait pas achevé ces paroles, qu'une détonation formidable retentit et fit trembler le sol et la montagne.

C'était le chariot qui contenait les munitions de guerre qui venait de sauter, — c'était la dernière ressource des Américains qui s'en allait en fumée dans les airs.

Un sauvage, de rocher en rocher, de buisson en buisson, rampant comme un serpent, et sans faire plus de bruit, s'était glissé jusqu'auprès du chariot, dont il avait deviné le contenu aux efforts que l'on faisait pour le sauver de l'eau. — Profitant du moment où les gardiens avaient quitté leur poste pour écouter les derniers ordres de leur chef, il avait défoncé un baril de poudre d'un coup de sa hache de guerre, et prenant sa distance, il avait déchargé son fusil sur lui et provoqué l'explosion ; et maintenant, de rocher en rocher comme il était venu, il escaladait la montagne pour rejoindre Sitting et lui annoncer son exploit.

CHAPITRE VII

Le massacre

Tandis que que ces événements tragiques se multipliaient au bas de la colline, Sitting-Bull, assis sur la hauteur, au milieu de l'assemblée de tous les chefs indiens, regardait attentivement l'horizon, et interrogeait la marche du soleil.

Il avait dit aux siens : « Quand l'ombre aura touché le pied du roc qui nous abrite, il sera temps d'agir. »

A voir ces guerriers taciturnes fumer tranquillement leurs longues pipes de terre, on eût été loin de croire qu'ils nourrissaient des pensées de carnage et de sang, et qu'ils attendaient avec impatience le moment où le chef suprême les lancerait comme des tigres sur l'ennemi que ses ruses avaient amené sous leurs coups.

Quelques-uns cependant, malgré leur empire sur eux-mêmes, laissaient percer quelque chose des farouches sentiments qui agitaient leurs âmes. Trazi-Horse et *La Large-Blessure* essayaient leurs poignards sur un chêne en chantant une chanson de mort ; *Le Feu-du-Tonnerre* et les deux fils de Washaki dans leurs yeux pleins de flammes laissaient voir le désir qu'ils avaient d'arborer à leurs ceintures les sanglantes dépouilles des Yankees.

Autour des chefs, tout le versant des collines opposé à la vallée était couvert d'Indiens qui préparaient leurs armes. Des groupes de dix ou quinze occupaient les sommets et se communiquaient entre eux. C'étaient les postes d'observation d'où Sitting avait surveillé Custer depuis son entrée dans la vallée ; sur un signe parti de l'un de ces groupes, et qui lui était transmis presque instantanément au moyen des groupes intermédiaires, il pouvait porter ses forces partout où il en était besoin. De cette façon et sans fatiguer ses guerriers, les collines se trouvaient partout également défendues ; et sur tous les points, avec sûreté et sans risques, il pouvait s'opposer aux tentatives de sortie.

Les chefs fumaient ; Sitting fumait comme eux. Ils ne parlaient pas. Et qu'auraient-ils pu se dire ? Ils savaient ce qu'il leur restait à faire. Ils se contentaient de prêter l'oreille avec une satisfaction immense quoique tout intérieure, au bruit de la chute d'eau qui travaillait pour eux, et aux clameurs des Américains qui se rapprochaient sans cesse, et dont ils savouraient en eux-mêmes les terreurs. Comme Sitting, ils regardaient le soleil et la ligne d'ombre qui lentement s'avançait sur le point indiqué.

Et le soleil avait atteint enfin l'endroit du ciel où Sitting l'attendait. Il n'avait plus qu'une heure environ à éclairer la nature.

Ce fut à ce moment que retentit la détonation de la poudrière qui sautait.

Au bruit de l'explosion, Sitting brandit son tomahawk.

— L'entendez-vous ! dit-il, c'est le signal de la vengeance !.. Guerriers, prenez la tête de vos tribus, et que pas un de nos ennemis n'échappe !... O roi soleil, dans une heure tu vas éteindre ta clarté !... Suspends ta course, si tu veux voir comment un peuple se venge. Pour mieux dormir ensuite, nous te ferons une belle couche de pourpre et de sang !

Il dit et pousse le cri de guerre.

Les chefs répètent ce cri.

Mille voix, dix mille voix le font retentir à la fois.

Et une avalanche humaine roule, bondit, s'élance et se précipite des hauteurs !

Les Américains qui attendaient cette attaque s'alignent pour la repousser. Mais que peut l'arbrisseau contre un rocher détaché des montagnes ? Que peut la digue de gazon contre les flots écumeux d'un torrent ?...

Un contre dix, entassés dans un étroit espace, en vain ils montrent à l'assaillant un front intrépide, et le reçoivent par un feu nourri et à la pointe de leurs sabres et de leurs baïonnettes. Moins prompt est l'ouragan, moins terrible est la foudre ; en un instant les sauvages sont sur eux. Ils sont culbutés, bousculés, renversés, écrasés par cette tempête vivante, et précipités dans les eaux qui continuent de monter pour les ensevelir. — Ils frappent néanmoins, ils ne succombent pas sans résistance et sans faire payer cher leur trépas. — Le sang des Peaux-Rouges se mêle à leur sang et de nombreux Indiens ne verront plus la lumière. Mais les guerriers tombés sont remplacés par d'autres guerriers. La montagne en vomit des essaims ; ils accourent en criant, en hurlant pour frapper à leur tour, pour cueillir des chevelures, pour s'abreuver de sang.

Dans cette mêlée effrayante et hideuse, les chefs tiennent à justifier leur renom de valeur. Qui dira les coups donnés, reçus, rendus par Trazi-Horze, par *La Plume-Rouge*, par Alexandre le Kalispel ?... Qui comptera les morts frappés par Pretty-Bear, Red-Cloud et Spotted-Thall ?... Mais entre tous, le héros du désert, *Le Taureau-Assis*, Sitting-Bull, se distingue. Il court, il se multiplie, il frappe, et à chaque fois que sa hache se lève, elle fait un cadavre. Ce n'est plus un homme, ce n'est plus un guerrier, c'est une panthère, c'est un lion, c'est le génie de la guerre, c'est le dieu des batailles. Son œil lance l'éclair ; son bras est prompt et fatal comme la foudre ; sa narine dilatée aspire les âcres senteurs du carnage. Il court, il cherche, il appelle, et il frappe, et il frappe encore.

— Custer, s'écrie-t-il à chaque coup qu'il donne ; où est Custer ?...

Celui-ci entouré d'un petit groupe des siens, s'était fait une forteresse de corps, et défendait sa vie en héros. Il entend l'appel de Sitting-Bull.

— Me voici ! s'écrie-t-il... Ah ! du moins je ne mourrai pas sans vengeance ! — Je vais mourir !... Mais si je t'entraîne dans ma chute, ma mort ne sera pas inutile à ma patrie !...

Les deux chefs fondent l'un sur l'autre.

Les guerriers sauvages et les Américains qui combattaient encore, apportaient un tel acharnement à la lutte, étaient en proie à une surexcitation si grande, qu'ils ne remarquèrent pas ce qui allait se passer.

Les deux adversaires restèrent pendant cinq à six secondes à s'observer d'un œil fixe et sombre. Cette immobilité menaçante prouvait combien chacun d'eux estimait la force et la valeur de son ennemi.

Tout à coup et par un mouvement simultané ils s'élancent l'un contre l'autre avec une sauvage impétuosité. L'épée du général fend l'air en mille sens ; la hache d'armes du chef la détourne sans cesse, et sans cesse menace la tête de Custer. Chaque attaque rencontre une parade, chaque riposte est devinée et évitée. Sitting use de l'agilité de tigre dont il est doué pour harceler Custer ; Custer met en usage toutes les ressources que lui offre sa profonde connaissance de l'art de l'escrime, pour s'envelopper d'un réseau de fer et rester invulnérable. — Mais la souplesse et la force du chef devaient avoir le dessus. — Daus un de ses tournoiements rapides, la hache d'armes a rencontré directement l'épée. Celle-ci se brise sous le choc, et le général américain demeure désarmé devant Sitting-Bull.

Il rompt... Il recule d'un pas... ; des yeux il cherche à terre parmi les morts et les mourants une autre épée pour se couvrir.

Sitting a rompu lui aussi... La vue de ce brave désarmé et prêt à se défendre encore, excite les généreux sentiments de son âme... Il baisse sa hache... Mais soudain il la relève.

— Non ! dit-il, il ne m'est pas permis d'être généreux... Mon peuple opprimé crie vengeance !...

Il frappe, et Custer tombe, et va rejoindre les siens dans la mort.

Car ils étaient tous morts ; il étaient tous tombés sous les coups des Indiens méprisés, ces douze cents hommes, envoyés contre eux par la grande et puissante république des États-Unis, qui avait juré leur ruine. — Pas un ne survivait pour aller annoncer la défaite. — Une heure avait suffi pour la destruction totale, pour le massacre de cette brillante armée.

Le soleil au déclin éclairait de ses derniers feux les Peaux-Rouges qui erraient parmi les cadavres, achevant les blessés, et faisant ample provision de chevelures et de butin.

Sitting-Bull, lui, assis sur un tertre, et reposant sa main fatiguée sur sa hache sanglante, contemplait cette scène, et le front soucieux se demandait si les nations du désert auraient le courage de le suivre longtemps encore, et de le comprendre assez pour profiter de cette victoire que son génie venait de leur donner.

CONCLUSION

Ce que Sitting-Bull avait prévu, et ce qui devait arriver arriva.

Le lendemain de la journée si fatale aux Américains, dont nous venons de raconter les tragiques incidents, quand les Indiens virent le lac ensanglanté et les cadavres nageant sur les eaux, ceux qui avaient chargé de peuple eurent des doutes, des inquiétudes et des craintes, et se dirent en eux-mêmes que les États-Unis ne manqueraient pas de prendre une effroyable revanche de cette défaite sans précédents pour eux.

Quant à la masse des guerriers, contents de leur victoire et des chevelures conquises, ils jouissaient du triomphe et demandaient de nouveaux combats.

Un grand conseil de chefs suivit la victoire, Sitting-Bull reçut les félicitations des siens; mais il remarqua que la froideur s'y mêlait chez beaucoup au désir de ne pas aller plus avant. Il voulut réagir contre cette tendance si préjudiciable à ses plans:

— Nous avons frappé un grand coup, dit-il, il faut maintenant nous efforcer d'en profiter et d'en tirer pour la patrie indienne les meilleurs résultats possibles. Ce n'est plus le moment de regarder en arrière. Nous n'avons pas agi sans réflexion lorsque nous avons commencé d'agir ; nos pensées d'aujourd'hui ne doivent pas neutraliser l'effet de nos résolutions premières. C'est notre union qui nous a assuré la victoire ; restons unis, et appelons autour de nous les tribus qui nous manquent. L'Yankee saura désormais qu'il faut compter avec nous ; ne nous arrêtons pas, agissons et marchons !...

Son éloquence et son énergie réussirent un peu de temps encore à tenir l'ardeur des guerriers en haleine et à empêcher la désagrégation des tribus qu'il avait groupées avec tant d'efforts ; mais il ne s'illusionnait plus sur la durée du concours qu'il en pouvait attendre, et déjà il se préparait à leur défection. Le naturel indien reprenait le dessus dans l'esprit des chefs, il ne devait pas tarder à le reprendre aussi dans l'esprit des guerriers.

*
* *

Cependant la nouvelle de la défaite de Custer et du massacre de son régiment avait provoqué dans les États-Unis une indignation qui tous les jours allait croissant.

Ce peuple, si fort et si orgueilleux, ne pouvait supporter l'humiliation de se voir battu par quelques hordes de sauvages méprisés.

Dans les réunions, dans les cercles, dans les discussions publiques et privées on n'entendait parler que de l'extermination des Indiens.

Il ne fallait rien moins que la destruction de ce peuple pour expier l'honneur dont il venait de se couvrir aux dépens de la grande République.

CONCLUSION

Le congrès, qui s'était saisi de la question, se conduisit noblement d'abord. — Avant de songer à la répression et à la vengeance à tirer des vainqueurs, il songea aux familles des victimes. Custer laissait une veuve et deux filles que nous avons fait connaître au lecteur ; il laissait aussi un vieux père et une vieille mère dont il était le soutien. La passion politique céda devant l'humanité. La première chose que fit le congrès fut de voter une pension pour la veuve et les parents de Custer, et l'engagement de doter ses deux filles. Les soldats et les officiers massacrés ne furent pas oubliés non plus, et des secours abondants furent distribués dans leurs familles.

Cet acte de justice accompli, à la séance du 6 juillet, la délibération s'engagea sur la vengeance à tirer des Indiens, et le moyen de les réduire tout à fait. — Les discours les plus violents et les récriminations les plus amères furent échangés entre les démocrates et les républicains des deux chambres réunies [1]. — Les républicains accusaient avec acrimonie les démocrates d'avoir refusé les fonds nécessaires pour mettre l'armée sur un pied respectable, et d'avoir ainsi causé la calamité qui avait frappé Custer et l'*Union* en sa personne. — Les démocrates de leur côté répliquaient que si les troupes occupées à tyranniser le Sud avaient été cantonnées à l'Ouest, le malheur aurait été évité.

Wendell-Philipps, le noble défenseur des Indiens que

---

[1] Aux États-Unis les dénominations des deux grands partis qui se disputent le pouvoir ne sont pas les mêmes que chez nous. Les républicains sont les radicaux ; et les démocrates, les conservateurs. Les premiers dominent dans les États du Nord, les seconds dans les États du Sud.

nous avons nommé une fois déjà au cours de cet ouvrage, comme toujours en cette circonstance difficile pour la cause qu'il avait entrepris de défendre, osa, seul contre tous, faire le procès de ses compatriotes et leur demander compte du sang injustement versé qui avait attiré sur les leurs de si horribles représailles. Il fit l'histoire des nombreuses injures que les Peaux-Rouges avaient eu à souffrir de la part des Peaux-Blanches, et ce récit impartial fit monter la rougeur à plus d'un front.

— Après les enquêtes poursuivies par vos soins, conclut-il, après les dépositions écrasantes des commissaires nommés par vous-mêmes, vous devriez être disposés à l'indulgence envers les malheureux sauvages, qui ne sont coupables après tout que de défendre le sol occupé par leurs pères contre les envahisseurs, car pour eux nous ne sommes et n'avons toujours été que des envahisseurs inhumains. — Qu'avons-nous fait au contraire jusqu'à présent, et que continuons-nous de faire? — Pour mettre le comble à l'ignominie nous avons eu recours au fanatisme religieux, et le brigandage s'est exercé au nom de l'Évangile protestant. Le f it aujourd'hui ne peut être nié, ce sont les *ministres* envoyés par vous qui se sont montrés les plus terribles ennemis de la race indienne, et c'est M. Grant lui-même, oui, je le répète, c'est lui qui est responsable des massacres que nous déplorons, pour avoir voulu remplacer les missionnaires catholiques, seuls capables de civiliser les sauvages, par ces prédicants mercenaires sans foi et sans cœur.

Ces fermes et généreuses paroles ne devaient pas changer la résolution du congrès. Depuis trop longtemps la République cherchait une occasion d'achever la ruine des Indiens, et l'ayant trouvée dans sa honte à venger, elle ne pouvait négliger d'en profiter. C'était le cas, ou jamais, de s'emparer des Blak-Hills, d'en expulser les habitants, et de ne laisser aux survivants de la guerre d'autres perspectives que de lointaines dispersions et les misères de la faim.

Ce plan ayant été arrêté, les généraux Crooks et Miles, qui déjà opéraient contre les Indiens, reçurent ordre de concentrer leurs efforts pour en assurer l'exécution. Des hommes et des munitions leur furent immédiatement expédiés et en abondance, pour qu'ils pussent mener les opérations avec vigueur ; et pour montrer l'importance que l'on attachait à une répression prompte et énergique, le général Sheridan en personne fut chargé de prendre la direction générale des opérations militaires sur le territoire indien.

*
* *

Contre trois hommes de cette valeur, et avec les moyens puissants d'action dont ils disposaient, le résultat final ne pouvait être douteux. Sitting-Bull néanmoins n'aurait pas reculé devant la lutte, et elle n'aurait rien eu qui effrayât son génie, si, déjà abandonné par un certain nombre de chefs, il n'avait dû craindre la défection et l'abandon des autres.

Pour ne pas perdre à tout jamais par une résistance, sur le succès de laquelle il ne comptait plus, la grande cause de la patrie indienne, il résolut d'abaisser encore une fois sa fierté devant ses ennemis, et d'essayer d'obtenir dans une entrevue des conditions de paix favorables

Vers la fin du mois d'octobre 1876, le général Miles

fut averti que Sitting-Bull désirait s'entretenir avec lui. Deux Indiens arborèrent sur une colline un drapeau blanc; ils furent accostés par des espions attachés à l'armée régulière ; conduits par eux vers le général, ils lui demandèrent de la part du Grand-Chef en quel lieu il devrait se rendre pour le voir et échanger des paroles et des pensées avec lui. — Le général Miles indiqua un lieu choisi entre les deux armées sur les bors du *Cedar-Creek*, dans le territoire de Montana.

Le lendemain, au lever du jour, le général se dirigea vers ce lieu, accompagné de quelques cavaliers; bientôt les chefs indiens sortirent d'un bois qui leur servait d'abri et marchèrent sans armes vers le local désigné; les Américains descendirent de cheval, on s'assit en cercle et l'entrevue commença. Sitting-Bull était assis sur une souche de bois qui l'élevait un peu au-dessus des autres chefs. Il resta quelques minutes ainsi, grave, morne et taciturne; puis, comme s'il eût dédaigné d'ouvrir la bouche pour demander la paix, il fit un signe à Pretty-Bear, et celui-ci se leva et parla. — Il s'étendit fort longuement sur le passage des trains militaires à travers le pays occupé par les Indiens. Il se plaignit des manquements aux traités, des vols de terre, d'argent, de munitions, de vivres, commis par les agents des États contre les Peaux-Rouges. Il fit un tableau énergique des souffrances des Indiens qui les avaient obligés à prendre les armes, et en fit retomber tout l'odieux sur les Blancs. — A mesure qu'il parlait un interprète traduisait ses paroles au général. — La discussion dura longtemps, mais on ne fuma pas le calumet de paix, car on ne put rien conclure dans cette première entrevue.

Quelques jours après une seconde entrevue eut lieu.— Indiens et Américains s'étaient rapprochés. On se trouvait à peu de distance du camp indien, dans une vaste prairie, au pied de collines escarpées. Le site était on ne peut plus pittoresque, et la scène qui se passait n'était pas sans grandeur. Avant de reprendre les hostilités, les deux chefs commandant les armées ennemies s'abouchèrent pour traiter une dernière fois des griefs qui les divisaient. — Pour éviter toute surprise, une ligne d'Indiens et de soldats s'étendaient à quelque distance pour protéger les loges et le camp. — Le général Miles était entouré de quelques officiers et Sitting-Bull de plusieurs chefs indiens. La conférence fut longue, car chaque parti tenait à ne rien céder de son côté et à tout obtenir de l'autre. Les orateurs indiens étaient prolixes, le général Miles bref et sec : il demandait que les Sioux de Sitting et tous les Peaux-Rouges déposassent leurs armes sans conditions, et fissent leur soumission au gouvernement américain, lequel se montrerait bon et paternel pour eux.

Sitting-Bull parla lui-même cette fois. Il déclara qu'il n'avait pas voulu la guerre contre les Blancs ; c'était forcé par eux qu'il la leur avait déclarée. — Il rappela les démarches faites par lui à Washington et sa tête mise à prix. Il n'avait toujours désiré qu'une chose, vivre tranquille dans ses forêts. Mais pour cela il fallait que les Américains cessassent de pousser leurs trains dans l'Ouest, car les buffles fuyaient, et les Indiens perdaient ainsi la meilleure source de leurs richesses et de leurs moyens d'existence.

L'entrevue n'eut aucun résultat, et les hostilités commencèrent immédiatement. — Sans donner aux Indiens le temps de se reconnaître, et à peine retirés dans leur camp, le général Miles ordonna à ses troupes de marcher en avant et de les attaquer. Les Sioux de Sitting-Bull, et les Indiens restés fidèles à sa cause firent une vigoureuse résistance; mais ils durent céder devant la force et les armes perfectionnées, et abandonner le terrain. Leurs pertes furent assez graves. Les cris de « Soumission! Soumission! » ne cessèrent dès lors de se faire entendre aux oreilles du Grand-Chef. — Voyant que le courage défaillait dans l'âme des siens, et que la patrie était bien définitivement perdue, Sitting-Bull appela Red-Cloud, Spotted Thall, *L'Ours-Aimable*, Trazi-Horse et *Le Feu-du-Tonnerre;* il les releva du serment qu'ils avaient fait de lui obéir dans l'assemblée qui lui avait donné le commandement suprême et les laissa libres de traiter séparément et dans le mieux des intérêts de leurs tribus respectives avec le général des Blancs.

— Pour moi, dit-il, je l'ai juré, jamais plus je ne courberai le front sous leur joug!... Ne vous inquiétez pas de mon sort... Je vais où vous ne pouvez pas me suivre; mais mon esprit et mon cœur resteront avec vous, et au moment que le Grand-Esprit a marqué, moment qui viendra, croyez-le, vous me verrez revenir pour l'honneur et la gloire de notre chère patrie!...

Cela dit, il serra la main des chefs, et rentra sous une hutte de feuillage où sa compagne bien-aimée, *Le Lis-du-Désert*, l'attendait.

Le lendemain, tous deux avaient franchi la frontière, et s'étaient réfugiés dans une forêt du Canada, à proximité des territoires indiens.

*
* *

Le lendemain aussi, sur la proposition de Red-Cloud, les chefs abandonnés à eux-mêmes résolurent de ne pas tarder davantage à opérer leur soumission. Ils se rendirent tous ensemble, sans armes, et leur touffe à scalper dénouée en signe de deuil, vers le camp ennemi. Le général Miles les reçut aussitôt et les fit introduire sous sa tente.

— Nous voici ! dit Red-Cloud !... Que l'ami et le lieutenant de notre Grand-Père reçoive des fils humiliés !

Là, étaient Spotted-Thall et Pretty-Bear, là *Le Feu-du-Tonnerre* et *La Large-Blessure*, là le chef des Kalispels et le vieux Washaki, là nombre d'autres chefs renommés; mais là n'était pas Sitting-Bull, et c'était lui surtout que le général américain attendait.

— Où est le Grand-Chef ? demanda-t-il à Red-Cloud.

— Le Grand-Chef est parti et nous a remis ses pouvoirs !

— Ratifiera-t-il le traité que nous allons passer ensemble ?

— La parole d'un chef n'engage que ce qui est à lui. Nous agissons pour nous et pour nos tribus. — Le Grand-Chef est au-dessus de nous. Il reste libre de tout engagement !

— C'est bien, dit le général; alors nous n'avons pas à discuter ensemble. — Voici mes conditions, j'entends que vous les signiez sur l'heure. — 1° Vous vous éloignerez des Black-Hills, dont vous céderez la propriété aux États. — 2° Vous abandonnerez plusieurs de vos cantonnements, dont la République a besoin, et vous vous retirerez dans les cantonnements qui vous seront fixés au bord du Missouri. — 3° Pour éviter de nouvelles guerres, toutes vos armes nous seront remises. Les autres conditions du traité seront ultérieurement débattues. Êtes-vous prêts à accepte immédiatement ces trois conditions principales ?...

Spotted-Thall se leva pour parler...

— Pas de discussion !... Êtes-vous prêts ?... demanda impérieusement le général.

Tous les chefs s'interrogèrent anxieusement du regard, puis baissèrent la tête, et il y eut un long silence.

Enfin Red-Cloud dit :

— Nous sommes prêts... Nous ne pouvons faire autrement !

Il prit la plume que le général américain lui tendait, il regarda le papier où les lignes noires du traité fatal étaient écrites, et s'enveloppant la tête dans son vêtement en signe de honte et de deuil :

— Guide ma main toi-même, dit-il au général, afin que mon œil ne la voie pas quand elle signera ma honte !

Tous les autres chefs signèrent de la même manière que lui.

Trazi-Horse à son tour s'avança pour donner sa signature au traité ; mais au moment de sanctionner de son nom la déchéance de sa tribu,

— Non, dit-il ! non, je ne puis ainsi condamner tous les miens à la misère et au désespoir ! Si les fils de mes pères sont condamnés, qu'ils meurent, mais qu'ils meurent en guerriers !

Il brise la plume maudite, et l'œil en feu, et la démarche fière, il sort de la tente et va rejoindre les siens.

C'en était fait encore une fois.

Tout était fini, et tout était à recommencer.

Ce traité, pas plus que les précédents, ne pouvait engager les Indiens, parce que les Américains furent les premiers à le rompre, et qu'il fut impuissant à maintenir leurs agents du Far-West dans la voie de la justice et de l'humanité.

*
* *

Encore un mot sur Sitting-Bull, et nous terminerons notre récit.

Nous avons vu qu'il s'était retiré avec son épouse sur les possessions anglaises du Canada. Trois cents guerriers ayant découvert sa retraite, vinrent bientôt l'y rejoindre, et s'établirent avec lui pour chasser le buffle dans les forêts qui s'étendent sur la frontière de Manitoba.

Sa présence en ce lieu pouvait être une cause d'inquiétude pour le gouvernement des États-Unis. Il n'avait qu'à franchir la frontière pour rallier autour de lui une nouvelle armée de Sioux et d'autres Indiens. Il fallait donc l'amener à soumission ou l'éloigner du lieu de retraite qu'il s'était choisi.

Une commission fut envoyée par le Président pour traiter avec le Grand-Chef indien et le ramener dans les États-Unis au moyen des plus engageantes promesses.

La séparation des États-Unis et des possessions Britanniques est marquée par un monument en pierre. Le sol tout autour sur un assez large espace est stérile, dénudé ; c'est un véritable désert, ravagé par les ouragans et visité par les bêtes féroces.

Le colonel Mac-Leod, du gouvernement du *Dominion*, avec une escorte, était venu à la rencontre de la commission américaine. Après les salutations d'usage, Américains et Canadiens se dirigèrent vers le fort Walsh, où s'était rendu Sitting-Bull, sur les vives instances qu'on lui avait faites, et après de longues résistances.

L'entrevue de la commission et de Sitting-Bull, qui avait amené les principaux d'entre les guerriers qui l'avaient rejoint, eut lieu dans une pièce du fort Walsh. Une large table était au milieu de l'appartement. D'un côté prirent place les commissaires ; de l'autre, Sitting-Bull et les chefs Sioux. Les officiers anglais étaient présents. Le général Serry donna connaissance d'une lettre du Président qui offrait un pardon entier à Sitting et aux siens. On se contentait de leur demander leurs armes et leurs chevaux. Ils seraient ensuite placés dans des réserves et traités plus avantageusement que tous les autres Indiens soumis.

Sitting-Bull répondit dédaigneusement qu'il ne se fiait pas aux Américains et voulait rester parmi les Anglais. Les autres chefs répétèrent ses paroles et y ajoutèrent des invectives contre les Américains.

Les commissaires ayant échoué de ce côté, présentèrent alors au colonel Mac-Leod un pli du secrétaire d'État M. Evarts, qui commandait, en vertu des traités existants, l'extradition de Sitting-Bull.

La demande d'extradition qualifiait le Grand-Chef du titre de citoyen américain, et de crime de droit commun, le massacre du régiment de Custer.

Le colonel Mac-Leod, un moment interdit par cette demande, à laquelle il ne s'attendait pas, fit observer que le traité ne faisait pas mention des Indiens, et ne parlait que des citoyens anglais ou américains coupables des méfaits prévus. Or Sitting-Bull n'étant pas citoyen américain, et ayant été traité comme chef de guerre par le gouvernement de Washington, ne pouvait pas et ne devait pas être livré par l'Angleterre à la justice américaine.

Cette décision du brave colonel termina l'entrevue. Les commissaires retournèrent à Washington pour rendre compte de leur mission infructueuse, et Sitting-Bull avec ses guerriers rentra dans les forêts du Canada. De là il surveille le désert, et attend l'heure favorable pour recommencer la lutte, et venger par quelque haut fait terrible les misères et les souffrances de ses frères opprimés.

CONCLUSION DE LA SECONDE ÉDITION [1]

« Custer-City, capitale du comté de Custer, est une ville qui compte trois cents habitants. En ce moment son étoile paraît être sur son ascendant, mais elle a passé par d'étranges vicissitudes. Comme beaucoup d'autres villes américaines, elle a eu des malheurs dans sa jeunesse. Fondée en 1875, elle avait quinze cents habitants avant l'automne de la même année. Moins de six mois après, par suite des faits qui vont être relatés, elle n'en avait plus que quatorze ! Depuis elle a végété jusqu'à ces temps derniers. Maintenant elle recommence à faire parler d'elle ; les connaisseurs s'accordent à lui prédire le plus brillant avenir, et on propose gravement aux nouveaux arrivants d'acheter un joli terrain à bâtir sur la septième avenue au coin de la dix-septième rue, tout près de la banque, et non loin de la gare de la ligne du Sud. Il va sans dire que tout cela n'existe que dans la riche imagination des gentlemen de la nature, qui désirent troquer quelques acres de terrain marécageux contre un certain nombre de billets de banque graisseux.

[1] Nous empruntons au *Correspondant* l'extrait suivant, qui servira de conclusion à cette nouvelle édition.

« L'histoire de Custer se rattache aux plus anciens souvenirs de la conquête des Black-Hills. Toute la région montagneuse désignée sous ce nom, réputée de mille valeur, avait été abandonnée aux Sioux, ainsi que les prairies environnantes, par un traité en due forme datant de l'époque où la construction du Transcontinental, à travers une de leurs réserves, avait obligé le gouvernement à entrer en pourparlers avec eux.

« Cet arrangement, que les Sioux n'avaient accepté, du reste, que contraints et forcés, avait bien mis fin aux hostilités officielles ; mais comme des bandes de guerriers agissant en dehors de l'action des chefs principaux, venaient quelquefois se livrer à des déprédations sur la frontière, les troupes régulières se lançant à leur poursuite, pénétraient de leur côté assez souvent dans la réserve. Ce fut dans le cours d'une de ces expéditions, qui eut lieu au printemps de 1874, qu'un des officiers les plus connus de l'armée fédérale, le général Custer, pénétra jusqu'à la partie sud des Black-Hills, et donna à ses troupes quelques jours de repos sur les bords du French-Creek.

« Les soldats, dont plusieurs avaient probablement séjourné en Californie et visité les placers, ne furent pas longs à reconnaître l'existence de l'or dans les sables du ruisseau. Ils en rapportèrent des échantillons, qui bientôt passèrent de mains en mains dans les garnisons de la frontière. L'émotion fut grande. Le traité fait avec les Sioux, leur garantissant la propriété exclusive de leurs réserves, aucun Blanc n'avait le droit de s'y établir, et le gouvernement s'était formellement engagé à y tenir la main. Cela n'empêcha pas une expédition de se former immédiatement à Sioux-City, dans le but avoué d'aller exploiter les placers.

« Le convoi, qui se composait de vingt-huit hommes, accompagnés par une femme, parvint sans encombre, dès le mois de décembre, à l'endroit où se trouve maintenant Custer. Les aventuriers commencèrent par construire un petit fort en cas d'attaque de la part des Indiens, puis ils se mirent à l'ouvrage avec beaucoup de succès, dit-on. Au printemps, avant même que la neige fût fondue, des convois d'émigrants arrivèrent de tous les côtés pour les rejoindre, et c'est alors que la ville commença à se former.

Cependant les Indiens ne laissaient pas envahir leur territoire sans protestations, et même sans coups de fusils, car leurs bandes isolées attaquaient fréquemment les convois. Quand leurs chefs principaux, *Le Taureau-qui-s'asseoit* (Sitting-Bull) et *La Queue-Tachetée*, représentant les deux principales tribus de la confédération des Sioux, celle des Ogalalas et celle des Tetons, virent que les choses tournaient décidément à l'invasion, ils se plaignirent officiellement au commandant militaire, le général Custer. Celui-ci, ainsi mis en demeure d'agir, parut d'abord disposé à faire justice à leur demande.

« Une proclamation rappela aux habitants que l'entrée de la réserve indienne leur était interdite, et des patrouilles de cavalerie sillonnant la prairie, firent rebrousser chemin à tous ceux qu'elles rencontraient. La force fut même employée, et dans une circonstance où les conducteurs d'un convoi s'étaient formellement refusés à exécuter ces ordres, leurs wagons furent brûlés et leur attelages saisis. Dans son désir de faire observer le traité, le général Custer ne s'en tint pas là. A la tête d'un détachement assez considérable, il revint lui-même visiter le lieu où il avait campé l'année précédente, et signifia aux quinze cents mineurs qu'il y trouva au travail, d'avoir à déguerpir immédiatement. On se figure les clameurs que provoqua cette décision. Le général Custer, assailli de réclamations, et même de menaces, finit par transiger : car, en Amérique, comme dans tous les pays démocratiques, un fonctionnaire chargé d'appliquer une loi impopulaire, est sûr d'être désavoué tôt ou tard. Il fut convenu que les travaux seraient interrompus pour laisser au gouvernement le temps d'entrer en négociations avec les Indiens et obtenir la cession des terrains aurifères, mais que chaque exploitation particulière laisserait sur les lieux un homme pour faire acte de propriété. On remit en état le fort dans lequel s'enfermèrent les quatorze hommes désignés, et tous les autres se dispersèrent. Ce résultat obtenu, les troupes regagnèrent leurs cantonnements.

« Les quatorze hommes laissés en arrière ne furent pas longtemps seuls. Dès qu'il fut bien prouvé que les troupes étaient parties, de tous les points de l'horizon les mineurs revinrent à leurs travaux, plus nombreux que jamais, et au mois de novembre, la nouvelle ville, qui avait été baptisée par un hommage peut-être un peu ironique, du nom de Custer-City, comptait, dit-on, 3000 habitants, et sa première avenue avait un demi-mille de long. Malheureusement cette prospérité ne dura pas longtemps.

« En 1876, le professeur Juney découvrit les gisements de Homestake, et la nouvelle ville de Deadwood attira à elle tous les habitants de son aînée. Il n'en resta que cent cinquante ou deux cents. C'est la seconde période qui commençait.

« Pendant ce temps-là, les malheureux Indiens continuaient de protester à leur manière contre les procédés pleins de sans-gêne avec lesquels on s'appropriait leurs biens... Le passage constant des convois était une source de froissements continuels, ensuite il éloignait les buffles. . Pourtant la guerre ne fut pas officiellement déclarée par les grands-chefs, mais les petites expéditions anonymes se multiplièrent à un tel point, que bien peu d'émigrants arrivaient sans avoir entendu siffler des balles à leurs oreilles...

« Les chefs étaient rentrés en pourparlers avec le gouvernement et admettaient le principe de la cession des Black-Hills en échange d'allocations de différente nature, les unes temporaires, c'est-à-dire une somme une fois donnée, d'autres permanentes, telles que distributions de rations, de couvertures. Les négociations marchèrent assez lentement, ce dont les Américains ne pouvaient guère se plaindre, puisqu'ils s'étaient mis en possession de tout ce qu'ils demandaient. Finalement le traité fut signé le 1er novembre 1876, et ratifié par le Congrès le 28 février 1877.

« On aurait pu croire que tout était terminé ; mais il n'en fut rien. Les chefs indiens, qui avaient promis leur concours pour assurer la sécurité des routes, furent impuissants à tenir leur promesse. Peut-être n'y mirent-ils pas un bien grand zèle. La guerre, pour n'être pas déclarée, continua à exister de fait. Des corps de volontaires se formaient, venaient surprendre des villages indiens, massacraient tous les habitants et ramenaient leurs chevaux, qui étaient ensuite vendus publiquement dans toutes les villes de la frontière. Par contre, il ne se passait pas de semaine qu'on n'entendît parler de quelque ferme attaquée, au milieu de la nuit, par une bande de démons à peau rouge, qui disparaissaient avec la chevelure des habitants, ne laissant derrière eux que des cadavres et des ruines...

« Un pareil état de choses ne pouvait pas durer indéfiniment. Malgré les affirmations des chefs, les habitants des frontières les rendaient responsables de toutes les atrocités commises. D'ailleurs, les expéditions que ceux-ci organisaient avaient souvent pour objectif des villages d'Indiens vivant officiellement sous l'autorité de leurs chefs, qui étaient par conséquent obligés de les défendre. La guerre était donc inévitable. Elle éclata bientôt. On apprit tout d'un coup que Sitting-Bull, le grand chef des Ogalalas, avait appelé aux armes toute la confédération des Sioux, et qu'à la tête des sept mille guerriers parfaitement armés, il parcourait la frontière avec une rapidité vertigineuse, brûlant et massacrant tout devant lui, et amassant un butin énorme.

« Le général Custer et le colonel Crook se mirent immédiatement à sa poursuite. Ils avaient avec eux environ un millier d'hommes de troupes régulières, auxquels vinrent se joindre des corps de volontaires et quelques centaines de guerriers Crows, les ennemis héréditaires des Sioux. Dans ce genre de guerre, en effet, il est à peu près impossible de joindre l'ennemi, si on n'a pas avec soi quelques éclaireurs indiens, tant les mouvements des Peaux-Rouges sont rapides. Chaque guerrier emmène avec lui quatre ou cinq chevaux, qu'il traite, du reste, avec une brutalité sans pareille. Quand l'un est fatigué, il en monte un autre, et fournit de la sorte des courses qui paraissent incroyables.

« Dès que Sitting-Bull se vit sérieusement poursuivi, il commença à se retirer vers le nord, faisant filer devant lui l'immense agglomération de femmes et d'enfants qui l'accompagnaient. Enfin, au commencement de l'automne, il eut l'adresse de faire engager à sa suite le corps principal de ses adversaires, environ mille hommes, dans une étroite vallée, à White-Mountain, non loin de Bismark ; puis ses guerriers couronnant subitement les hauteurs, ouvrirent un feu si meurtrier sur les Blancs, qu'en quelques minutes ils étaient tous massacrés. Pas un n'échappa.

« On raconte que Sitting-Bull se fit apporter, après le combat, le corps de Custer et de Crook, ouvrit leur poitrine avec son couteau, en tira le cœur et le mangea devant tous ses hommes.

« Après un pareil échec, la poursuite fut interrompue, comme bien l'on pense, car les autres corps n'étaient plus en force et il fallait attendre de nouvelles troupes. Sitting-Bull profita de ce répit pour mettre la frontière de Canada entre lui et ses ennemis. En somme dans toute cette campagne, le grand-chef prouva non seulement qu'il eût fait un merveilleux général de cavalerie mais il nous fournit une nouvelle preuve de son patriotisme. »

Jusqu'à présent, le passage du *Correspondant* que nous venons de citer, n'est qu'une confirmation et un résumé des faits que le lecteur connaît et que nous avons dramatisés dans notre ouvrage. Nous terminerons cette citation déjà longue par quelques lignes du même auteur qui ne seront probablement pas le dernier mot des aventures de notre héros, mais qui seront, en attendant une troisième édition, le dernier mot de notre récit.

« Sitting-Bull, bien accueilli par les Anglais, qui n'avaient pas de raisons de ne pas le considérer comme un belligérant, puisque les Américains traitaient avec lui de puissance à puissance, séjourna pendant quelque temps dans les plaines du Manitoba. Mais les populations qui s'étaient d'abord félicitées de l'éloignement d'un dangereux voisin, reconnurent bientôt qu'elles n'y gagnaient pas grand'chose, car, malgré la surveillance exercée des deux côtés de la frontière, elle était constamment traversée par de petits partis de guerriers qui, n'ayant plus rien à perdre, et complètement dégagés de l'autorité de leurs chefs, parcouraient le pays dans tous les sens, en y semant la terreur et l'incendie, aussi vit-on bientôt le spectacle assez étrange d'envoyés du gouvernement fédéral allant proposer à Sitting-Bull de revenir à son ancienne réserve, en lui garantissant l'oubli du passé et tous les avantages du traité conclu avant les événements. Après quelques hésitations, Sitting-Bull accepta ces propositions et vint s'établir à Standing-Rock dans le Dacotah, non loin de Pierre, avec un groupe d'environ sept mille de ses sujets. Les autres, au nombre d'une trentaine de mille, se dispersèrent de côté et d'autre dans la réserve, d'où ne sortent guère que ceux qui ont envie de faire quelque mauvais coup. Leur chef les réunit de temps en temps pour recevoir les distributions de vivres et de vêtements qui leur sont faites par les soins de l'agent américain, avec lequel il a, dit-on, de très bonnes relations. On lui a construit une maison. Dans les premiers temps, il en habitait toujours l'extérieur, choisissant le côté sous le vent pour s'y coucher; mais depuis, il a fini par s'habituer à vivre à l'intérieur. On prétend même qu'il prend goût à l'agriculture. Il fait de temps en temps des visites aux autorités du territoire, et vit dans de bons termes avec ses voisins (1). »

---

(1) Baron E. de Mandat-Grancey : *Dans les montagnes Rocheuses* (*Correspondant* du 10 juin 1884).

LA QUESTION INDIENNE

Nous n'avons nullement l'intention d'entreprendre une étude approfondie sur la question indienne. C'est affaire aux politiques et aux législateurs de profession, et nous désirerions vivement voir quelques-uns d'entre eux diriger leur attention, leurs travaux, leurs efforts sur cette question si grave et si digne d'intérêt. — Notre but est plus modeste ; mais nous espérons cependant qu'il ne sera pas sans utilité pour nos lecteurs.

Nous voulons réunir en ce lieu quelques notes, quelques récits et documents récents, qui mettront à même de mieux connaître ce peuple si indignement condamné, et de juger de la vérité des assertions que nous avons formulées au cours de notre ouvrage ; qui permettront aussi de se prononcer en toute certitude sur les prétendus griefs des Américains envers les Indiens, et sur les griefs plus réels que les malheureux enfants du désert peuvent justement reprocher à leurs puissants et inexorables oppresseurs.

Un premier point est acquis, nous en avons l'assurance.

Ceux qui nous ont fait l'honneur de nous lire et de

s'attacher aux incidents de notre récit, sont persuadés maintenant que les sauvages de l'Amérique du Nord ne sont pas d'une race aussi dégénérée, aussi dépourvue de nobles et généreux sentiments que leurs ennemis voudraient le faire croire. Le héros que nous avons mis en scène n'est certes pas un héros vulgaire. Ceux qui se meuvent à ses côtés ne sont pas sans vertu. Et qu'on le note bien, ce n'est pas un roman que nous avons écrit, mais bien une histoire véritable à laquelle nous avons simplement donné un peu de la forme, un peu de l'allure du roman pour satisfaire au goût désordonné du temps, qui n'accepte plus que ce qui a cette allure et cette forme. — Quand un peuple que l'on dit au déclin peut produire des hommes tels que Sitting-Bull; quand, dévoué à la mort, il sait éclairer ses funérailles par des flambeaux pareils à celui de la défaite de Custer, que nous venons de raconter, à celui de la vaillante retraite de l'Indien Joseph que nous raconterons plus loin, on est forcé de convenir que ce peuple a du bon sang dans les veines, de la force et de l'énergie dans le cœur, que sa mort décrétée est un crime, qu'il y aurait mieux à faire que de le pousser à la révolte pour avoir un prétexte de l'exterminer, et que persévérer dans cette voie, ouverte par une politique barbare, c'est outrager et violer tout ce qu'il y a de plus saint et de plus respectable ici-bas, la foi jurée, la religion, la morale, la justice, l'humanité et la fraternité.

C'est pourtant cette voie que les États-Unis s'obstinent de plus en plus à suivre. Oublieux de la générosité avec laquelle les Indiens accueillirent leurs pères autrefois, ils les proscrivent aujourd'hui, les parquent et les resserrent dans d'étroits espaces qu'ils nomment des *Ré-*

serves, et lorsque la misère et la faim les portent à en sortir, ils les traquent et les tuent comme des fauves échappés de la cage qui les doit contenir.

Mais n'entrons pas dans cet ordre d'idées, et ne traitons pas ces considérations par nous-même ; nous nous laisserions trop facilement aller à l'indignation qui déborde de notre âme en voyant un peuple impitoyablement poursuivi, décimé et comme mis en coupe réglée par un autre peuple qui lui devrait conseil, lumière, assistance et protection. Notre tâche est plus restreinte. Nous avons promis des notes, des citations et des faits ; nous avons dit que ces citations et ces faits permettraient à nos lecteurs de prononcer eux-mêmes entre les Américains et les Indiens ; pour mettre de l'ordre dans nos citations et leur donner force de preuves, nous les ferons entrer dans l'examen rapide que nous allons faire des principaux griefs articulés contre les Indiens par le gouvernement des États-Unis et par ses agents sans pudeur.

PREMIER GRIEF DES AMÉRICAINS CONTRE LES INDIENS

―――

Les Indiens sont cruels et barbares. — Les sentiments humains n'ont point de prise sur eux.

Telle est la première accusation et l'une des principales que l'on porte contre les Indiens.

Si vraiment les Peaux-Rouges étaient inaccessibles aux sentiments humains, on comprendrait qu'il soit nécessaire de les isoler du reste des hommes, de les abandonner à eux-mêmes, en les mettant hors d'état de nuire : on ne comprendrait pas néanmoins qu'il soit besoin de les exterminer.

Mais cette accusation que l'on porte contre eux, est-elle méritée ; et des faits isolés d'inhumanité qui trop souvent ne sont que des représailles, doivent-ils être des raisons de proscrire et de condamner tout un peuple ?

A ce compte quelle nation policée pourrait s'estimer digne de vivre, et n'aurait pas sans cesse à craindre qu'une nation voisine ne s'armât contre elle des droits de l'humanité méconnus ?

La cruauté et la barbarie que l'on reproche aux Indiens sont la conséquence forcée de la cruauté et de la barbarie des envahisseurs de leurs territoires. Nous ne prétendons pas les justifier pour cela, mais nous prétendons les excuser et faire retomber la responsabilité du grief sur leurs accusateurs.

Qu'on veuille bien ne pas perdre de vue que l'Indien est encore un être de nature. On a dit qu'il était rebelle à toute influence civilisatrice ; un peu plus loin nous dirons et prouverons le contraire ; pour le moment la vérité nous fait un devoir de dire que si l'Indien n'est pas obstinément rebelle à la civilisation, il n'est que trop certain qu'il ne s'y est pas soumis jusque-là, et qu'il n'est pas encore civilisé. C'est donc au point de vue de la loi naturelle, et au point de vue des usages et des coutumes qui ont pu en fausser plus ou moins les notions dans son âme, qu'il faut juger sa conduite et ses actes. Juger l'Indien d'après nos lois, nos mœurs, et nos usages, serait un non-sens, et une marque certaine de parti pris contre lui.

Ceci posé, nous n'avons aucune peine à dire que l'Indien est fier, irascible, violent ; qu'il cède à l'emportement et à la colère ; qu'il ressent vivement un affront et attend avec impatience le moment de le laver dans le sang ; qu'amant passionné de la guerre, il se fait un point d'honneur de s'y montrer sans pitié, et de cueillir comme trophée de ses exploits et de son courage des chevelures sanglantes sur le crâne de ses ennemis. — Est-ce par cruauté, et par amour du sang qu'il en agit ainsi ?... Non ; c'est par fierté, par orgueil, par désir de la gloire, et parce que parmi les tribus sauvages l'usage a attaché à la conquête d'une chevelure le même honneur que chez nous à la conquête d'un drapeau. Mais quand il a quitté les sentiers de la guerre, quand la hache n'est plus déterrée, et qu'il a fumé dans sa cabane avec l'étranger le calumet de paix, nul n'est plus humain, nul n'est plus hospitalier, nul n'est plus généreux et plus désintéressé que lui ; tout ce qu'il a ne lui appartient plus, tout est à l'hôte dont il a pris la main, et loin de chercher à lui nuire, il n'hésitera pas à braver le danger, la mort même pour lui. — Les Blancs qui peuplent aujourd'hui les vastes contrées de l'Amérique du Nord, ont su quelles avaient été la bonté et la générosité des Indiens pour leurs pères, quand ils vinrent pauvres et dénués de tout, leur demander de leur céder un coin de terre pour s'y établir; ils n'auraient pas dû l'oublier. Cet oubli est plus que de la cruauté de leur part, c'est de l'ingratitude, vice affreux que l'Indien ne connaît pas. — Comment le Peau-Rouge qui accueillit le Blanc avec tant de cordialité et de bienveillance pourrait-il aimer ce même Blanc qui l'a dépouillé de ses possessions, qui lui rogne tous les jours une part de la terre qui le porte, une part du ciel qui l'abrite, et ne pas se montrer, quand il le peut, vindicatif et cruel contre lui ? — Faible aujourd'hui, par suite de la rapacité des Blancs, il se souvient de la grandeur et de la puissance de ses ancêtres, il revit par la pensée dans ces temps merveilleux où ils pouvaient sans obstacles et dans des étendues sans limites, chasser l'ours dans la forêt, l'élan sur la montagne, le buffle dans la prairie, et le castor dans les eaux, et à ce souvenir il sent monter comme des flots la colère et la haine dans son âme : et si l'occasion se présente, à défaut d'autres armes, contre celui qui l'a privé de tout ce qu'il aimait, il a recours à la vengeance et à la cruauté, qui sont les armes du faible contre le puissant lorsque le faible n'est guidé que par la loi de nature, et n'est pas retenu par la loi de Dieu.

« L'Indien, écrivait le P. Hoëcken, qui connaissait bien les sauvages, au R. P. de Smet, qui ne les connaissait pas moins, ayant passé la meilleure partie de sa vie avec eux : l'Indien est souvent décrié comme un être entièrement dépourvu de sentiments humains, incapable de reconnaissance, ne respirant que haine sauvage, que vengeance et cruauté, mais il a réellement dans sa nature inculte et indomptée autant d'impulsion généreuse que dans un individu d'aucune autre race. Il ne lui manque que l'influence civilisatrice de la religion catholique pour produire au dehors les plus touchantes expressions de son cœur. »

Ce témoignage d'un Blanc qui eut toujours à se féliciter de ses rapports avec les sauvages, de leur affection et de leur cordialité, parce que lui-même se montra toujours affectueux et cordial pour eux, n'a-t-il pas plus de force et d'autorité que celui de persécuteurs acharnés qui n'ont qu'un but : non pas seulement prendre les Indiens en faute, mais les mettre en faute, pour les piller et les massacrer sans pitié ?

En vérité, il faut être singulièrement éhonté et être bien sûr de ne pas trouver de contradicteur pour oser taxer de cruauté des gens que l'on pressure, que l'on torture d'un manière impitoyable.

Il est de mode aujourd'hui dans l'Amérique du Nord de faire retomber sur les Indiens tous les méfaits qui se commettent dans l'étendue des territoires encore vastes que leur concèdent les traités. Les personnes sérieuses savent bien que la plupart du temps ces accusations sont tout à fait sans créance, mais les calomnies les plus fausses trouvent toujours des oreilles préparées pour les recevoir, des esprits disposés pour les croire, et cela suffit aux gouvernants et aux politiques qui ont pris à tâche de fausser l'opinion sur le vrai caractère des Indiens, afin de l'empêcher de s'apitoyer sur le triste sort qui leur est réservé.

Si, dans le Minésota, dans le Dacotah, dans le Texas, et dans toutes ces régions récemment ouvertes aux soi-disant pionniers de la civilisation, mais parcourues encore par des hordes nombreuses de Peaux-Rouges, des Blancs se disputent et s'attaquent, et font jouer le revolver ou le couteau, ce qui n'est pas rare de l'autre côté de l'Océan, ce sont les Indiens qui en sont responsables et en portent la peine ; si des mineurs et des chercheurs d'or, après avoir découvert un riche filon ou un *placer*, s'égorgent pour en garder la possession sans partage, ce sont les Indiens qui sont les auteurs du forfait ; si plusieurs Blancs se liguent pour attendre dans le désert, attaquer et piller des voyageurs, des colons, des convois, le coup réussi, ils sont les premiers à crier que ce sont les Indiens qui l'ont fait.

Pauvres, pauvres Indiens ! — Ils sont obligés de tout souffrir, de tout endurer sans se plaindre, et l'on s'étonne que parfois ils se réveillent, et que leur colère trop longtemps contenue se manifeste par des excès de désespoir et de fureur.

Toujours les États-Unis ont été barbares à leur endroit, et toujours les États-Unis les ont accusés de barbarie. C'est la sempiternelle histoire du voleur qui crie qu'il est volé afin de détourner les soupçons et de garder ce qu'il a pris.

En 1857, le secrétaire de l'Intérieur, avec une franchise qui l'honore, dénonçait au congrès la mauvaise politique dont on avait toujours usé envers les Indiens, et ne craignait pas de rendre aux représentants des États le reproche de cruauté dont ils les accusaient.

« Jusqu'à présent, disait-il, les Peaux-Rouges se sont trouvés à la merci, en quelque sorte, de Blancs sans aveu ; ceux-ci, guidés par leurs passions effrénées, n'ont purement qu'un but vénal. Lorsque les Sauvages se trouvent, privés de protection, sous l'influence de tels hommes indignes, ils sont cruellement traités, et *souvent sans cause et sans motif ils sont massacrés*. Une vengeance sanglante, — et elle suit presque chaque attentat, — devient alors le thème général de la conversation et des journaux, sans montrer toutefois les circonstances de la cruelle provocation qui y a donné lieu. Une guerre de frontières s'élève ensuite entre les aborigènes et les nouveaux colons, qui se sont emparés des tribus indiennes ; et on invoque les forces du gouvernement pour protéger les Blancs. L'expédition a lieu, et elle exige de fortes dépenses. Un grand nombre de citoyens estimables y perdent la vie ; la guerre retarde les progrès du peuple et donne peu de sécurité aux colons ; elle finit souvent par l'anéantissement de tribus presque entières. Cette conduite, savoir la destruction d'un peuple que la Providence a placé sous notre sauvegarde, destruction qui prend naissance dans des causes pareilles, est indigne de notre civilisation, et révolte tout sentiment d'humanité. »

Voilà ce que pensait, en 1857, un Américain de bonne foi, que sa position mettait mieux que personne à même de connaître la question qu'il traitait. Croit-on que ces nobles et courageuses paroles aient changé quelque chose à la situation, et que, depuis qu'elles furent prononcées, on ait usé de ménagements à l'égard des sauvages ?

Non, la condition de ces infortunés n'a fait qu'empirer, et c'est toujours eux qu'on accuse.

Le *Monde* du 2 août 1878, qu'on remarque cette date ; il ne s'agit plus de 1857, mais de 1878, c'est-à-dire de faits arrivés il n'y a que quelques années, le *Monde* donnait sous ce titre :

« LES ATROCITÉS INDIENNES »

un émouvant article dont nous extrayons le passage suivant. — Nous appelons l'attention d'une manière toute spéciale sur le témoignage du général Crook, l'un des vainqueurs de Sitting-Bull, le collègue de Custer et de Miles dans la guerre indienne de 1876.

« Les États-Unis sont encore une fois en guerre avec les Indiens, et c'est assez dire que les États-Unis achèvent d'exterminer les débris des malheureuses populations autochtones de l'Amérique du Nord. S'inspirant des nobles exemples laissés par la France catholique au Canada, les Anglo-Saxons se seraient honorés en accordant une protection vigilante à ces fils du désert dont ils ravissaient tous les biens ; mais ils n'ont su que les avilir et les massacrer. C'est une longue et cruelle histoire ! Le *Times* de New-York la résume en quatre lignes : « Le seul pro-
« cédé de civilisation que nous ayons employé jusqu'ici
« a été le rude et cruel expédient de la guerre, l'écrase-
« ment de la race la plus faible par la plus forte. »

« Veut-on toucher du doigt en quelque sorte les causes immédiate d'une pareille abomination : eh bien ! qu'on écoute l'honorable général Crook, interrogé officiellement sur la présente levée de boucliers. Voici la dernière partie de sa déposition:

« C'est une triste chose que d'envoyer des soldats
« pour se faire tuer par les Indiens. C'en est une plus
« triste d'être forcé de tuer les Indiens quand ils sont
« manifestement dans leur droit... En ce qui concerne
« les Bannoks, j'étais là au printemps dernier, et je les
« ai trouvés dans une condition désespérée. J'ai télégra-
« phié pour obtenir des provisions ; on m'a répondu que
« les crédits étaient épuisés. Ils n'ont jamais été qu'à
« moitié approvisionnés. L'agent les a envoyés au
« dehors pour tâcher de ramasser quelque chose pour
« vivre ; mais il n'y a rien pour les faire vivre dans ce
« pays. Que peuvent-ils faire ? La faim les regarde en
« face, et s'ils attendent, ils ne seront plus capables de
« combattre... Ces prairies (les Camas, sur lesquelles
« ils ont empiété) sont leur seule ressource. Elles sont
« couvertes d'eau d'avril à juin ou juillet, et il y a une
« espèce de racine qui y croît à cette époque, et qui
« ressemble à des patates douces. Une femme peut alors
« en recueillir plusieurs boisseaux dans un jour. Cette
« racine est leur principale nourriture... Je ne m'étonne
« pas, et vous ne devez pas vous étonner davantage
« que, lorsque ces Indiens voient leurs femmes et leurs
« enfants mourir de faim et leurs derniers aliments sup-
« primés, ils aient recours à la guerre. Alors, on nous
« envoie pour les tuer. C'est odieux... Toutes les tribus
« racontent la même histoire. Elles sont entourées de
« tous côtés ; le gibier est refoulé ou détruit, et il ne leur
« reste qu'une chose à faire : se battre pendant qu'ils le
« peuvent. »

L'article du *Monde* auquel nous avons emprunté la citation qui précède se terminait par la navrante page qu'on va lire, et qui montrera à nos lecteurs quel genre d'agents le gouvernement américain envoie aux Indiens pour les ramener dans les sentiers de la douceur et de l'humanité.

« Le 11 de ce mois, le commissaire Hayt est arrivé inopinément à l'Agence de Crow-Creek, et a immédiatement pris possession des bureaux de l'agent indien, le docteur Livingston. La surprise a été complète, et l'habitude de l'impunité a rendu l'enquête facile. Le commissaire n'a pas eu plus tôt pris possession des livres et des papiers de l'agence, qu'il y a trouvé des preuves innombrables de fraudes, de dilapidations, de vols et de falsifications. Les affidavits, les faux mandats, les faux états de dépenses font remonter la spoliation jusqu'en 1870, époque de la nomination du docteur Livingston, pauvre alors, et aujourd'hui à la tête d'une fortune colossale. Il est propriétaire de biens-fonds considérables et actionnaire de trois mines d'argent dans le Nevada. Comment cette fortune s'est accumulée, cela est démontré par les révélations acquises.

« Le docteur Livingston et ses complices possèdent deux *ranchos* entretenus de bestiaux, de rations, etc., régulièrement fournis par les agences de Crow-Creek et de Cheyenne. Ils ont monté un hôtel dont toutes les provisions, viande, lait, légumes, proviennent également du gouvernement. Les bois de l'agence sont vendus aux steamers, et les fourrages aux caravanes des Black-Hills. Les annuités indiennes sont vendues de la même façon. Deux chargements de steamers, destinés aux Indiens de l'agence de Lower Brulé ont été déchargés à Crow-Creek et accaparés par le docteur Livingston. Quand les Indiens affamés réclament des aliments, il leur est répondu par des fins de non-recevoir fondées sur quelque délit imaginaire, et ils n'ont d'autres ressources que la résignation. Des rations et des annuités sont portées en compte pour trois cents Indiens de plus qu'il n'y en a dans la réserve.

« Les crédits votés par le Congrès pour l'agence se sont élevés à 170,000 dollars sous l'administration de Livingston, et la plus grande partie a été appropriée à son usage. Les faux ordonnancements connus jusqu'ici sont déjà au nombre de 150, variant de 50 à 1500 dollars. Presque tous les employés et sous-agents étaient dans la complicité du docteur et en partageaient les profits. Dans l'atelier du charpentier on a trouvé cachées quatre mille livres de tabac, et une grande quantité de barils de sucre dans celui du forgeron. Bref, l'agence entière était une vaste exploitation dans laquelle le gouvernement et les Indiens étaient également volés ; ceux-ci ne comptaient que pour la quantité de subsides fournis par celui-là, qui à son tour n'avait d'autre fonction que de faire la fortune d'une poignée de concussionnaires, en imposant la soumission à leurs victimes.

« Ces témoignages sont irrécusables, et il serait facile de les multiplier par centaines sans sortir de l'époque actuelle, sans remonter à l'origine du système dont nous voyons les odieux résultats. Mais à quoi bon ? Des révélations succèdent aux révélations, et le cours des scandales n'en est jamais interrompu. Il y a, dans les sphères gouvernementales de Washington, un parti pris de tolérer le mal, si ce n'est de l'encourager. La justice de la

République fédérale consiste à remplacer quelquefois les voleurs des agences indiennes par d'autres voleurs, et non à les punir. Il n'y a pas d'exemple d'un seul d'entre eux à qui l'on ait fait rendre gorge. Les Peaux-Rouges, sont leur proie naturelle, leur grenier d'abondance, la banque où ils s'emplissent les poches. Devenus riches ils sont des personnages considérables et fort respectés L'horrible docteur Livingston, dont il vient d'être parlé ne tardera sans doute point à figurer parmi les membre du Congrès; ses *moyens* lui permettent désormais d'aspirer aux nobles fonctions de l'État. Il est *riche !* ce seul mot amnistie, justifie et glorifie toutes ses fraudes. Ah ! le « dieu dollard » est un dieu commode : il ne regarde ni aux mains, ni à la conscience de ses fidèles [1].

« A. D. »

Nous pourrions multiplier ces citations à l'infini. L'histoire des États-Unis, dans ces dernières années surtout, est pleine de faits de cette nature. On leur oppose, il est vrai, les fréquentes révoltes des Indiens le massacre des colons, des mineurs, et des massacres plus gigantesques, tel que le massacre d'un régiment tout entier commis par le capitaine Jak dans les Black-Hills, tels que le massacre de l'armée de Custer par le grand-chef des Sioux.

Mais ces derniers massacres peuvent-ils être des griefs? — Ne sont-ils pas des faits de guerre plutôt que des actes cruels? Les Américains ont été battus et ont été tués, c'est la triste loi de la guerre, si ce n'en est pas le droit. Que pouvaient faire les Indiens? — Avaient-ils les moyens de traîner des prisonniers à leur suite? —

[1] *Monde* du 2 août 1878.

Trompés si souvent par leurs ennemis, après les avoir cernés et réduits à l'impuissance, devaient-ils se fier à eux et les renvoyer sur parole? — Sans doute cela eût mieux valu, mais la guerre a ses rigueurs, et Custer et les siens ont été les victimes de la victoire et du courage, plutôt que de la cruauté des Indiens.

Pour terminer ce premier grief des Américains et leur en laisser tout le poids, voilà dans son horreur, le récit d'un massacre de sauvages commis par les soldats de l'Union dans les premiers jours de la présente année. Nous le reproduisons intégralement, avec l'accent d'indignation, et les réflexions qu'il arrache à l'auteur.

FEMME DE LA TRIBU DES SIOUX

LES CHEYENNES

« Non, à moins d'avoir un cœur de pierre, il est impossible de ne pas ressentir de pareilles abominations ! Les Américains du Nord semblent avoir juré de ne pas laisser debout un seul des Indiens cantonnés sur leur vaste territoire. Ils viennent d'exterminer le dernier débris de la tribu des Cheyennes. Voici brièvement, d'après le *Courrier des États-Unis*, les atroces circonstances de cette boucherie :

« Dans les premiers jours de septembre 1878, les Cheyennes s'échappent de leurs réserves parce que *les autorités fédérales manquent à toutes leurs promesses, et qu'ils y meurent littéralement de faim.*
« Leur fuite est un crime pour le gouvernement des États, qui ne leur reconnaît pas le droit de se soustraire à la misère, à la faim, à la mort.
« On leur suppose l'intention de marcher vers le nord pour joindre les Sioux, qui recommencent à remuer. Des troupes sont réunies et la chasse commence.
« Le 13 septembre eut lieu une première rencontre.

Puis suivirent plusieurs escarmouches, et le 27 un combat en règle, dans lequel fut tué le colonel Lewis. Cependant, les Indiens sont cernés, leurs ennemis croient les tenir à merci, mais ils profitent des ombres de la nuit pour se glisser à travers la ligne d'investissement, et le lendemain matin il n'en reste plus trace.

« Le 29 et le 30 ils se montrent dans la vallée de la Republican-River (Kansas), tuent des colons et saccagent les fermes. Repoussés et presque toujours privés de nourriture, ils sont enfin capturés, le 26 octobre, par le capitaine Carleton, qui les dirige aussitôt sur le fort Robinson (Nebraska). A mi-chemin, ils refusent d'aller plus loin si on ne leur dit la place de leur destination, et affirment qu'ils préfèrent mourir plutôt que de retourner à la réserve. Toutefois, l'escorte parvient à les entraîner au camp Robinson, où on les interne en attendant des ordres.

« Ces ordres arrivent du département de l'Intérieur. Les captifs, reconnus pour avoir pris part aux meurtres de la Republican-River, seront conduits au Kansas et livrés à la justice criminelle, les autres seront renvoyés à leur ancienne réserve. Mais la bande tout entière refuse de partir ; ces malheureux ne veulent pas se séparer ! Alors, pour les obliger à céder, on les prive d'aliments et de combustibles en plein mois de janvier, sous un ciel d'une rigueur excessive. Ils tiennent bon. Leurs cruels gardiens, leurs bourreaux, ont comme l'ombre d'un remords : ils offrent de nourrir et de chauffer les plus jeunes enfants. Un chant de mort, puis un chant de guerre, voilà la seule réponse qu'ils obtiennent. Nul n'approfondira jamais le stoïcisme de ces âmes de Peaux-Rouges ! Enfin, dans la nuit du 9, n'en pouvant plus de faim, les Indiens trouvent des issues ouvertes, s'y précipitent en masses, forcent les postes, et gagnent le large, non sans avoir tué ou blessé plusieurs soldats et perdu nombre des leurs. Ils sont cent quarante.

« Sont-ils sauvés ?... Hélas! ils courent au terme fatal de leurs effroyables misères. Le 15, à deux heures et demie de l'après-midi, quatre compagnies de cavalerie, acharnées à leur poursuite, les surprennent dans une petite gorge, entre Fort-Robinson et Hat-Creek. Ils ne sont plus que trente-deux guerriers. L'attaque commence aussitôt par un feu meurtrier ; au bout de quelques instants leurs munitions sont épuisées ; ils veulent s'élancer le couteau à la main sur la troupe ; « mais, dit le rapport « officiel, avant qu'ils eussent fait beaucoup de pas, les « soldats ont tiré une volée, et tout a été fini. »

Parmi les morts du ravin il y avait quatre femmes et deux babies. Un jeune homme, cinq femmes blessées, trois autres non blessées ont pu être saisis vivants. C'est presque une consolation de penser que leurs compagnons de fuite ne souffriront plus du manque de pain ou de gibier...

« Une mauvaise foi outée, une hypocrisie abjecte, le vol, la spoliation, la corruption, la force brutale, tels sont les moyens auxquels les Anglo-Saxons de l'Amérique du Nord peuvent se vanter d'avoir eu recours pour *civiliser* les anciens maîtres de leur continent. Nous ne connaissons pas d'histoire plus lamentable, plus poignante, que cette histoire d'une puissante nation occupée à pervertir et à détruire des peuplades auxquelles elle devait aide et protection. Il n'y a pas à répliquer : ce ne sont que des *sauvages !*... Jésus-Christ n'est-il pas descendu sur la terre aussi bien pour les sauvages que pour les messieurs ou les « gentlemen » mangeant des faisans rôtis et couchant sous de chaudes couvertures?... Est-ce que le devoir des forts n'est pas de soutenir fraternellement les petits et les faibles?... Est-ce que, en un mot, il y a deux justices aux yeux du Dieu vengeur devant lequel nous comparaîtrons tous?...

« Ah! s'il est un pays à l'est de l'Atlantique où l'on devrait s'indigner de ces calamités lointaines, c'est bien dans le vieux pays des Gaules!... La race indomptable, nos missionnaires la soumettaient au joug du Fils de Marie. Les prodiges de leur zèle apostolique commencent à être l'une des merveilles de l'histoire. Seuls, le défaut de temps et de néfastes circonstances empêchèrent le triomphe de la foi le long du Saint-Laurent et des Grands-Lacs. L'aimable, le généreux caractère de nos ancêtres séduisit également les farouches enfants du désert. Élévation vers le Ciel et gentilhommerie répondaient à leurs secrets instincts. Aussi, quand sonna l'heure de la lutte suprême, le grand Montcalm, presque abandonné de la mère-patrie, trouva autour de lui une armée de Hurons et d'Iroquois. De quelle manière ils servirent le drapeau des lis, une insulte l'apprend assez : les Anglais les appelaient *les chiens de Montcalm*. Au fond, l'expression est juste : ils eurent la *fidélité* du chien ! Le Canada perdu pour la France, ils allèrent jusqu'à former l'entreprise de le rendre à la France, et se virent presque sur le point de l'accomplir. New-York et Philadelphie tremblèrent. Le génie de Pontéac (sa statue est au Capitole de Washington) balançait le génie de Pitt et la fortune de l'Angleterre!... Mais ces choses sont oubliées dans la vieille terre des Gaules [1].

« Alexandre DELOUCHE. »

[1] *Monde*, 20 février 1879.

Le récit de ce forfait barbare, de cet exécrable massacre de femmes et d'enfants par des êtres qui se vantent d'avoir atteint l'apogée de la civilisation, et qui ont l'audace d'accuser ceux qu'ils tuent d'être cruels et inhumains, est confirmé par la correspondance américaine du *Siècle*, numéro du 8 mars 1879.

Voici ce qu'écrivait à cette date, sous le titre significatif : *Pauvres Peaux-Rouges!* le correspondant de New-York du journal *libre penseur*.

« Nous ne sommes pas au bout de nos enquêtes, et ce n'est pas seulement chez vous qu'on nomme des commissions. Ce mode d'opérer est aussi en grande faveur aux États-Unis. Le sénat vient de nommer un comité de cinq membres pour faire une enquête sur le soulèvement des Indiens Cheyennes, sur leur fuite du fort Robinson, et sur le massacre qui s'en est suivi. Presque tous les guerriers valides ont été tués, et il reste aujourd'hui bien peu de membres vivants de cette vaillante et infortunée tribu. Que dira l'enquête? Aucune chose qu'on ne sache déjà. Les Cheyennes n'ont pas voulu accepter le cantonnement qu'on leur offrait dans le sud. Ils se sont enfuis, ont voulu remonter vers le nord, dans leur ancienne réserve. La troupe les a poursuivis, traqués, massacrés. « Ils ont préféré, disaient-ils, mourir d'une balle que « mourir de froid ou de faim. » C'était leur droit.

« Aujourd'hui les rares survivants du massacre sont en prison à Sydney, État de Nebraska. Ils sont là une vingtaine, dont quinze femmes et enfants, couverts de blessures, les hommes chargés de fers. L'autre jour, un d'eux s'est tué de désespoir, d'autres disent que c'est sa femme qui l'a tué pour qu'il échappât à la honte de rester prisonnier. Avant de s'éteindre, il a entonné le chant de mort, à la mode indienne. Le projet du gouvernement est de livrer ces Peaux-Rouges à la justice civile, mais comment instruira-t-on ce procès ? Un des Indiens prisonniers, *Le Sanglier*, a dit que pendant leur longue marche, alors qu'ils étaient impitoyablement poursuivis et traqués par les soldats, ils n'avaient pas usé de représailles à l'egard des Blancs, et n'avaient pillé aucune ferme, ni assassiné aucun colon.

« Toutefois c'est de cela qu'on les accuse, et l'on craint que le jury ne se montre impitoyable quand ils passeront en jugement. Pauvres Peaux-Rouges ! pauvres tribus du Grand-Ouest, leur heure dernière est venue[1] ! »

[1] *Siècle*, 8 mars 1879.

DEUXIÈME GRIEF DES AMÉRICAINS CONTRE LES INDIENS

Le second grief du gouvernement des États-Unis contre les Indiens est ainsi formulé :

Les Indiens sont fourbes, dissimulés, perfides. Il n'y a pas moyen de se fier à leur parole, et de se lier par traité avec eux.

Après ce que nous avons dit au cours de notre ouvrage, et en se rappelant les plaintes si énergiques de Sitting-Bull dans l'assemblée des chefs, on ne peut manquer d'être étonné d'entendre les Américains articuler ce grief.

Mais c'est précisément parce que les Indiens se sont toujours fiés aux promesses de leurs adversaires et qu'ils se sont toujours vus tromper par eux ; c'est précisément parce qu'aucun des traités passés avec les Blancs ne leur a réussi, que les pauvres Indiens n'osent plus se fier aux Blancs, et ne considèrent les nouveaux traités qu'ils font sous le coup de la nécessité que comme des moyens de s'enfoncer plus avant dans l'abîme où ils voient sombrer leurs races, leurs tribus, leur nationalité, leur patrie.

Le P. Mesplier, qui fut pendant trente ans missionnaire chez les Indiens du Far-West, dans un entretien que le

New-York Herald rapportait en l'année 1877, ne croit pas s'avancer, en affirmant que, dans toutes les guerres, et dans toutes les prises d'armes récentes de la part des Indiens, les premiers torts doivent toujours retomber sur le *manque de parole* et les vexations des agents américains.

Ce digne père arrivait de France à New-York dans le printemps de 1849, et se dirigeait immédiatement vers l'Ouest pour évangéliser les sauvages. Il ne les a presque point quittés depuis. Il est donc bien à même de connaître leur caractère, leurs passions bonnes ou mauvaises, leurs défauts aussi bien que leurs vertus.

Or, loin de les accuser de fourberie, il vante au contraire leur franchise et leur droiture.

Dans les territoires de Washington et d'Orégon, où son apostolat s'est surtout exercé, il a été témoin des guerres sanglantes que les tribus se livraient entre elles ou contre les troupes fédérales; il était l'ami du grand-chef Kamiakan, dont les Américains n'ont pas perdu le souvenir, car il leur avait fait éprouver des pertes cruelles, surtout pendant la guerre d'Orégon, qui dura trois ans, et de toutes ces guerres dont il fut témoin les premières causes, selon lui, furent toujours la duplicité, la fausseté, la rapacité et la méchanceté des Blancs.

« La guerre contre les *Indiens-Serpents*, en 1862, celle contre les *Modocs*, en 1871, la guerre des *Sioux* où se distingua Sitting-Bull, la guerre plus récente contre les *Nez-Percés*, ont toujours été causées par le fait des agents de la République, qui refusaient aux Indiens ce qui leur était concédé par les traités. Ce sont les quakers et les mineurs qui ont allumé la guerre des Sioux, c'est un fait acquis. Les Indiens n'ont fait que tirer vengeance des injures qu'ils souffraient. Suivant le P. Mesplier, et nous sommes heureux *de pouvoir rapporter ce témoignage*, Sitting-Bull est un grand caractère, un type indien ; il **aurait été baptisé par le P. de Smet, et sait parler anglais et français. Il ne consentira jamais à retourner dans les États-Unis, car il se défie de la parole des Américains. Les missionnaires seuls pourraient l'y déterminer** [1]. »

D'après le missionnaire, les Indiens sont plus intelligents qu'on ne le suppose ; ils *aiment la franchise et la droiture ;* avant de se lier, ils veulent connaître ceux avec qui ils s'engagent ; s'ils sont trompés, vous ne traiterez plus avec eux. Voilà pourquoi ils sont si attachés aux Robes-Noires, qui ne mentent pas, et haïssent les Américains et les ministres protestants, qui les exploitent et les trompent toujours.

Nous dirons donc avec le P. Mesplier et tous ceux qui ont pu voir de près ce peuple décrié à dessein, que s'il est une vertu propre aux Indiens, c'est précisément la vertu opposée au défaut que lui reprochent ses ennemis ; c'est l'honnêteté, la droiture, la fidélité à leur parole et à leurs engagements.

Si, par fourberie, les Américains entendent que dans la guerre les Peaux-Rouges se cachent, dissimulent leurs desseins et leurs traces, et tombent sur leurs adversaires au moment où ils le soupçonnent le moins, ils ont raison, les Indiens sont fourbes et trompeurs.

Mais cette fourberie en est-elle une ? Est-ce bien là ce que l'on doit entendre par ce mot ? Les ruses de guerre doivent-elles être confondues avec ce vice honteux qui

---

[1] Conversation du P. Mesplier avec un reporter du *New-York Herald*, citée par le *Monde* dans sa correspondance particulière des États-Unis.

consiste à dire une chose pour en faire une autre, à promettre avec l'intention arrêtée de ne pas tenir ce qu'on promet, à signer un traité que l'on a déjà déchiré dans son cœur ? Non cela ne peut être. Les ruses de guerre sont permises à la guerre. Les Indiens en usent largement, elles sont toute leur tactique, tout leur art militaire, et ils n'en savent pas d'autre. S'en servir est leur droit, c'est à ceux qui les attaquent de se précautionner contre eux, et d'être plus fins, plus rusés, plus habiles. Ils ne sont ni fourbes, ni traîtres, ni dissimulés pour cela.

Les Indiens sont les esclaves d'une parole donnée. Ils comprennent moins l'utilité d'une signature au bas d'un traité. Quand ils ont dit à quelqu'un : « Je ferai ceci ! — Je m'engage à cela ! » c'est pour eux chose faite. Ils ne reviennent pas sur leur parole, à moins qu'on ne les en dégage, ou que le long temps ne la leur fasse oublier. Quant aux articles des traités que trop souvent on présente à leur acceptation quand ils sont réduits aux extrémités dernières, ils les acceptent et les signent, ne pouvant faire autrement ; mais ils ne se croient liés qu'autant que la nécessité dure, et disent volontiers qu'une signature n'oblige pas là où la main seule était, et où la volonté et l'esprit n'étaient pas.

Le *Bulletin français* (petit *Officiel*), dans son numéro du 8 décembre 1877, contenait le récit suivant, qui, à première vue, semble donner une apparence de raison au grief formulé par les Américains et que nous voulons réfuter ; mais qui, en réalité, et on s'en convaincra en le lisant attentivement, et par les réflexions dont nous le ferons suivre, est un puissant argument en faveur des Indiens. — Ce récit, de plus, fera connaître un caractère d'homme et un type de sauvage digne d'être mis à côté de Sitting-Bull ; car, dans cette race calomniée, ils sont loin d'être rares les types de courage, d'énergie et d'honneur.

Voici l'article du *Bulletin français* [1] :

« UNE TRIBU INDIENNE

« Les Indiens continuent, dit une correspondance du *Standard*, a être un objet d'intérêt aux États-Unis, mais l'attention s'est détournée des Sioux, pour se porter vers une autre tribu qui s'est rendue formidable dans l'Ouest pendant plusieurs mois, défiant les autorités civiles et militaires des États-Unis. Cette tribu s'est acquis une célébrité considérable, et, sous son redoutable chef Joseph, a lutté longtemps avec avantage contre le général Howard.

« Il y a environ quinze ans que les agents du gouvernement des États-Unis, informés des richesses minérales et des ressources que pouvaient fournir les pâturages du nord-ouest de l'Orégon, négocièrent un traité avec le chef des *Nez-Percés*, traité par lequel il fut convenu que les Indiens se retireraient dans des districts réservés du Montana, où le buffle est encore en abondance, mais dont le climat présente moins d'attraits pour les Blancs qui cherchent à former des établissements.

« Cependant on ne prit pas de mesures vigoureuses pour assurer l'exécution des engagements réciproques, et avec le temps le traité devint lettre morte aux yeux

[1] 8 décembre 1877.

des Indiens, dont les idées, en fait de géographie, ne sont pas très précises, et qui ne se montreraient guère disposés à émigrer s'ils n'y trouvaient leur avantage. Ils ont continué d'occuper la riche vallée du Salmon River (rivière du Saumon); une nouvelle génération a pris la place de celle qui avait fait le traité à moitié tombé dans l'oubli ; l'ancien chef était mort, et Joseph, son fils, avait pris le commandement de la tribu.

« Cependant les Blancs commencèrent à former des établissements, leur nombre s'accrut pendant ces dernières années, *et ils montrèrent peu de scrupule à respecter les droits des Indiens. De nombreuses querelles s'élevèrent, suscitées par la cupidité des Blancs qui trouvèrent généralement un appui dans les fonctionnaires américains.* Ils firent revivre le traité depuis longtemps oublié, et Joseph fut invité à quitter la place avec sa tribu.

« Celui-ci s'y refusa en soutenant que le consentement au traité donné par son père avait été extorqué par de fausses promesses. La mésintelligence éclata entre les deux races. L'Indien, après *s'être en vain adressé à la justice*, eut recours à la violence ; un sanglant massacre eut lieu au mois de mars dernier, massacre dont Joseph, individuellement, paraît n'avoir pas été responsable ; une déclaration de guerre en fut la conséquence.

« Le général Howard fut envoyé, avec quelques compagnies, pour réduire la tribu rebelle, qui ne comptait pas plus de trois ou quatre cents hommes en tout. Alors commença une retraite qui a été une source de difficultés pour l'expédition américaine. Chargé de s'emparer des Peaux-Rouges et de les subjuguer, le général Howard se trouva maintes fois en contact avec eux, mais presque dans chaque conflit, les Indiens réussirent à lui échapper avec peu ou point de pertes, tandis que Howard perdit beaucoup de monde non seulement dans les combats, mais par suite de la difficulté des marches dans une contrée tout à fait sauvage.

« La poursuite continua ainsi sur une distance de centaines de milles. Des renforts furent envoyés aux troupes harrassées du général Howard : mais celui-ci ne put saisir les Indiens, qui étaient toujours sur leurs gardes, et qui s'ouvraient par la force une route à travers l'Orégon et le Montana, dans la direction du nord-est, pour franchir, la frontière du Canada, où ils se seraient trouvés hors des atteintes de leur ennemi. *Le chef belliqueux des Sioux, Sitting-Bull, avait réussi déjà à effectuer sa retraite des Montagnes-Noires à la frontière du Canada, où il attend encore à l'abri de toute attaque des forces nouvelles.* Joseph a fait d'énergiques efforts pour aller en toute hâte rejoindre les Sioux ; mais quand il n'avait plus que quelques milles de marche pour assurer son triomphe, il rencontra un nouveau détachement de troupes sous la conduite du général Miles, qui avait été envoyé du Minesota pour couper la retraite aux Indiens dont le général Howard ne pouvait s'emparer.

« Un combat acharné suivit, qui dura plus de deux jours et qui se termina, le 5 octobre 1877, par la capitulation du chef des *Nez-Percés*. Le camp indien contenait seulement trois cent cinquante hommes, des femmes et des enfants ; il n'y avait que cent soixante guerriers combattants, et pourtant, pendant une retraite de près de 800 milles, la perte des Blancs n'avait pas été moindre de trois cents hommes tués ou blessés ; les blessés sont presque tous morts. Ainsi, autant qu'il est possible d'en faire l'évaluation, on peut dire que les pertes de l'armée civilisée ont été plus que doubles de celles des Indiens. Ceux-ci, dans leurs haltes, n'ont jamais manqué de se retrancher; chaque guerrier creusait pour lui-même un trou d'où il pouvait tirer; pour les femmes et les enfants, on creusait de profonds fossés, dans lesquels leur sécurité était assurée.

« Pendant les deux jours de combat, des blessés, de part et d'autre, tombèrent alternativement entre les mains de l'ennemi; mais on ne mentionne qu'un cas de mutilation, celle d'un soldat qui avait été si effroyablement blessé, qu'il demandait la mort à ceux qui l'avaient fait prisonnier. Les *Nez-Percés* se sont conduits pendant toute la durée de la lutte de manière à se placer, pour l'intrépidité et le courage, bien au-dessus de toutes les autres tribus indiennes qui ont jamais eu à combattre contre des troupes américaines. Reste à savoir ce qui adviendra du chef des Sioux, qui, du territoire canadien, défie ses ennemis.

« Si la précédente administration des États-Unis, ajoute le *Standard*, avait pris modèle sur la conduite de lord Dufferin dans le Canada, cette guerre aurait été évitée sans doute. Lord Dufferin pense que les Indiens doivent être amenés, par l'exemple et la persuasion, à ne pas attendre que l'extermination du buffle soit complète pour échanger la vie du chasseur contre celle de pasteurs et d'agriculteurs.

« Dans le Canada, les relations entre les races rouges et la race blanche ont été amicales, et lord Dufferin considère les Indiens comme une adjonction importante à la force et à l'industrie du Canada. Les Sioux, dont beaucoup, chassés du Minesota, se sont réfugiés dans le Canada, en 1863, sont devenus de laborieux agriculteurs, et même ceux des bandes les plus sauvages et qui se tiennent le plus à l'écart sont devenus, comme chasseurs, comme voyageurs et comme guides, un élément qui a sa valeur dans l'organisation générale de la colonie. Ces résultats doivent être attribués à la bonne influence des hommes de sang mêlé, aux égards que la compagnie d'Hudson a toujours montrés dans ses rapports avec la population indigène et à sa généreuse politique envers les Indiens des différents gouvernements du Canada. »

Le récit qu'on vient de lire prête à plusieurs réflexions.

Quelle fut la cause de la guerre entre les États-Unis et la tribu des *Nez-Percés*, d'après le *Bulletin Français*, qui, en sa qualité de journal officiel, est obligé de ne pas donner tort à un gouvernement allié ?

C'est un traité tombé en désuétude par la négligence des Blancs et par l'ignorance des Indiens, mais non par leur manque de foi. Quinze ans de possession sans conteste, après qu'ils eurent consenti à évacuer leur territoire, leur fit croire qu'ils y pouvaient rester, la prescription ayant créé un nouveau droit pour eux.

Après quinze ans pourtant les Blancs arrivent. Ils commencent à former des établissements. Le chef qui avait traité avec eux était mort, et son fils Joseph l'avait remplacé dans le commandement de la tribu. — Il reçoit les Blancs et ne demande pas mieux que de vivre côte à côte avec eux. Mais que font ceux-ci ? — Les mots que nous avons soulignés dans notre citation l'indiquent :

« Ils montrent peu de scrupules à respecter les droits des Indiens. »

« De nombreuses querelles s'élèvent, suscitées par leur cupidité. »

« Dans ces querelles ils trouvent généralement un appui dans les fonctionnaires américains. »

« Enfin ils font revivre le traité oublié, et invitent Joseph à quitter la place avec toute sa tribu. »

Le chef indien dans cette occurence a-t-il recours aux armes ? — Certes, s'il se fût écouté seul, il n'eût pas hésité. Son courage, son tempérament, son génie l'y portaient. Mais il est chef de peuple, et dans son peuple, il n'y a pas seulement des guerriers, il y a aussi des femmes et des enfants. Avant de les exposer aux dangers d'une guerre, il veut mettre tout le droit de son côté. Le consentement au traité donné par son père a été extorqué par de fausses promesses. Ces promesses n'ont pas été tenues, ce consentement doit être annulé ; tel est l'argument qu'il propose à la justice des Américains.

Mais la justice en Amérique n'est pas faite pour les Indiens. Ils n'ont d'autre droit que celui de céder à la force. Joseph en vain s'adresse à la justice. Il n'est pas écouté.

Alors les Indiens poussés à bout se soulèvent ; un massacre a lieu. Ce massacre s'accomplit sous le coup de l'indignation générale. Joseph n'en a pas donné l'ordre. Il n'y prend pas de part ; mais comme ce massacre doit attirer sur sa tribu la vengeance des Blancs, il en accepte les suites, lève la hache de guerre et se met à la tête des siens.

Quelle adresse ne déploie-t-il pas dans sa longue marche, à travers le désert, pour échapper au général Howard, avec les trois ou quatre cents hommes qu'il commande ?

L'antiquité et les temps modernes n'ont pas assez d'éloges pour ces dix mille Grecs et leur vaillant et habile général, qui, du fond de l'Asie, au milieu des dangers de toutes sortes, réussirent enfin à revenir sous le ciel de leur patrie.

Mais que dire de cette tribu sauvage, qui, sur une distance de plus de 800 milles, se retire dans un ordre admirable devant des forces supérieures qui la poursuivent et réussit plusieurs fois à leur faire subir des pertes considérables ? Et cette tribu n'est pas composée seulement de guerriers. — Il n'y a que cent soixante guerriers combattants ; le reste est une réunion de femmes et d'enfants qui accompagnent leurs époux et leurs pères pour fuir un sol inhospitalier ; et néanmoins, ces cent soixante guerriers, mal armés, mettent hors de combat plus de trois cents Américains ; jamais ils ne se laissent surprendre par eux ; si, dans leur longue retraite, ils sont obligés de s'arrêter et de camper, tout le monde se met à l'œuvre pour improviser des retranchements, qui puissent défier toute attaque.

Et voilà pourtant les hommes que l'on provoque, que l'on force au désespoir, que l'on abuse par des promesses et des traités, et que l'on accuse de manquer à leur foi, quand le manquement de foi de leurs adversaires les pousse à la révolte !

Mais laissons ce second grief aussi peu justifié que le premier, et passons à un troisième qui sera aussi le dernier que nous discuterons, car, en fin de compte, c'est lui qui les résume tous.

TROISIÈME GRIEF DES AMÉRICAINS CONTRE LES INDIENS

Les Indiens sont obstinément réfractaires à toute civilisation.

C'est ainsi que se formule ce dernier grief que nous voulons examiner.

Il s'agit de s'entendre d'abord sur cette prétendue civilisation que les Indiens repoussent, la seule que jusqu'ici les émissaires et les agents de la libre Amérique, par leurs dires, par leurs faits, par leurs gestes, aient essayé de lui donner.

Un homme qui repousse le poison qu'on voudrait infiltrer dans ses veines a-t-il tort, et n'est-ce pas le cas de l'Indien qui repousse la civilisation de l'Yankee qui vient à lui avec le vol, l'ivrognerie, la corruption et l'abrutissement à la main ?

Quand le paysan du Danube, dont parle La Fontaine, parut avec son sayon de poil de chèvre et sa ceinture de joncs marins, devant le sénat de Rome, il fit entendre ces fortes paroles :

« Nous cultivions en paix d'heureux champs, et nos mains
Étaient propres aux arts ainsi qu'au labourage :
  Qu'avez-vous appris aux Germains ?
  Ils ont l'adresse et le courage :

S'ils avaient eu l'avidité
Comme vous, et la violence,
Peut-être en votre place ils auraient la puissance,
Et sauraient en user sans inhumanité.
Celle que vos préteurs ont sur nous exercée
N'entre qu'à peine en la pensée.

. . . .

Rien ne suffit aux gens qui nous viennent de Rome !
La terre et le travail de l'homme
Font pour les assouvir des efforts superflus.

. . . .

Vos préteurs au malheur nous font joindre le crime.
Retirez-les : ils ne nous apprendront
Que la mollesse et que le vice ;
Les Germains comme eux deviendront
Gens de rapine et d'avarice. »

Un sauvage qui paraîtrait aujourd'hui devant le sénat de Washington, ne pourrait-il pas, et à meilleur droit, proférer les mêmes reproches ?

Les Blancs qui sont venus chez eux, n'y ont paru que pour leur faire du mal et les rendre pires qu'ils n'étaient auparavant.

Veut-on connaître l'étrange civilisation que les sauvages sont appelés à contempler aujourd'hui dans ces montagnes des Black-Hills qu'ils ont défendues jusqu'à ces dernières années contre l'envahissement des Blancs ?

— Qu'on lise le récit qui suit :

« COMMENT ON VIT

« DANS LES MINES DES BLACK-HILLS

« Un homme arrivant de *Deadwod-City*, la capitale des Black-Hills, passait dernièrement à Philadelphie et fournissait à un reporter quelques détails sur l'étrange vie des mineurs. Le voyageur conduisait la diligence de Deadwod, et les scènes dont il a été le témoin et l'acteur ne lui inspirent pas une grande confiance pour l'avenir des pays de l'Ouest ; il dit que Deadwod est la ville la plus diabolique et le lieu le plus infâme qui soit sur terre. Il revient dans *le pays de Dieu*, comme il appelle l'Est, pour y retirer quelque peu d'argent, et recommencer ensuite la vie d'aventures.

« Cet homme de Deadwod est un singulier type de l'Américain, dont l'exubérante activité ne trouve un champ libre que dans les déserts de l'Ouest.

« Sa vie est tout une histoire, plus étrange que celle qu'on lit dans les romans. Il appartient à une honorable et opulente famille. Un de ses oncles possède une immense fortune et brille dans le Sénat de l'État de New-York. Pour lui, dès son enfance, il a couru les aventures et a connu la bonne et la mauvaise existence. Sa passion pour les chevaux l'a conduit dans les cirques, et les grandes villes de l'Union ont pu admirer son adresse à conduire les chevaux. Il s'est bravement conduit durant la guerre de Sécession; puis, reprenant sa carrière de jockey, il a parcouru le monde. Dans l'espoir de réaliser une prompte fortune afin de se livrer à ses goûts de *high-life*, il accourut des premiers dans les régions aurifères des Black-Hills ; mais au lieu de travailler dans les mines, il crut plus avantageux de se mettre conducteur de voitures.

« Voici le résumé du dialogue que ce singulier personnage eut avec le reporter d'un journal :

« — Deadwod est-il un lieu aussi dépravé que le disent les feuilles de l'Ouest?

« — Bien pis qu'on ne le dit. Je ne sais ce que les journaux rapportent, mais j'affirme que le langage humain ne peut rien exprimer de plus monstrueux. Il n'y existe ni lois, ni jour du Seigneur; chaque homme est son propre juge, son revolver est son avocat, son jury, son exécuteur, surtout son exécuteur. Quant aux maisons de jeu, d'ivresse, de luttes, elles sont ouvertes nuit et jour. Vous ne connaîtriez pas le dimanche, si vous ne consultiez votre almanach.

« — Et quant aux meurtres?

« Oh ! nous en avons en abondance, mais on ne leur donne pas ce nom. On en compte environ trois par jours, et c'est une journée assez triste quand on ne parle pas d'un meurtre, et jamais le coroner ne fait une enquête ! Le jury se réunit une fois pour juger Mark, prévenu d'avoir tué John Bull, parce que ce dernier l'avait appelé menteur. Le jury l'acquitta et n'eût osé le condamner. Une autre fois le jury eut à juger un bandit qui avait tué un compagnon pour une différence d'opinions. Ah bien ! quoique le fait fût patent, que sept des jurés en eussent été témoins, le jury prononça ce verdict : Un tel a été tué par une personne inconnue. N'est-ce pas curieux ? Il y a des enterrements chaque jour, mais on y fait peu attention. Un jour on enterrait le maître d'un établissement de boissons. On voulut lui faire de pompeuses funérailles. Trois voitures, conduites par de joyeuses femmes, suivaient le corbillard. Je regardais passer la procession. Un voisin me dit :

« — Ah ! c'est une pique-nique, n'est-ce pas ? Il y a
« de la viande froide dans le wagon. »

« En vérité, ce langage me dégoûta.

« — Les prix sont-ils élevés?

« — Très élevés. On ne peut rien obtenir à moins d'un dollar. Je demandais une dose de sel dans un magasin, on me la fit payer 2 dollars. « C'est un peu cher ; « dans *le pays du Seigneur*, je l'aurais pour le quart de « cette somme. — C'est le prix de notre sel, me répon- « dit-on ; mais je puis vous donner une dose d'anti- « appétit, qui suffira pour toute la famille.

« — Que signifiait ce mot « une dose d'anti-appétit » ?

« — Du poison, je suppose...

« Celui qui veut travailler peut gagner 5 à 6 dollars par jour. Dans les mines, le prix régulier est de 6 dollars (31 fr.) ; mais on trouve les gens morts le lendemain. Vous pouvez vivre à bon marché, si vous faites vous-même votre cuisine, et ne dépensez que 6 dollars par semaine, à moins que vous ne soyez tué avant la fin. Pour moi, je n'ai pas travaillé dans les mines. Je préférais conduire les voitures et je me faisais 600 francs par mois ; mais je renonce au métier.

« Il s'arrêta gravement en achevant ces paroles, et sur la demande de la raison qui l'avait engagé à renoncer à cette profession, il répondit :

« — Oui, si j'avais continué, je serais mort en ce moment.

« — Les voitures sont-elles souvent volées ?

« — Elles sont toujours volées quand elles transportent de l'argent. Les commis des magasins et des banques savent quand on expédie des espèces ; ils en avertissent les voleurs, et ils partagent les bénéfices. Cela vous étonne ; eh bien ! les agents des compagnies de transport trempent dans le complot. Je rencontrai dans les rues, circulant librement, une douzaine de bandits qui avaient, la nuit précédente, attaqué et volé une voiture chargée d'espèces. J'ai été plusieurs fois arrêté, mais jamais quand je ne transportais pas de numéraire.

« — Comment vous arrêtent-ils ?

« — Ils vous interpellent quand vous êtes dans un endroit solitaire, et jamais ne répètent le mot de : *Stop*. La résistance est inutile, à moins que vous ne préfériez recevoir une dizaine de balles dans le corps. — Mon avant-dernier voyage fut amusant. Je conduisais deux Juifs qui voulaient ouvrir un magasin de bijouterie à Deadwod ; ils avaient une belle provision de bijoux, surtout un collier de diamants d'une belle grosseur. Les voleurs ne s'arrêtèrent pas à délier le sac, ils se contentèrent de couper la partie postérieure du vêtement des juifs, qui se lamentaient comme des enfants, et quand les voleurs furent partis, oh! comme ils blasphémaient! C'était scandaleux ! je n'ai jamais vu un stoc de joaillerie enlevé à si bas prix.

« Et le conducteur riait dans sa barbe, ce qui prouvait qu'il n'était pas trop fâché du vol commis au préjudice des Juifs.

« — Pourquoi avez-vous quitté votre profession ?

« — Oh ! oui ! j'oubliais de vous le dire ! vous savez qu'un agent du gouvernement vient à temps régulier percevoir des taxes. Un jour, il quitta Deadwod avec environ 10,000 dollars. Il s'assit près de moi, sur le devant de la voiture, portant l'argent sur lui et les yeux éveillés sur la route. Il avait une provision de revolvers. Vers minuit, nous étions à plusieurs milles de Deadwod, dans l'endroit le plus sauvage. Je présumais que c'était la place où nous serions attaqués, et je l'en avertis.

« Mais, que Dieu vous bénisse ! il n'en fut pas ému ; seulement, on lisait dans ses regards une détermination énergique ; pourtant, il ne dit pas un mot. Nous étions dans une gorge environnée de montagnes, le vestibule de l'enfer, et nous ouvrions nos oreilles.

« Bientôt nous entendons un bruit sourd d'abord, puis plus distinct ! C'était le trot de chevaux derrière nous. Je n'ai pas besoin de vous dire ce que cela signifiait : ils étaient en nombre et gagnaient du terrain sur nous. Je dis à mon voyageur que nous allions être arrêtés. Aussitôt il s'élance de la voiture, me dit de continuer ma route et d'aller l'attendre au sortir de la gorge. Je compris son jeu tout de suite, et j'avoue que c'était un coup d'audace. Il se cacha derrière un rocher et arma ses revolvers. Je m'avançai donc seul. Les voleurs tombèrent dans le piège ; ils s'approchèrent du wagon pour le fouiller. A ce moment, mon homme ouvrit le feu ; ses revolvers partaient comme des éclairs ; les voleurs ripostèrent ; on aurait dit une bataille en règle. Je ne sais pas s'il en tua quelques-uns, mais il en blessa plusieurs, et tous prirent la fuite comme s'ils avaient eu le diable à leurs trousses. Il me rejoignit ensuite, aussi calme qu'auparavant. Je vous le dis, c'était un fier camarade.

« Eh bien ! le jour suivant, à mon retour, je vis un des agents de la Compagnie le bras en écharpe, et j'entendis les habitants parler de cette affaire. Je dis à l'agent d'un air naïf.

« — Que vous est-il arrivé ?

« — Oh ! peu de chose ; un chien damné m'a mordu !

« — Oui, dis-je, ces chiens du Gouvernement mordent parfois, n'est-ce pas ?

« Il me reprocha de n'avoir pas fait un signal la nuit précédente, et il ajouta que la nuit suivante les camarades me surveilleraient. Je compris l'avis, et j'offris ma démission à la compagnie, à raison de ma santé. Les agents prirent à ma place un jeune Allemand, bon compagnon et habile conducteur. Je lui dis en ami de ne pas commencer son service la nuit suivante, car il s'en pourrait repentir. Il ne prêta pas attention à mes paroles. Je fus très fâché de sa persistance, car je savais qu'on l'attaquerait, le prenant pour moi.

« — Fut-il en effet assassiné ?

« — Vous avez pu lire dans les journaux que son cadavre a été trouvé dans la *Gorge de l'homme mort*. Je n'ai jamais vu un corps percé de tant de balles.

« J.-E. Martin. »

Ce récit est emprunté à la correspondance particulière du *Monde* du 21 septembre 1877.

Quand on songe que le peuple indien, heureux dans ses forêts et ses montagnes ne demandait qu'à y rester, et à continuer à vivre en paix de la vie de chasse et de pêche qui lui était accoutumée ; on se demande si ce n'est pas un crime de lèse-civilisation autant que de lèse-humanité, d'être allé l'y chercher et l'y poursuivre pour le rendre témoin de spectacles pareils.

Est-ce par ces assassinats, ces dépravations, ces vols, ces violences qu'on prétend le civiliser ? — Mieux vaudrait mille fois qu'il restât dans son ignorance !

Hélas ! la nature des Indiens est faible, car elle n'a pas pour se soutenir les ressources de l'instruction de la doctrine. — Elle est donc facilement accessible à la funeste contagion du mal et des mauvais exemples. Cette vie sans frein, sans loi, sans honnêteté, sans pudeur, de gens qui s'établissent chez eux comme les pionniers de la civilisation américaine, est bien faite pour corrompre dans leurs âmes tous les germes heureux que la main de Dieu y avait fait éclore, mais elle est loin de pouvoir servir à les améliorer, à les perfectionner, à les civiliser.

Il est notoire que tous ceux qui se sont occupés des Peaux-Rouges se sont toujours accordés à attribuer leurs vertus et leurs qualités à l'effet de leur heureux naturel, et leurs défauts et leurs vices à l'effet de leur commerce avec les Blancs.

On les dit ivrognes, débauchés et voleurs ; et en effet il y a des ivrognes, des débauchés et des voleurs chez eux ; mais n'y en a-t-il pas chez ceux qui les accusent, et l'argument du particulier au général a-t-il seulement de la valeur contre eux ?

S'ils sont ivrognes et voleurs, qui les a rendus tels ? Leurs civilisateurs, oui, leurs civilisateurs eux-mêmes !

C'est du Blanc que l'Indien a appris à connaître et à aimer l'eau-de-feu, cette eau qui l'abrutit ; c'est du Blanc qu'il l'achète. Il ne l'a pas inventée, cette eau funeste qui le livre pieds et poings liés à la fourberie et à la rapacité de ses ennemis. — L'Indien qui s'est abandonné une fois à cette détestable boisson est un Indien perdu. Il sacrifiera tout à la passion affreuse qui envahit son être. L'eau-de-feu qui entre dans sa cabane y fait entrer la misère avec elle, et bannit tous les nobles instincts et les généreux sentiments.

Nous citerons à ce propos une petite anecdote.

Le P. Bax, de la Compagnie de Jésus, faisait une instruction à des sauvages dans un village des Osages. Le sujet était l'intempérance. Il parlait des mauvaises suites de cette passion, de ses effets sur la santé, de la rapidité avec laquelle elle conduit les hommes au tombeau et les sépare de leurs femmes et de leurs enfants, que le Grand-Esprit leur avait confiés. Il ajoutait que le plaisir de la boisson était d'une courte durée, tandis que les punitions de l'ivrognerie seraient éternelles. Comme il finissait de parler, *Le Petit-Castor*, un des principaux chefs de la tribu, se leva et lui dit : « Mon père, ce que tu dis est vrai. Nous croyons tes paroles. Nous en avons vu beaucoup enterrés parce qu'ils aimaient et buvaient trop l'eau-de-feu. Une chose nous étonne pourtant. Nous sommes ignorants ; nous ne connaissons pas les livres ; nous n'avons jamais entendu les paroles du Grand-Esprit ; mais les Blancs qui connaissent les livres, qui ont de l'intelligence et qui ont entendu les commandements du Grand-Esprit, pourquoi boivent-ils cette eau-de-feu ? Pourquoi nous la vendent-ils ? ou pourquoi nous l'apportent-ils, tandis qu'ils savent que Dieu les voit ? »

C'est du Blanc aussi que l'Indien a appris à connaître l'or et à se soumettre à son empire. Il le foulait aux pieds dans les *placers* et dans les mines de ses collines. A l'or il préférait un collier de Wampun ou de coquillages, et il riait quand il voyait les premiers Blancs regarder avec curiosité puis emporter avec joie, puis revenir chercher les pierres jaunes et polies dont il était loin de soupçonner la valeur. Aujourd'hui qu'il a vu les Blancs se tuer pour l'or, qu'il voit un petit morceau d'or payer ses plus riches fourrures, s'il est déjà sur la voie de la perversion, il ne recule pas devant le pillage et le vol pour acquérir de l'or ; si, au contraire, il a gardé son âme fière et libre, telle que Dieu la lui a faite, il continue à fouler dédaigneusement les richesses qu'il sait cachées sous la terre de ses territoires, et préfère s'en priver plutôt que d'en user pour lui-même au risque d'allumer la convoitise des Blancs.

C'est ce que les chefs des Peaux-Rouges avaient longtemps fait pour les Black-Hills.

Ils avaient juré entre eux de ne jamais dévoiler l'existence des mines aurifères que les Montagnes-Noires contenaient dans leur sein. Est-il quelque chose de plus noble, de plus beau, de plus grand et de plus patriotique que ce serment de gens réduits à la misère, pouvant avoir de l'or, et préférant s'en passer plutôt que d'attirer chez eux leurs perfides oppresseurs, et de porter peut-être un coup funeste à la patrie ?

L'or, en effet, a toujours été le but qu'ont poursuivi les Blancs dans leur désir de s'étendre sur les possessions des Peaux-Rouges ; et leur zèle pour la civilisation et le progrès n'est qu'une feinte pour cacher leur soif et leur ardeur de l'or...

« J'ai connu, dit le P. de Smet, l'existence de métaux précieux dans l'Idaho depuis un bon nombre d'années, et cela m'a toujours rempli d'appréhensions pour l'avenir des tribus indiennes qui l'habitent.

« Le 3 septembre 1845, étant parmi les Indiens des montagnes, j'écrivais : « Pauvres et malheureux Indiens !
« ils foulent aux pieds sans les connaître, en les mépri-
« sant même, tant de trésors cachés ! Ils se contentent
« de la pêche, ils vivent de racines et de fruits ! ils pour-
« suivent paisiblement les animaux de la forêt... Ah ! ils
« trembleraient, les pauvres innocents, s'ils connaissaient
« l'histoire de cette longue liste de peuplades qui ont dis-
« paru de la terre, et dont les noms survivent à peine ;
« s'ils savaient que toutes les provinces qui recélaient
« autrefois ces richesses dans leur sein ont été envahies
« par la cupidité, et désolées par une civilisation cruelle,
« qui n'a apporté aux Indiens que des vices, et en a fait

« partout les tristes victimes de l'égoïsme et des passions
« mauvaises ! »

« Lorsque j'écrivais ce passage, je ne croyais pas la découverte de l'or aussi prochaine. Nous y sommes aujourd'hui, et ce courant incessant d'émigrations, qui vont se succéder comme les vagues de la mer, sera, je le crains, la source de la décadence, du malheur et de la ruine des pauvres Indiens [1]. »

Quelques années plus tard le même père écrivait :

« Les mines des Monts-Rocheux, sur la rivière aux Saumons, que j'ai connues depuis vingt années, viennent d'être découvertes récemment, et des milliers de mineurs s'y rendent, en ce moment, pour en prendre possession. Je crains que les pauvres Indiens ne tombent bientôt victimes de la rapacité des Blancs.

« L'arrivée des Blancs parmi les Indiens a toujours été funeste à ces derniers. Lorsque l'État de la Californie fut admis en 1850 dans l'Union Américaine, la population indienne dépassait cent mille âmes ; il n'en reste plus trente mille aujourd'hui. Les Blancs ont pris possession des terres des Indiens sans les en rémunérer ; ils ont enlevé les femmes et les enfants, les ont tués lâchement et de la manière la plus barbare. Ils ont chassé les Indiens loin de leurs anciens foyers et des tombeaux de leurs ancêtres pour aller périr de misère, après une vie très malheureuse, sur des plages désertes. Un jour viendra où le Ciel règlera les comptes d'un pays qui permet tant d'atrocités. »

Que dirait le bon père aujourd'hui, s'il pouvait voir de ses yeux les horreurs que l'amour de l'or fait com-

---

[1] Lettres du P. de Smet, troisième série, page 178.

mettre aux Black-Hills et les nouveaux malheurs qu'il a attirés sur la tête de ces pauvres Indiens qu'il a tant aimés ?

Le troisième grief des Américains contre les Indiens n'est donc pas mieux fondé que les deux autres.

Les Indiens ne sont pas obstinément rebelles à la civilisation. — Ils peuvent être civilisés. Nous dirons plus, ils ne demandent qu'à être civilisés, mais honnêtement et réellement civilisés.

Le fait est que les Américains ne tiennent nullement à civiliser les Indiens. Ils tiennent à les faire disparaître afin de s'emparer de leurs territoires ; ils tiennent à les exterminer. C'est le dernier mot de leur politique à l'égard des Peaux-Rouges.

Nous en avons l'aveu dépouillé d'artifice :

« L'Indien est destiné à disparaître à l'approche de l'homme blanc, et la seule question à résoudre, c'est celle de décider comment on peut s'y prendre avec avantage, et ce qu'il faut faire pour que la disparition de l'Indien de nos frontières, soit adoucie par des tempéraments ou des circonstances, qui puissent lui *procurer le moins de souffrances*, et à nous *aussi peu de frais que possible*. »

Ceci est extrait d'un rapport du capitaine Mullan, de l'armée des États-Unis, rapport imprimé par ordre et aux frais du gouvernement.

Nos lecteurs n'ont sans doute pas oublié cette autre parole d'un général américain, que nous avons citée dans *Sitting-Bull :*

« En fait d'Indiens leurs cadavres seuls peuvent être nos amis ! »

C'est donc malheureusement trop vrai, c'est l'extermination, ce n'est pas la civilisation des Indiens que l'on veut et que l'on poursuit. — Cette extermination est commencée en grand, elle s'achèvera au moyen de prétextes que les Blancs ne manqueront pas de faire surgir ou d'inventer eux-mêmes. La seule précaution à garder, c'est le capitaine Mullan qui le dit : c'est de les achever avec le moins de souffrances, et avec aussi peu de frais que possible !

Est-il rien de plus affreux et de plus barbare que ce rapprochement des dernières souffrances d'un peuple avec le prix qu'elles peuvent coûter ?

Le sang indien versé jusqu'à la dernière goutte ne pèserait pas d'un grand poids sur le gouvernement des États ; mais le nombre de dollars qu'il peut coûter à répandre effraye leur agent scrupuleux.

« Il faut achever les Indiens avec le moins de souffrances possible. — Mais il faut épargner les frais ! »

Oh ! si les Américains l'eussent permis, il y a longtemps que les sauvages seraient civilisés. Il y avait un moyen : ce moyen a été tenté, et ils en ont entravé la réalisation complète.

Ici nous laissons de nouveau avec plaisir la parole à un écrivain que nous avons plusieurs fois longuement cité au cours de cette étude : cet écrivain est l'habile collaborateur du *Monde*, M. Alexandre Delouche.

CATHOLICISME ET PROTESTANTISME

« Pour être des sauvages, les Indiens n'en sont pas moins nos semblables, et comme Jésus-Christ ne les a pas exclus de son héritage, nul n'est autorisé à les traiter en bêtes fauves. Objecter qu'ils sont réfractaires à la civilisation est un mensonge. Si les citoyens de l'Union américaine veulent s'en assurer, ils n'ont qu'à traverser leurs frontières du nord et du sud. Au Canada, les Indiens sont devenus agriculteurs et se sont adoucis au contact des Blancs, parce qu'il leur a été permis d'y vivre en paix ; et dans les immenses régions qui s'étendent du Rio-Bravo au cap Horn, ils ont survécu à toutes les vicissitudes de la conquête, s'élevant de degrés en degrés à la vie supérieure de leurs vainqueurs.

« Mais d'où peuvent donc provenir des différences si diamétralement opposées? Elles se résument toutes en deux mots : *catholicisme* et *protestantisme*.

« Comme une tendre mère ne vivant qu'en son fils et pour son fils, le catholicisme s'est imposé la charge de populations plongées dans les ténèbres de l'idolâtrie. Il les a éclairées de la plus sainte lumière dans la mesure où elles pouvaient la recevoir. Il a policé leurs habitudes, ennobli leurs mœurs, et s'est constamment montré le défenseur ardent de leurs intérêts matériels ou spirituels. A quelque point de vue qu'on envisage sa mission, il a été pour elles un flambeau, un appui et un rempart.

« O l'héroïque histoire ! et que notre patrie y tient une place sublime ! Il faudrait cependant lire en France, si on tient à apprendre les moyens de relever la France, ce que nos Récollets et nos Jésuites ont fait sur les bords du Saint-Laurent. Les générations viriles doivent être nourries de la moelle des lions, et ces agneaux de l'Évangile éclatèrent en paroles et en actes qui domptèrent les âmes féroces des Hurons et des Iroquois. Un exemple entre des centaines d'exemple : le P. Le Bœuf est lié au poteau fatal ; outrés de n'avoir pu lui arracher un signe de faiblesse, ses bourreaux lui mettent des charbons ardents dans la bouche, et, lui, il entonne un cantique, et la foule reste muette d'admiration, et lorsque sa voix s'éteint avec sa vie, chacun des spectateurs se précipite pour dévorer un morceau de son cœur, car le cœur d'un pareil homme devait donner du courage aux plus lâches. Après cela, un Français pouvait se promener en soutane le long des grands lacs sans crainte d'être traité de *femme*... Notons qu'à défaut de nos écrivains académiques, en quête de nobles sujets, un Américain M. F. Parkman, a raconté d'une plume émue ces « moinilleries » du vieux temps.

« Le protestantisme, au contraire, s'est comme claquemuré dans une boutique, et il n'en est jamais sorti que pour accompagner les colonnes expéditionnaires de l'armée fédérale. Né de la révolte des grands de la terre, il s'est exclu des miracles de la charité, et le wigwam de l'Indien lui a été une forteresse imprenable. Qui veut racheter les Infidèles, doit commencer par se vendre à la faim, à la soif, au dénuement, à la solitude, au froid, à la chaleur, au couteau, au bûcher, et c'est en quoi consiste le secret de la sainte Église catholique, apostolique et romaine. Les disciples de Martin Luther ont été incapables de le lui ravir.

« Un voyageur anglais bien connu, M. Hepworth Dixon, vient de constater une fois de plus cette double vérité, cette force vivifiante de l'Église et cette radicale impuissance du protestantisme, sinon en formules précises, du moins, ce qui est mieux, en reproduisant le témoignage des faits. Nous lui empruntons deux ou trois pages de son nouveau livre: *la Conquête de la race blanche* (*White conquest*), traduites ou condensées par Émile Montégut, dans la *Revue des Deux Mondes*. Les aveux des adversaires de notre foi, et M. Dixon est du nombre, sont surtout précieux à recueillir :

*
* *

« San Carlos, sur la côte de Californie, est une solitude charmante, proche voisine de l'Océan. Des œuvres de la main humaine il ne lui reste plus qu'une église en ruine. Cependant cette église conserve encore un fidèle : un chef sauvage centenaire vient une fois chaque année relever ce qu'il peut des pierres tombées, et renouveler les branches vertes qui marquent sur le parvis les tombes des Indiens convertis. Si quelque étranger désire connaître l'histoire de cette église, c'est à ce Sauvage qu'il doit s'adresser. Aujourd'hui âgé de cent vingt ans, il était un jeune homme lorsque les Espagnols débarquèrent sur cette côte. Une bande de Franciscains vint de Monterey et planta la croix sur le territoire appartenant à la tribu.

D'abord les Indiens se tinrent à l'écart et restèrent sur la défensive. Ces étrangers étaient venus d'au delà les mers comme des oiseaux, personne ne savait d'où. Pourquoi étaient-ils venus, si ce n'était pas pour voler les *squaws*, couper le gazon et prendre les cerfs et les antilopes? Cependant, lorsque les pères élevèrent l'image de la « belle femme blanche » (la Vierge), et chantèrent leur musique du monde des esprits, ils se glissèrent tous contre la clôture de briques séchées au soleil, afin de contempler cette image et d'écouter ce psaume. Puis, peu à peu, leurs craintes se calmèrent. En offrant de la nourriture aux affamés, des habits à ceux qui étaient nus, des potions aux malades, les bons pères s'ouvrirent l'accès de ces cœurs sauvages et soupçonneux. Ils dirent aux naturels qu'ils leur apportaient un message d'au delà des nuages. Le Grand-Esprit, leur ouvrant un nouveau et plus court chemin pour la terre des âmes, leur avait donné san Carlos, un des princes qui siègent en sa présence, pour leur guide et leur saint.

« Qui aurait pu repousser de tels maîtres? Les pères Franciscains étaient doux de discours et graves de mœurs. Pas un mensonge ne sortait de leurs lèvres, pas un vol ne pouvait leur être attribué. Ils ne chassaient aucun natif de sa hutte. Dans toutes leurs actions ils paraissaient les amis des Indiens. Ils le furent, en effet. Ils les avaient trouvés nus, logés dans des huttes sans art, se nourrissant de reptiles et de racines sauvages; ils leur apprirent à se vêtir, à faire cuire leurs aliments, à se construire des demeures, à cultiver les champs, à moudre le grin, à planter la vigne et l'olivier. En reconnaissance de ces bienfaits, les Bumsens,

— tel était le nom que portaient les Indiens de cette région, — se convertirent, et après eux leurs voisins, les Tulorenos, avec lesquels ils étaient en guerre depuis un temps immémorial. Dès lors ils entrèrent dans un état de société où l'on peut dire qu'ils ne connurent de la civilisation que ses douceurs, les Franciscains la leur dosant à leur force, et leur laissant toutes celles de leurs habitudes qui n'étaient pas offensantes pour la morale et la religion.

« M. Dixon, ajoute M. Émile Montégut, est singuliè-
« rement favorable au catholicisme comme instrument
« de civilisation et éducateur des races faibles et sau-
« vages. Selon lui, l'entreprise des Franciscains avait
« réussi aussi absolument que puisse réussir entreprise
« de ce genre. »

« Les États-Unis, eux aussi, ont réussi dans *leur entreprise*, et l'eau-de-feu a été leur missionnaire ; bientôt nous en verrons le couronnement. Mais, quoi qu'ils fassent, le vieillard à peau rouge dont il est parlé plus haut marchera comme une ombre à côté d'eux dans la postérité, et un jour, devant le tribunal de l'éternelle justice, il se lèvera en accusateur.

« Alexandre Delouche. »

Le moyen donc de civiliser les Indiens serait de favoriser les missions catholiques. Mais les gouvernants des États-Unis sont protestants, et ce sont leurs ministres qu'ils cherchent à favoriser au détriment des autres. Or autant les Indiens aiment les missionnaires catholiques, qu'ils appellent les Robes-Noires, autant ils se défient des protestants et des quakers, qui ne viennent chez eux que pour les exploiter.

En voici une preuve :

« Dans une de mes visites à un village des *Petits Osages*, écrivait le P. Bax au P. de Smet, ayant un interprète avec moi, j'entrai dans la loge du premier chef. En me présentant, je lui donnai la main comme preuve d'amitié.

« — Qui êtes-vous ? me dit-il.

« — Un tapouka ou missionnaire.

« Telle fut ma réponse.

« Pendant quelques instants, il baissa la tête sans dire mot. Ensuite, levant les yeux, il dit d'assez mauvaise humeur :

« — Les missionnaires n'ont jamais fait de bien à notre nation.

« L'interprète répondit que je n'appartenais pas à la classe de missionnaires qu'il avait vus; que j'étais un *tapouka* français, une *Robe-Noire*. — Alors la sérénité reparut sur le visage du chef, et il s'écria:

« — Voilà une bonne nouvelle !

« Il me donna aussitôt la main, appela sa femme et ses enfants, et ordonna qu'on me fît une soupe de buffle pour fêter mon arrivée. »

Le gouvernement des États-Unis n'ignore pas cette influence des missionnaires sur les sauvages, et la confiance que ces malheureux ont pour les Robes-Noires. Ils ne veulent pas s'en servir pour civiliser les sauvages, mais ils surent très bien y avoir recours, un jour qu'à bout de ressources et épuisés par les Indiens, ils sentirent le besoin, tout-puissants qu'ils étaient, de faire une halte dans la guerre d'extermination qu'ils les forçaient de soutenir.

C'était en 1863. N'ayant pu réduire les Sioux révoltés par les armes, et ayant eux-mêmes subi de grandes pertes en hommes et en argent, pour amener ces ennemis, qu'ils n'avaient pu vaincre, à se soumettre, ils invoquèrent l'assistance d'un missionnaire catholique, du P. de Smet, dont nous avons souvent emprunté les paroles.

Empruntons-les-lui encore pour apprendre de lui la mission dont il fut chargé, et nous convaincre une fois de plus des cruautés des Blancs envers les Peaux-Rouges, seules causes des rébellions fréquentes de ces derniers.

Le 29 mars 1863 le P. de Smet écrivait :

« ... Trois à quatre mille soldats partiront incessamment, pour aller soumettre les Sioux rebelles. — J'ai reçu, il y a quelques jours, une demande de la part du gouvernement, pour accompagner ses agents dans le territoire indien, en qualité de pacificateur, et amener les Indiens à une bonne entente avec les employés de leur Grand-Père de Washington.

« Dès qu'il me sera possible de quitter Saint-Louis, *Deo dante*, je me rendrai parmi celles des familles Siouses qui sont encore tranquilles, pour leur annoncer la parole du Seigneur, et les prémunir contre les conseils de leurs frères, qui font tout leur possible afin de les entraîner dans la guerre contre les Blancs. Avec l'aide de quelques bons chefs, il me sera peut-être possible et même facile de pénétrer parmi les bandes armées contre les États-Unis. J'ose espérer qu'ils m'admettront, sous le titre qu'ils m'accordent assez généralement, d'envoyé du Grand-Esprit. Ma réception serait bien différente si je me présentais dans la compagnie du général de l'armée américaine et des agents du gouvernement : à coup sûr, ma robe noire cesserait alors d'être pour moi un passe-port dans le pays indien. »

Le 16 avril de la même année, ayant reçu l'autorisation de ses supérieurs, il écrivait de nouveau :

« Je suis à la veille de mon départ. Le père supérieur m'envoie, sous la bonne garde de la Providence, auprès de ces terribles Sioux. J'y vais, non seulement en ma qualité de missionnaire, mais aussi comme pacificateur envoyé par le gouvernement de Washington, et pourvu de tous les pouvoirs nécessaires pour remplir cette importante, mission. Je ne prendrai avec moi qu'un interprète, et deux hommes pour avoir soin des campements de nuit, des chevaux et de la chasse. Dans tout cela, la seule chose qui me rassure et me console, c'est que je pars sous la direction de la sainte obéissance, et avec l'unique intention de faire, s'il est possible, quelque bien aux Blancs, qui sont aujourd'hui si exposés dans cette région lointaine, mais surtout aux malheureux sauvages qui se sont laissé entraîner par la fougue de leurs passions et par l'esprit de vengeance contre ceux qu'ils regardent, à bon droit, comme leurs oppresseurs. »

Enfin le 27 mars 1864, il écrivait encore pour rendre

compte de sa mission. Il avait trouvé bon accueil partout où il s'était présenté. On l'avait reçu comme un père et traité comme tel ; mais les esprits des Indiens étaient trop surexcités contre leurs ennemis pour que la mission de paix dont il était chargé pût réussir. Il concluait ainsi :

« Ma mission n'a pas été aussi heureuse, ni les fruits aussi abondants que je le désirais.

« ... La malheureuse guerre qui sévit aujourd'hui si cruellement dans toute l'étendue du Grand-Désert a été, comme tant d'autres guerres indiennes, provoquée, disent les pauvres sauvages, *par les nombreuses injustices et les méfaits commis par les Blancs et les agents mêmes du gouvernement.* Pendant des années ils se sont vus trompés dans la vente de leurs possessions territoriales, et ensuite par la soustraction, ou plutôt le vol ouvert des sommes immenses que le gouvernement devait leur payer en échange. Les Indiens, poussés à bout sans avoir pu obtenir justice de leurs adversaires, jettent enfin le terrible cri de guerre contre toute la race ennemie, et pour me servir de leurs propres paroles, *ils ont soif de sang; ils déterrent la hache de guerre; ils lèvent le casse-tête ; ils préparent les plumes d'aigle pour orner leurs coiffures.*

« ... Cette nouvelle guerre [1], d'après les rapports officiels, coûte déjà au gouvernement plus de 20 millions de dollars, environ 100 millions de francs. Dans ce pays, les spéculateurs, les entrepreneurs, les hommes politiques tarés, et mille individus de même acabit, font des efforts inouïs pour traîner cette malheureuse guerre en longueur ;

---

[1] Il s'agit de celle de 1863. Chaque année il y a eu une autre guerre depuis.

car c'est autant d'écus entrés dans leurs caisses. J'en parle pour vous donner une juste idée de la cause de cette guerre et de ses terribles conséquences [1]. »

⁎⁎⁎

Nous pourrions étendre ces citations et prolonger cette étude ; mais n'en avons-nous pas assez dit pour édifier nos lecteurs sur la mauvaise foi et la cruauté des Américains envers les Indiens ?

Nous avons établi que si les Indiens se montraient violents et cruels parfois, c'est qu'ils y étaient forcés par les perfidies, les vexations et les méchancetés des Blancs.

Nous avons établi que la fourberie n'était pas dans leur nature, et que les Blancs au contraire s'étaient toujours montrés fourbes et trompeurs envers eux.

Nous avons établi enfin qu'ils étaient accessibles à la civilisation chrétienne.

Quel serait donc, pour conclure, le moyen de terminer une bonne fois cette question indienne sans cesse renouvelée, sans que l'humanité, la justice et le droit eussent à en souffrir ?

Le moyen, ou plutôt les moyens, d'après l'opinion de gens qui ont étudié de près et à fond cette importante question, seraient les suivants :

Nous les énoncerons simplement sans entrer dans aucun développement.

1° Il faudrait que les États-Unis renonçassent au sys-

---

[1] Lettres du P. de Smet, troisième série, page 139 et suiv.

tème d'agences établies dans les réserves, et confiées à des commissaires sans pudeur, qui ne songent qu'à s'enrichir par tous les moyens aux dépens des Indiens.

2° Il faudrait confier les affaires indiennes aux officiers de l'armée, qui sauraient imposer plus de respect à ces peuples fiers et les traiteraient mieux que des agents civils sans prestige, et par conséquent sans autorité sur ces peuples, qui se laissent facilement prendre aux dehors brillants.

3° Il faudrait renoncer aux missions protestantes que les Indiens ne peuvent supporter et favoriser autant que possible l'agriculture et le travail.

4° Enfin il faudrait laisser le catholicisme agir librement chez ces peuples, et ne pas entraver la liberté et les moyens d'action des missionnaires catholiques.

C'est par le christianisme surtout que les États-Unis viendront à bout de résoudre le problème indien.

« Ce sera l'éternelle gloire du catholicisme d'avoir poursuivi partout, toujours et sans relâche, la moralisation des hommes par l'Évangile. Ce but élevé tout divin, l'épouse du Christ, dans sa mission de salut en ce monde, l'exerce sans distinction de race. Elle étend son influence bienfaisante et prodigue ses tendresses maternelles à tous les peuples de la terre, et c'est dans l'effusion de son amour pour eux qu'elle envoie à tous les deshérités de la lumière surnaturelle ou de la foi en Jésus-Christ, ces essaims de missionnaires aussi désintéressés que pleins de zèle qui ont toujours été sa joie, sa gloire et son honneur ! »

FIN

SYLVANOË

NOUVELLE INDIENNE

SYLVANOË

I

C'est l'heure des visions et des pâles fantômes.
C'est l'heure où les esprits des morts aiment à quitter le séjour qu'ils habitent pour venir s'asseoir près de la couche d'un frère ou d'un ami, et les consoler des douleurs de l'absence. La nuit règne dans toute la sombre et grandiose majesté qu'elle déploie au milieu des savanes et des forêts. Le vent agite et fait onduler les hautes herbes comme les flots d'une mer orageuse ; il secoue la cime des platanes, et produit en s'infiltrant dans le feuillage, une multitude de voix. Le tigre fait entendre ses rugissements formidables qui ébranlent les solitudes, et s'en vont, d'échos en échos, inspirer la terreur à tous les pauvres habitants du désert. — A droite, l'oreille est frappée d'un bruit sourd, lugubre et monotone, semblable à celui d'un fleuve qui roule majestueusement ses eaux sans rencontrer d'obstacle ; et à gauche retentissent les craquements multipliés des arbres qui se heurtent, les cris sinistres des oiseaux de nuit, et les petits cris de l'écureuil qui se joue sur les magnolias en fleurs.

La lune vient de percer le triple rideau de nuages qui obscurcissait sa clarté, et à sa lueur mystérieuse nous pouvons contempler le magnifique tableau qui se déroule à nos yeux.

Une large clairière, environnée de tous les côtés par des bois, s'étend jusqu'à un fleuve dont les eaux réfléchissent les pâles rayons de l'astre des nuits. — C'est le Meschacebé. — Une centaine de cabanes sont éparses sur sa rive ; et sans doute, les guerriers qui les habitent reposent dans les bras du sommeil, car nul bruit ne se fait entendre dans leur enceinte.

A quelque distance des cabanes se trouve un antique poteau consacré au puissant Areskoui, le dieu des combats. Un chêne séculaire le couvre de ses épais rameaux. Au pied de ce poteau la hache de la guerre est enterrée. Les chefs des tribus Osages aiment à venir à l'ombre de l'arbre fumer ensemble le calumet de paix. Mais quand Areskoui a soufflé ses fureurs dans le cœur des guerriers, quand ils se précipitent, plus rapides et plus impétueux qu'un torrent qui roule du sommet des montagnes sur les terres de leurs voisins, les Sioux ou les Pawnies, si quelques-uns de ces redoutables ennemis tombent en leur pouvoir, c'est encore à l'ombre de l'arbre qu'ils les immolent au Grand-Esprit. Alors, plus d'espoir pour le malheureux captif, il doit expirer au milieu des tourments la honte de sa défaite, et la hache ou le bûcher termineront ses jours, si dans la tribu ne se trouvent une femme, un guerrier, un jeune homme généreux qui l'adoptent pour frère, pour ami, pour époux.

Les wigwams plantés sur le bord du Meschacebé appartenaient à des Indiens Osages qui revenaient d'une expédition contre les Pawnies. Devant eux les ennemis s'étaient enfuis, et ils avaient réussi à s'emparer d'un jeune chef que l'ardeur emporta trop avant dans leurs rangs. Tant qu'il eut des flèches dans son carquois, et que sa hache ne fut pas brisée dans sa main, il se défendit vaillamment, et un grand nombre de braves parmi lesquels le fils du grand-chef, Moranis, mordirent la poussière autour de lui. — Mais enfin, environné de toutes parts, il fallut céder au nombre. Il tomba percé d'une flèche sur un monceau de cadavres. Les Osages qui le prirent vivant, eurent la cruauté de soigner ses blessures, et le rendirent à la santé et à la vie, la coutume de leur tribu lui réservant une mort mille fois plus terrible que a mort honorable trouvée dans le combat.

Il était maintenant attaché au fatal poteau, et il savait que l'aurore du lendemain éclairerait sa dernière heure ; et sur son visage marqué des tatouages de la guerre, bien loin de voir le moindre signe de crainte, on eût pu lire une sorte de contentement, un plaisir secret d'être bientôt aux prises avec le trépas. Presque nu, le corps peint des couleurs qui distinguent les Pawnies de tous les autres Peaux-Rouges, il conservait sous les lianes une attitude calme et fière, et dardait un œil de vautour sur les demeures de ses ennemis.

Tout à coup, à l'entrée de la principale cabane, un Osage vient de se montrer. Il s'arrête un instant sur le seuil et promène son regard à travers la clairière. En même temps son oreille attentive interroge tous les bruits d'alentour. — Au sommet des platanes agités par la brise, il n'entend que le chant lugubre du hibou. — Content de voir que tout dort, lui seul excepté, il s'avance, il marche dans la direction du grand chêne, en effleurant à peine de ses mocassins la surface de la mousse.

C'était un jeune homme dont le front pouvait marquer seize printemps. La hache tranchante et le tomahawk des guerriers ne pendaient pas à sa ceinture. Les tatouages ne défiguraient pas son beau visage.

Il s'approcha du captif, et lui mit la main sur l'épaule en signe d'amitié. Tous deux se regardèrent un moment en silence. — Le Pawnie prisonnier adressa le premier la parole à l'Osage :

— Qui es-tu ? lui demanda-t-il.

L'Osage d'une voix émue et triste répondit :

— Je suis Sylvanoë. Le Grand-chef Moranis est mon père. — Cruel, tu m'as enlevé le soleil de ma vie, le frère que j'aimais !

— Alors, reprit le captif d'un ton plein de fierté et d'amère ironie ; alors sans doute son esprit est venu te visiter pour t'engager à le venger. — Enfant, ce n'est pas encore l'heure. Retourne à ta cabane, et demain, à l'aurore, tu pourras constater avec tous les guerriers, qu'Agapis vous brave et méprise vos tortures.

Mais Sylvanoë :

— Non, Agapis, dit-il, non je ne constaterai pas cela avec les guerriers, car je ne te veux aucun mal. Je ne viens pas pour te maudire. Je viens pour te délivrer.

— Me délivrer ! s'écria le captif surpris...

Et son regard fixait le jeune homme, et semblait vouloir percer les replis de sa pensée pour voir s'il ne se jouait pas de lui. — Puis il reprit d'une voix lente et lugubre :

— C'est impossible ! j'ai tué ton frère !

— C'est son esprit qui veut que je coupe tes lianes !... Écoute... je dormais, il m'est apparu... Il m'a dit : « Frère, mon vainqueur est attaché au poteau du sacrifice ; mais il est trop jeune et trop brave pour déjà mourir... Va, délivre ses bras enchaînés... La route des bois lui est ouverte... Qu'il s'élance dans la route des bois... Tu lui diras seulement que pour prix de sa liberté, j'exige qu'il couvre de scalpels mon tombeau ! » Voilà ce que m'a dit mon frère pendant mon sommeil... Et j'ai quitté ma natte à l'instant, et je suis venu..... Veux-tu que je te délivre.

— Si je fuis, que diront de moi les hommes de ta tribu ?

— Ils diront : Agapis au courage du tigre sait joindre les ruses du renard.

— Et ils ajouteront que j'ai eu la faiblesse de la gazelle... Qu'au moment de recevoir le coup mortel mon courage a faibli ! Sylvanoë, laisse-moi ; ne tente pas mon courage, je ne fuirai pas !

— C'est l'ombre de mon frère qui a parlé. Obéis à la parole des morts !

— L'opinion des vivants a plus de poids dans la pensée du brave.

— Mais songe que l'aurore ne tardera pas à paraître, et qu'il ne sera plus temps de fuir quand nos guerriers seront réveillés... Songe aux cruels tourments qu'ils vont te faire souffrir... Ah ! pauvre prisonnier, tu ne soupçonnes pas combien ils sont terribles !

— Je veux apprendre à les connaître !

— Malheureux ! n'y a-t-il donc plus pour toi de jouissances dans la vie ?

— Je méprise les tourments... La mort, je la dédaigne !... Attaché au poteau, je suis condamné à mourir... Je ne puis fuir sans déshonneur. La vie sauvée n'efface pas la honte... Je dois mourir ! je veux mourir ! j'ai dit !

Après cette parole, le prisonnier laissa Sylvanoë le supplier longtemps sans daigner lui répondre. — Enfin, le jeune homme se retira, abandonnant Agapis à ses pensées ; mais il murmura en s'éloignant :

— Oh! je le sauverai, mon frère me l'ordonne!

Et la nuit s'acheva.

Quand, derrière les grands sapins de la forêt parurent les premières lueurs du jour, le prisonnier avait encore sur son visage le même air de bravade et de souverain mépris.

II

Le soleil commence à dorer le sommet des collines.

A son apparition une voix s'est fait entendre dans l'enceinte des cabanes.

Elle crie :

— C'est l'heure du sacrifice ; guerriers, femmes, enfants des Osages, le dieu des combats nous appelle près du poteau, à l'ombre du Grand-Chêne !

A ce cri, toute la peuplade se réveille, et bientôt les échos retentissent de hurlements sauvages et affreux.

Une multitude confuse d'Indiens Osages s'élancent. A leur tête marche un guerrier dont les traits sont empreints de la plus cruelle férocité. L'espèce d'autorité qu'il a sur la tribu provient de la terreur qu'il inspire, et non de l'amour qu'on lui porte. On le nomme chez les siens le *Jaguar-au-Cœur-Dur*. Sa main brandit un tomahawk ; sa prunelle ardente lance des éclairs et dévore le captif. — Après le grand-chef Moranis, c'est lui qui, chez les Osages, a le premier rang au conseil et le premier rang au combat.

Derrière les guerriers, et avec non moins de fureur, accourent les femmes et les enfants. Accoutumés à ces sacrifices effroyables de victimes humaines, ils se plaisent dans les douleurs des malheureux que l'on immole. Cela ne leur semble pas barbare, parce qu'ils savent que s'ils tombaient eux-mêmes aux mains des ennemis, ils seraient traités comme ils traitent leurs captifs. La coutume et le point d'honneur ont fait de ces sacrifices une école de courage pour les peuples du désert. Ils aiment à compter les blessures que peut supporter un homme sans mourir ; à voir couler son sang, à enfoncer dans ses chairs palpitantes leurs flèches ou leur couteau. C'est par de tels spectacles que l'on instruit de bonne heure les enfants à ne point tenir compte des souffrances ; et leurs pères, quand la victime ne faiblit pas sous les outrages et sous les coups et chante bravement son chant de mort en leur donnant à boire de son sang dans le crâne d'une autre victime, croient les rendre pour toujours fermes et intrépides et prêts à braver tout supplice.

Déjà les guerriers Osages étaient proches du malheureux. Déjà ils commençaient à lui prodiguer leurs injures, à le menacer d'horribles tourments. Et lui, aussi tranquille que chez les Pawnies, quand il siégeait au feu du conseil, il riait, et sa bouche ne s'ouvrait pas pour répondre aux railleries et aux menaces de ses persécuteurs. Lassé enfin de leurs vaines bravades, il veut les braver à son tour. Après avoir promené un instant son œil calme sur la multitude de ses ennemis furieux, il entonne son chant de mort.

Voici ce que chanta Agapis :

« Mon casse-tête a broyé cent guerriers, et ma hache a peuplé le pays des âmes... Il faut mourir à mon tour... Je braverai la mort !

« Quels cris ai-je entendu autour de moi ?... Ils ont déchiré mon oreille... C'est le hurlement féroce des loups contre le roi des forêts !... C'est la voix des oiseaux chanteurs contre le tyran des airs !... C'est l'inutile menace de femmes et de lâches contre un homme de cœur !...

« Osages, Osages !... Peuple d'enfants ! Vous êtes plus faibles que les chevreuils de vos bois... Vous êtes plus timides que les daims qui s'abreuvent à vos fontaines !... Et vous croyez me faire trembler !...

« Mais ne savez-vous pas que mon casse-tête a broyé cent des vôtres, et que ma hache a peuplé le pays des âmes... Il faut mourir à mon tour... je souris à la mort ! »

Il s'était tu, et souriait en effet.

Exaspérés des injures sanglantes qu'il venait de proférer contre eux, les Osages se ruèrent sur lui. — Ainsi l'on voit aux déserts africains une troupe de chacals affamés se précipiter sur un coursier abandonné par son maître, dont il ne peut plus seconder les rapines. Ainsi du ciel le plus haut, fond une nuée de vautours sur la proie sans défense qu'ils n'eussent osé approcher au temps de sa vigueur.

Les cris des guerriers ébranlaient les échos des bois, et répercutés par eux de solitude en solitude, allaient se perdre dans les creux du désert. Les femmes surtout se distinguaient dans cette lutte contre un brave enchaîné. Ces mégères à l'œil humain formaient autour de lui une ronde infernale, qu'elles accompagnaient en chœur de leurs voix glapissantes, et à chaque nouveau tour de leur ronde, elles déchiraient à l'envi de leurs ongles aigus les membres du patient.

Et lui, il riait toujours.

Son corps n'était plus qu'une plaie. Son sang coulait à flots et inondait la terre. Il voyait approcher l'instant fatal. Près de lui, *Jaguar-au-Cœur-Dur*, en brandissant la hache destinée à lui donner le coup suprême, allumait le bûcher qui devait consumer ses restes. Cependant on n'osa pas lui donner le coup mortel avant l'arrivée du grand chef.

Il parut en ce moment. Son fils, Sylvanoë, marchait à son côté.

C'était un guerrier sur le retour, presque un vieillard. — Sur sa tête dépouillée de sa chevelure avaient passé les neiges de plus de soixante hivers. Ses traits, comme ceux de tous les Osages, étaient fiers et farouches. Mais à travers la cruauté qui perçait sur sa figure, on pouvait encore découvrir quelque trace de pitié.

Le Jaguar s'avança au-devant de lui.

— Père, lui dit-il, le captif s'est montré homme. Les ongles de nos squaws ne lui ont pas arraché un gémissement et ne l'ont pas fait tressaillir. Il mérite les honneurs du bûcher.

Moranis répondit :

— C'est bien !

Et il s'approcha du poteau.

Là, il s'arrêta un instant en face du prisonnier, qui soutint sans sourciller et sans baisser les yeux son examen attentif, puis il lui dit enfin d'une voix gutturale et profonde :

— Tu as tué mon fils !

— Je t'aurais tué de même, s'écria le captif, si l'esprit gardien des Pawnies n'avait désarmé mon bras!

Ces mots furent suivis d'un silence après lequel le grand chef se tourna vers ses guerriers.

— Enfants, femmes, guerriers de la terre des Osages, dit-il, écoutez !

Le puissant Oreskoui a protégé nos coups. Les Pawnies sont vaincus. Un grand nombre des leurs gisent sur le champ du carnage pour être la proie des loups et des vautours, et leurs touffes à scalper pendent à vos ceintures. Ce sont des victimes immolées à nos braves qui ont succombé. Mais ces victimes mortes ne leur suffisent pas.

Notre plus terrible ennemi est entre nos mains. C'est lui que leurs mânes demandent !

A peine il a vu les arbres dépouiller vingt fois leur chevelure de feuillage, et déjà son bras est plus robuste que celui d'un guerrier dont le front s'est bruni au soleil de quarante étés. Il a tué mon fils, il vous a privés de vos frères et de vos amis, pourrions-nous donc le laisser vivre ?

— Non, non! qu'il meure! s'écria la foule irritée.

Le grand-chef continua :

— Cependant, même pour lui, je ne puis faire taire la loi qu'ont instituée nos ancêtres. Si quelque parent, quelque ami de ceux qu'il a immolés veut adopter le captif et le sauver, qu'il parle !...

Ainsi dit le grand-chef ; et *Le Jaguar*, sans laisser à personne le temps de répondre, s'écrie de cette voix terrible et féroce qui en imposait aux plus hardis:

— Moranis, pourquoi invoquer en cette circonstance la loi de nos ancêtres ?... Elle est sans valeur et sans poids, et nul d'entre nous ne peut songer à la faire revivre. — L'intérêt de toute la tribu proteste aujourd'hui contre elle.

La Panthère est tombée dans nos filets, et nous la laisserions échapper pour obéir à une vaine coutume !... Est-ce dans l'espoir qu'une fois libre, qu'une fois reçue parmi les enfants du désert, la reconnaissance étouffera ses instincts et sa rage ? Détrompez-vous, guerriers ! Jamais le cœur de la panthère, jamais non plus le cœur du Pawnie n'a changé. Il garde profondément le souvenir d'un affront, et sa haine se nourrit de tous les bienfaits dont on le comble.

Du reste, serait-il quelqu'un parmi vous qui osât l'adopter ? Braves, qui entendez mes paroles, le prendrez-vous pour remplacer l'ami si cher tombé sous sa hache sanglante ? — Enfants, vos frères ne sont plus, demandez-lui qui vous a ravi vos frères ? — Femmes, qui pleurez le compagnon de vos jours, et le protecteur de votre foyer, au lieu de demander vengeance contre le meurtrier de votre époux, contre celui qui s'est assouvi de son sang, lui donneriez-vous la main en signe d'alliance, pour vous consoler de votre noble veuvage ? Souffrirez-vous qu'il repose sous votre toit et à vos côtés ? — Non, car les mânes de vos premiers époux sortiraient terribles de leur sombre demeure, et ne vous laisseraient pas jouir en paix de l'amitié et des soins de leur assassin!

Le Jaguar à ces mots fut interrompu par les sanglots violents des femmes, auxquels se mêlèrent les clameurs des guerriers. On n'entendit plus dans toute la clairière que des cris confus et effroyables ; les cris de :

— Mort ! mort au Pawnie !... Mort au meurtrier des Osages !

Semblables à des tigres furieux, et auxquels depuis longtemps a manqué le carnage, tous se précipitent sur le captif à la fois. Ils brisent ses lianes, ils l'entraînent vers le bûcher fatal.

Le Jaguar considérait cette scène en silence, et s'applaudissait du triomphe de sa brutale éloquence.

Mais voici qu'une voix s'élève, et que ce mot retentit :

— Arrêtez !

Et Sylvanoë, beau comme l'ange du dévouement, fort comme le dieu des batailles, traverse en deux bonds la foule exaltée des siens, et entoure de ses bras le cou d'Agapis, toujours impassible, au milieu des vociférations de ses ennemis.

Un feu divin sortait de ses yeux, lorsque le fils de Moranis laissa éclater ces mots :

— Osages, le Pawnie est mon frère !

Ils tombèrent comme la foudre, et firent cesser à force d'étonnement tous les cris, toutes les menaces et toutes les fureurs.

Le Jaguar entreprit de changer la résolution du jeune homme.

— Malheureux, lui dit-il, que fais-tu ? Tu veux appeler frère celui qui a tué ton frère !

— Il le remplacera ; répondit Sylvanoë en pressant Agapis dans ses bras. — Je ne saurais lui en vouloir, parce que dans le combat mon frère a noblement succombé sous ses coups !

— Mais c'est un ennemi de la tribu que tu veux sauver !

— C'est un ami que je veux me faire, et un ami pour tous les Osages. — Indiens, qui obéissez à mon père, Agapis est brave, vous n'en pouvez douter après l'exemple qu'il vient de vous donner ; qu'il devienne votre ami ! Pour moi, je le déclare, il est mon frère adoptif dès ce jour !

Il fallut céder à cette décision de Sylvanoë. La coutume était formelle ; et ces hommes de la nature savaient plier leurs goûts et leurs instincts devant le respect qu'ils professaient pour les usages et les coutumes transmis par leurs ancêtres.

Moranis appela le captif près de lui.

— Tu es libre, lui dit-il, remplace dans mon cœur le fils que ton bras m'a ravi, et sois le frère de Sylvanoë, ton sauveur !

Agapis que n'avaient pu émouvoir les tortures, fut touché de ces douces et affectueuses paroles. Il tomba dans les bras du vieillard et du généreux Sylvanoë en disant :

— Oh ! oui ! votre fils, votre frère à tous deux, pour toujours !

FIN

TABLE DES MATIÈRES

Préface vi

PREMIÈRE PARTIE

UN PEUPLE QUI NE VEUT PAS MOURIR

Chapitre Ier. — Le Tombeau de *L'Oiseau-Noir*. . 19
Chapitre II. — Le Conseil des Chefs 32
Chapitre III. — Ce que l'on fait de la conscience
                dans un pays de liberté 49
Chapitre IV. — *Le Taureau* et *Le Lis-du-Désert*. 66
Chapitre V. — Résolutions suprêmes 76

SECONDE PARTIE

LA GUERRE DU DÉSERT

Chapitre Ier. — La Marche des Troupes. 95
Chapitre II. — L'incendie. 111
Chapitre III. — A quoi s'occupait Sitting-Bull. . . 123
Chapitre IV. — Une alerte 135
Chapitre V. — Le Supplice de l'Indien 147

TROISIÈME PARTIE

LE MASSACRE

Chapitre Iᵉʳ. — La Chasse aux Buffles 157
Chapitre II. — L'Embuscade 173
Chapitre III. — L'Entrevue des deux chefs . . . 180
Chapitre IV. — Tentatives de sortie. 188
Chapitre V. — Dévouement inutile 199
Chapitre VI. — L'Heure du désespoir 210
Chapitre VII. — Le Massacre 217
Conclusion 223

APPENDICE

La Question indienne 245
Premier griefs de Américains contre les Indiens . . 249
Les Cheyennes 263
Deuxième grief des Américains contre les Indiens. . 269
Troisième grief des Américains contre les Indiens. . 281
Catholicisme et Protestantisme 295

SYLVANOË

Chapitre Iᵉʳ. 309
Chapitre II. 314

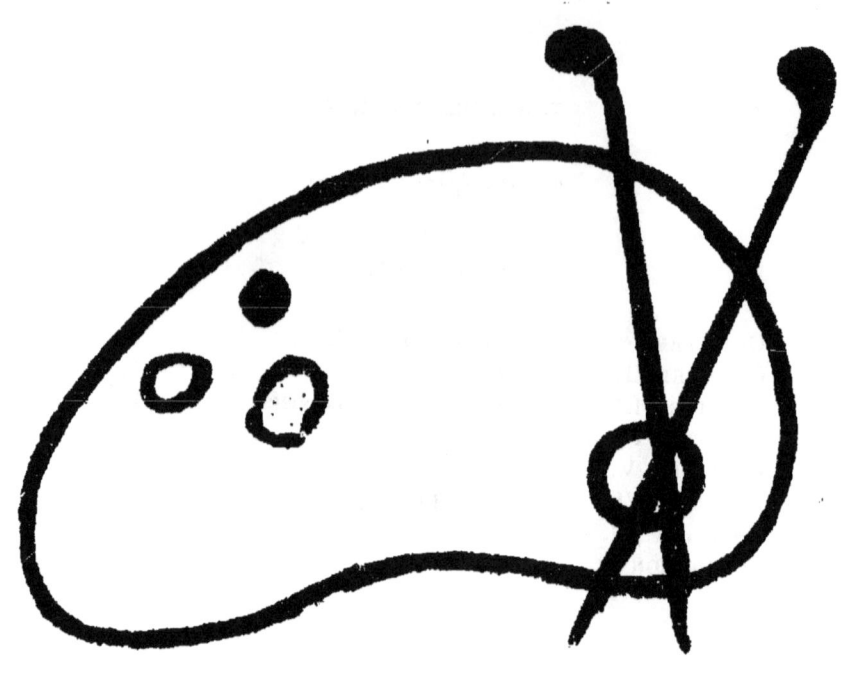

Original en couleur

NF Z 43-120-B

HISTOIRE ÉLÉMENTAIRE

DU

DROIT FRANÇAIS

DEPUIS SES ORIGINES GAULOISES

JUSQU'A LA RÉDACTION DE NOS CODES MODERNES

PAR

J.-Edouard GUÉTAT

PROFESSEUR A LA FACULTÉ DE DROIT
AVOCAT PRÈS LA COUR D'APPEL DE GRENOBLE

PARIS

L. LAROSE ET FORCEL

LIBRAIRES-ÉDITEURS

22, RUE SOUFFLOT, 22

1884

www.ingramcontent.com/pod-product-compliance
Lightning Source LLC
Chambersburg PA
CBHW070625160426
43194CB00009B/1371